한국어로 내려온
New Bible

새로운
성 경

제69권

5부 | 총10부

하얀마음

하나님 말씀 중에서

1. 사랑의 하나님

- 세상을 창조하신 하나님은 모두를 사랑하신다. 인간만 특별히 더 사랑하지 않고, 우주 만물을 다 똑같이 사랑하신다. 그러니 하나님이 창조하신 천지 만물과 화친하고, 미물까지도 소중히 대하라.

- 하나님은 특정 종파나 민족만을 더 사랑하지 않으신다. 자기 자신만 구원받겠다는 욕심을 버리고, 자기 종파만 구원받는다는 편협한 교리에서 벗어나야 한다. 종파를 초월해서, 모두를 사랑하라.

- 원수까지 사랑하라 했으니, 이 세상에 사랑하지 못할 자가 누가 있겠는가? 종파가 다르다고 해서 부모 형제와 원수처럼 지내는 자는 인간의 근본을 모르는 자다. 가장 가까운 가족부터 사랑할 때 남도 진심으로 사랑할 수 있다.

- 한 사람을 원수같이 생각하던 마음에서 사랑하는 마음으로 돌리면, 자기 자신의 마음이 가장 기쁘고 행복하다. 하나님께서는 인간의 마음속에 무거움이 없이 기쁘고 행복한 삶을 살기를 바라신다.

- 이웃을 "내 몸처럼" 사랑하라 했으니, 마지막 한 장 남은 천국의 티켓도 이웃에게 양보하라. 자기 중심적인 신앙에서 벗어나서 남을 위해 살아야 한다.

- 독초도, 약초도, 이단도 사탄도 천사도 다 필요하기에 존재한다. 독초일지라도 극소량을 사용해서 생명을 살릴 수 있고, 약초라 하더라도 남용하면 생명을 잃을 수 있다.

- 세상 모든 것을 명약으로 활용하는 것은 인간의 지혜에 달렸다. 어떤 것이든 어떤 사람이든 적재적소에 꼭 필요한 명약으로 승화시키라.

- 사탄도 이단도 천사도 모두 하나님의 주관하에 존재한다. 진정한 하나님의 백성은 사탄과 마귀까지도 감화시켜서 천사로 거듭나게 한다.

2. 기도

- 하나님은 인간의 생각까지 모두를 다 알고 계신다. 우리의 소원도 이미 알고 계시기에, 소원의 기도를 할 필요가 없다. 우리가 받을 자격이 되면 내려 주신다.

- 죄를 짓고 아무리 회개를 해도 용서받지 못한다. 도둑질한 자는 용서해 달라고 기도하고, 도둑맞은 자는 도둑을 잡게 해 달라고 기도하면, 공의의 하나님은 누구의 편에 서시겠는가?

- 자기가 잘못한 것은 그 사람에게 직접 갚고 용서를 구하라. 그가 용서하면 하나님도 용서하신다. 땅에서 매면 하늘에서도 매이고, 땅에서 풀리면 하늘에서도 풀리는 이치다.

- "회당에서 기도하지 말고 골방에서 기도하라" 했다. 눈에 보이는 골방이 아니라, 골방과 같이 고요한 마음이다. 잡념을 버리고 하나님을 향해 마음을 집중하며, 사랑하고 용서하는 아름다운 생각만 나오도록 하라.

- "두드리면 열릴 것이다." 하는 것은 육의 소원을 위해 두드리라는 것이 아니라, 진리의 깨달음을 얻기 위해 두드리라는 것이다.

- 기도하는 방법: 생활 속에서 수시로 기도하는 삶을 살아야 한다.

- "저의 죄를 용서하여 주옵소서." 하는 회개의 기도를 하라.
- 범사에 "하나님! 감사합니다." 하라. 현재 가진 것에 감사하며, 과욕하지 말라. 자기 노력 이상의 것을 더 갖고자 기도하는 것은 도둑놈심보다. 공의의 하나님은 각자 노력한 만큼 주신다.
- "하나님 뜻대로 살아가겠나이다." 하며 마음의 각오를 다지라.

- 기도는 하나님의 말씀을 받아서 "행하는 것"이다. 하나님이 계심을 굳건히 믿고, 하늘을 향하여 한 점 부끄럼 없이 사는 삶 자체가 가장 위대한 기도이며, 삶이 곧 예배다.

3. 지도자

- 똑같이 사랑한다는 말을 해도, 순수하게 하는 말은 천사의 말이지만, 사기 쳐서 재산을 가로채려고 하는 말은 사탄의 말이다.

- 종교 지도자가 아무리 훌륭한 설교를 해도, 신도의 재물을 거둬서 더 큰 교회를 짓고 자기의 부귀영화를 바라며 설교하면 사탄의 가르침이 된다.

- "저희 교회는 만원사례요, 믿음은 다 같으니 이웃의 개척 교회에 가서 예배를 드리시오." 하며, 이웃 교회의 부흥을 먼저 생각하여 제 신도를 보내는 종교 지도자가 있다면 그를 따르라. 그가 하나님의 사랑을 실천하는 자다.

- "부자가 천국에 들어가는 것은 낙타가 바늘구멍을 통과하는 것보다 더 힘들다" 하였거늘, 지금의 교회에서는 부자가 되기만을 기도하고 소원하니, 이는 곧 천국을 포기하고 지옥 행 열차의 티켓을 사는 것과 같다.

- 예수는 빈손이었다. 종교 지도자가 예수보다 더 호화롭고 편안하게 살아간다면 잘못된 것이다. 부귀영화와 명예를 바라는 자는 절대로 갈 수 없는 좁고 협착한 길이 종교 지도자의 길이다.

- 종교 지도자는 유리로 비춰 봐 한 점의 부끄러움이 없이 살아야 한다. 의식주도 직접 일해서 해결하고, 예수의 가르침과 행함을 그대로 따라야 한다.

- 종말은 없다. 지금의 잘못 가는 종교 집단에게만 종말이 있다. 보이지 않는 하나님은 보이는 육의 종말은 관여하지 않으신다. 환경 파괴로 인간이 스스로 멸망을 자초하는 것이다. 종파끼리 싸우기 전에, 무너진 인성을 바로잡고 지구의 몸살을 해결하는 데 뜻을 모으는 게 급선무다.

4. 성전이란

- 이 세상 자체가 하나님께서 만드신 성전이다. 자연보다 더 아름다운 성전이 있는가? 보이는 건물이 성전이 아니라, 성스러운 마음가짐이 성전이다.

- 반석 위에 교회를 지으라 했다. 지상의 단단한 돌은 인간이 쪼갤 수 있으나, 마음속의 굳은 결의는 세상 무엇으로도 쪼갤 수 없다. 바르고 굳건한 믿음으로 성경의 가르침을 실천하는 것이 마음의 반석 위에 교회를 짓는 것이다.

- 손으로 지은 건물의 교회에 모여서 복음을 전하는 것이 아니라, 교회를 개인과 가정에 심어 주어야 한다. 무너지고 부서지는 건물을 짓지 말고, 마음속에 영원히 불변하는 참진리의 교회를 지으라.

5. 십계명

- 십계명은 인간이 죽어서 반드시 통과해야만 하는 열 개의 관문이다.

- 부모를 공경하지 아니한 자는 "네 부모를 공경하라." 하는 제5계명의 관문이 열리지 않으니 구원받을 수 없다.
- 살인, 간음, 거짓, 우상 등의 나머지 계명도 마찬가지다.

- 십계명은 하나님의 친필이다. 모기소리만 한 하나님의 음성이라도 들어 보겠다고 여기저기 찾아 헤매지 말고, 십계명부터 암송하고 지키라.

- 십계명은 영혼을 구원하는 양식이며, 십계명을 지키는 것이 구원을 받는 길이다. 인간이기에 지키고자 노력하고 또 노력한다면 지킬 수 있다.

- 십계명을 지키고 천사처럼 아름답게 살아가는 그 마음 하나면 세상에 이루어지지 않는 것이 없다.

6. 보물

- 하나님은 재물이 아니라 우리의 마음을 받으신다. 사랑을 실천하며 천사처럼 변하는 마음이 하나님께 바치는 보물이다.

- 보이지 않는 하나님께 재물을 바치려 하지 말고, 너희를 길러 준 부모에게 용돈 드리고, 찾아뵙고, 효성을 다하라. 그것이 하나님께 효도하는 것이다.

- 하늘에는 선과 악의 창고가 있다. 자기 창고에 선이 많으면 천국으로 구원을 받고, 악이 많으면 심판받아 지옥으로 간다. 그것이 바로 "선한 일을 행한 자는 생명의 부활로, 악한 일을 행한 자는 심판의 부활로" 나오는 것이다.

- "선악과를 따먹지 말라"는 것은 양심을 지키라는 것이다. 선과 악을 구분할 수 있는 양심을 최초에 인간에게 주셨다. 선한 열매는 취하고, 악한 열매는 버리며, 양심에 비추어 부끄럼 없는 삶을 살아가라.

- 가장 작은 거짓말을 하지 않고, 가장 작은 죄를 짓지 않으며, 가장 작은 선행을 하고, 가장 작은 악행을 멀리하는 것이 율법의 일점 일획도 빠뜨리지 말고 다 지키는 삶을 사는 것이다.

7. 우상

- 박물관에 있는 불상은 하나의 예술품이다. 그 조각품에 대고 제 소원을 빌 때 우상숭배가 된다. 십자가라 하여도 그 앞에서 소원을 빈다면 우상숭배하는 것이며, 하나님께 소원을 빈다면 하나님을 우상으로 전락시키는 것이다.

- 지금 기복신앙에 젖어 있는 모든 사람이 우상 앞에 절을 하고 있다. 조각품을 우상이라며 파괴하지 말고, 네 마음속에 있는 욕심의 우상을 무너트리라.

- 생수를 약초가 먹으면 약을 만들고 독사가 먹으면 독을 만든다. 같은 성경을 봐도 선한 지도자는 신도를 천사로 만드는 데 활용한다. 그러나 욕심이 가득한 지도자는 재물을 거두어들여 제가 부귀영화를 누리는 데 악용한다. 그가 바로 성경을 우상숭배의 도구로 전락시키는 거짓 선지자다.

- 성경을 한 획도 빼거나 더하지 말라는 것은, 그 가르침을 빠트리지 말고 온전히 지키라는 것이다. 성경 속에서 자기에게 유리한 구절만 보는 것은, 자기에게 불리한 구절들을 빼 버리는 것이다. 믿음이 제일이요, 행함은 구원과는 관계없다는 것은 자신에게 유리한 쪽으로 성경을 악용하는 것이다.

- 진정한 종교 지도자는 종파에 관계없이 어떤 종파든 어떤 책이든 접하고 보고 깨우쳐 견문을 넓히도록 인도한다. 참진리를 모르고 자신이 없는 자가 남을 이단이라며 배척하고, 신도들의 눈과 귀를 가린다.

8. 예수

- 예수의 재림은 없다. 예수가 다시 온다 해도, 과연 누가 그를 예수라고 믿겠는가? 예수와 같은 삶의 행함이 곧 예수의 재림이다. 각자 모두가 “재림 예수”가 되는, 차원 높은 믿음으로 가야 한다.

- 예수는 “주여 주여 하지 말고, 아버지의 뜻대로 행하라”고 했다. 예수가 전한 하나님의 뜻이 곧 “길이요, 진리요, 생명”이며, 그 가르침이 예수의 보혈처럼 소중한 것이다. 예수를 믿는 것은, 예수의 가르침을 믿고 따르는 것이다.

- 예수는 낮은 자로서 만백성을 섬기고자 했다. 만나는 모든 사람을 다 하나님이라 생각하라. 돈을 벌수록 겸손하고, 높은 지위를 얻을수록 낮아지라.

- ▪ 예수는 종파를 만들지 않았다. 인간이 만든 종교와 인간의 교리를 따르지 말고, 예수를 통해 전한 하나님의 참진리를 연구하고 따르라.

- ▪ 예수가 2천 년 전에 만백성을 위해 죽었으니, 지금 이 땅에는 예수의 가르침대로 사는 천사만 존재해야 한다. 예수가 죽어 가면서 바란 것은 만백성이 천사가 되어 예수의 자리를 채워 주는 것이지, 지금과 같이 재물을 바치면서 중언부언 제 소원만을 비는 백성들을 바란 것이 아니다.

9. 구원

- ▪ 천사가 사는 천국에는 천사만 갈 수 있으니, 천사 같은 마음을 길러야 한다.

- "천국 열쇠를 네게 주리니 땅에서 무엇이든지 매면 하늘에서도 매일 것이라" 했다. 땅에서 천사같이 사는 자가 하늘에서도 천사가 되어 천국에 들어간다. 모든 사람에게 천사같다는 말을 듣는 삶을 살아야 한다.

- ▪ 천사의 곱고 아름다운 마음은 부모를 공경하고 어른을 어른으로 대접하는 데에서 출발한다. 효도하는 자는 형제와 화목하게 지내기에 가정이 화목해지고, 이웃과 화목해지고, 국가가 화목해지고, 온 인류가 화목해진다.

- 그러므로 지상의 아름다운 소왕국은 가정에서부터 이루어야 한다.

- ▪ 선택된 14만 명만 구원받는 것이 아니라, 천사처럼 변하고자 하는 14만 명을 기초로 온 인류가 천사처럼 거듭나는 영적인 개혁이 시작되는 것이다.

- ▪ 천 년에 걸쳐서 하늘에서 이루어진 것같이 이 세상을 낙원으로 만들어, 만백성이 지상의 천국에서 살다가 죽어서 그대로 하늘의 천국으로 들어가는, 영원한 지상 낙원을 건설하는 것이 하나님의 계획이다.

- **이것이 구약과 신약에 이어 "새로운 성경"으로 역사하시는 하나님의 창조의 완성이다.**

- ▪ 지금의 믿음으로 구원받을 수 있다면 그 길을 가라. 그러나 자신이 없다면 하나님께서 직접 내리신 160권의 "새로운 성경"을 읽고 구원의 길을 보라!

하나님 머리말씀

이 새로운 성경을 읽는 너희 모두는
이 율법에 따라 행하면 영원히 구원받을 것이니라.

너희 인간이 수년, 수십 년, 평생
성서를 공부하고 기도하는 것은
하늘나라 나의 곁으로 오고 싶은 소망일진대,

몇천 년 전의 너희 인성과 생각이
지금의 너희와는 판이하게 다르니,

꺾여 가고 병들어 가는 너희를 고칠 수 있는 길은,
오늘 내가 선지자에게 내리는 새로운 성경과 같이
너희가 변화되는 것뿐이니라.

나의 예수가 태어난 것처럼
내가 아들 선지자를 선택하여
나의 새로운 성경을 온 세계에 전하고자 하니,

묵은 것은 버리고 새로운 것은 취하여,
너희 모두는
'여호와 하나님! 저의 죄를 용서하여 주옵소서.'
하는 기도문으로 기도하고, 죄를 뉘우치라.

이 새로운 성경은
수천 년간 내려온 성서를 요약한 것이니,
너희는 이 책을 정독하여 쉽게 깨달음을 얻고,
이대로 실천하여 하늘에 오르라.

대역자 머리말

■ 하나님의 율법을 지키는 선지자로 선택을 받도다.

저는 남들처럼 그저 열심히 살아온 평범한 사람이었습니다. 그러나 50대 중반에 사업에 실패하여 많은 부채에 시달렸으며, 건강도 악화되어 눈이 잘 안 보이고, 걷기도 어렵고, 두통이 심해서 잠을 이룰 수 없는 고통의 나날을 보냈습니다. 그때 제가 선택할 수 있는 것은 육의 삶을 끝내는 길뿐이었습니다.

죽기 직전에 그동안에 죄를 지은 이들에게 용서를 빌고 인생을 끝내기로 작정하였습니다. 어려서부터 지은 죄를 빌고 빌다 보니 끝이 없었고, 죽음으로도 그 많은 죄를 용서받을 길이 없다는 생각에 하염없이 눈물이 흘렀습니다. 그 순간 '재래식 화장실의 구더기는 죄를 짓지 않는데, 나는 인간으로서 구더기만도 못한 삶을 살았구나.' 하는 생각이 들면서 괴로움에 몸부림칠 때, 갑자기 하나님의 음성이 들렸습니다.

"나는 여호와 하나님이니라. 너는 십계명을 암송하고 내가 내려 주는 메시지를 받아 책으로 만들어 만백성을 구하라." 하시며, 제 눈을 손으로 문지르게 하시고, 아픈 머리와 다리를 손으로 두드리게 하셨습니다. 그러고 나니 눈도 잘 보이고 걸을 수 있었으며 머리의 통증도 말끔히 낫게 되었습니다. 그때부터 십계명을 암송하고 나면 들려주시는 말씀을 기록하였고, 1999년 8월부터 2004년 7월까지 권당 288쪽, 총 160권을 받아서 "새로운 성경"이라는 책으로 펴내게 되었습니다.

그러한 저에게 죽기보다도 힘든 길이 시작되었습니다. 모든 교인들이 저에게 사탄이요, 이단이요, 악마요, 마지막 시대에 온 거짓 선지자라 하면서 공격하였고, 저를 짐승을 보듯이 대하는가 하면, 편협한 종교 지도자들의 선동으로 신도들이 이 책을 직접 읽어 보고 평가할 기회마저 막아 버렸습니다. 그래서 하나님의 말씀을 세상에 내는 데 많은 어려움을 겪으며, 피를 토하는 심정으로 책을 전하고 있습니다.

그러나 아무리 인간의 힘으로 막으려 해도, 하나님의 뜻이 세상에 전해지는 위대한 역사는 계속될 것입니다. 책으로 전해지는 "하나님의 말씀"은 세상 끝날까지 항상 우리와 함께하실 것입니다. 사람은 죽어도, 책에 기록된 말씀은 영원히 남으니까요.

■ 따뜻한 실천

하나님께서는 어려운 사람들에게 삶의 터전을 마련해 주고, 미래를 열어 주는 것을 기뻐하십니다. 어려운 이웃이 스스로 자립할 수 있도록 이끌어 주는 것이 진정으로 이웃을 돕는 것이라고 말씀하셨습니다. 그래서 일자리가 없는 제자들에게 작은 사업장을 만들어 주는 "달란트 사업"을 하고 있습니다. 식당, 반찬 가게 등을 차려 주고, 기존의 어려운 사업장이 자립할 수 있도록 돕고 있습니다(커피숍, 미용실, 의상실 등).

하나님께서는 교회에 나와서 모든 시간과 재물을 쏟기를 원하지 않으시고, 그 시간과 재물을 교육에 투자하여 스스로 미래를 열어 가기를 원하십니다. 그래서 제때 공부하지 못한 제자들에게 학업을 이어 가도록 하였습니다. 중화요리 주방장을 하며 초등학교 검정고시부터 공부하여 2012년에 방통대를 졸업한 36세 남성, 만학도들의 2년제 중학교에 입학해서 2007년에 명지대학을 졸업한 38세 여성, 중학교 검정고시를 시작으로 숭의여자대학을 졸업한 47세 여성 등이 있습니다. 그밖에도 많은 제자들에게 나이를 초월하여 배우고 깨우쳐서 사회 속의 당당한 일원이 되도록 인도하고 있습니다.

학자금 대출로 힘겨워하는 젊은이들을 위해 "따뜻한 바람 장학회"를 발족하여(2016년 12월) 대출받은 학자금 전액을 매월 갚아 주고 있습니다. 또한, 다문화 가정을 위해 "다문화 가족 랜드"를 조성하여, 각종 시설을 무료로 활용하도록 하고 있습니다.

이러한 따뜻한 실천이 아직은 미약합니다. 그러나 책의 수입이 늘고, 저와 뜻을 같이하는 분들이 늘어나면 계속 확대할 것입니다. 지도자로서 신도의 재물을 헌금으로 거둬들여 착복하는 것이 아니라, 하나님께서 기뻐하시는 일에 사용하도록 중매 역할만 하며 살아가고자 합니다. 이런 제가 과연 사탄이고 이단인가요? 하나님께서 기뻐하시는 일이라면, 저에게 사탄이라 하든 거짓 선지자라 하든 굽히지 않고 실천해 나갈 것입니다.

끝으로, 일상의 삶 속에서 "지금 내가 하는 행동이 과연 하나님께서 기뻐하실까, 슬퍼하실까?" 생각하고, 매사에 하나님께서 기뻐하시는 길을 택하기 바랍니다. 교회에 모여서 집단적으로 예배 드리는 것이 아니라, 개인이나 가정 단위로 새로운 성경을 읽어 스스로 깨우치고 그대로 행하면 충분합니다. 그것이 마음속에 성전을 짓고, 신령과 진정으로 예배 드리는 길입니다. 그러면 천국의 문에 들어서게 됩니다.

2017. 2. 1.

하나님 말씀 대역자 김용철

차 례

십 계 명

이 책은 십계명을 암송하고 나면 내려 주시는 "하나님의 음성"을 듣고 그대로 받아쓴 기록입니다. 하나님께서 십계명을 모세에게 내려 주셨지만, 그것은 만백성에게 내려 주신 것입니다. 마찬가지로 이 책의 모든 말씀도 저에게 내려 주셨지만, 만백성 각자에게 들려주시는 말씀입니다. 여러분도 이 책을 접할 때마다 십계명을 암송하고 나서 정독해 주시기 바랍니다.

제일은, 너는 나 외에는 다른 신들을 네게 있게 말지니라.

제이는, 너를 위하여 새긴 우상을 만들지 말고, 또 위로 하늘에 있는 것이나, 아래로 땅에 있는 것이나, 땅 아래 물 속에 있는 것의 아무 형상이든지 만들지 말며, 그것들에게 절하지 말며, 그것들을 섬기지 말라.

제삼은, 너는 너의 하나님 여호와의 이름을 망령되이 일컫지 말라.

제사는, 안식일을 기억하여 거룩히 지키라.

제오는, 네 부모를 공경하라.

제육은, 살인하지 말지니라.

제칠은, 간음하지 말지니라.

제팔은, 도적질하지 말지니라.

제구는, 네 이웃에 대하여 거짓 증거하지 말지니라.

제십은, 네 이웃의 집을 탐내지 말지니라.

나 여호와가 존재함을 믿는 그 자체가 구원의 길에 들어서는 기본이요, 근본이며, 나의 새로운 성경을 가슴에 안고 정독하는 자, 반석 위에 서서 하늘에 오르는 찬란한 빛을 보게 되는 영광을 얻게 됨이니라. 진정 나를 따르고 믿는 자는 감히 사탄이나 마귀도 근접하지 못하느니라.

〈하나님 말씀〉

2003년 2월

5,064 번째 하나님 말씀

2003년 2월 18일 08시 18분

1 사랑하는 나의 아들아!
2 "네, 아버님! 말씀하옵소서."
3 내가 너희들에게 가르쳐 말하기를, 두
가지 마음을 가진 자, 속과 겉이 다른
자, 나 여호와가 용서할 수 없다 내가
너희들에게 그리 말하였음이니라.
4 그러니 너희들이 두 가지 마음을 가져
서는 아니 됨이니,
5 너희들이 지금 재물을 원해서 네가 재
물로써 인간 육의 향락을 즐기고 살
것인가, 나의 예수가 죽어 간 그 고통
과 같은 시련 속에서 너희들이 과연
믿음의 길을 계속 올 것인가를 너희
들이 결정하라 하였음이니라.
6 너희들은 알고 있을 것이니라.
7 인간인 너희들은 완벽하게 변할 수 없
으며 천사가 될 수 없다는 것을 너희
들 스스로 말함이니라.
8 그리하여 나 여호와가 잡아 주며 나
여호와가 너희들을 이끌어 줘야 인간
이 될 수 있으며 계명을 지키고 살 수
있다 그리 말하느니라.
9 너희들이 아무리 깨우치고 변하여 경
지에 올랐다 하여도,
10 너희들이 인간 세상에 살아오면서 부
닥칠 때마다 인간 본성의 마음이 나오
는 것을 보며 너희들 스스로 자신을
비관하며 너희 자신의 깨우치지 못함
을 후회하며 너희들은 그리 반성하며
살아가는 것이니라.
11 그리고 너희들이 아직도 멀었다 생각
하는 그 마음을 갖고 사느니라.
12 그러한 너희들에게 내가 재물을 주며
권리와 권한과 능력과 부귀영화를 주
었을 때 너희들은 과연 그 마음을 더
버릴 수 있겠는가?
13 너희들은 정녕 그 마음을 버리지 못하
게 되며 오만하며 자만하는 그와 같은
삶을 살게 될 것이니라.
14 너희들은 인간 세상에서 부모가 다스
려 가르치되,
15 부모가 어려운 매를 들며 사랑의 매로
써 그 자식을 바로 가르쳐 그가 바로
서도록 가르치는 그 부모가 진정한 사
랑이던가,
16 그가 벌어 놓은 재물로써 그저 흥청망
청 제 마음대로 세상을 살도록 그 유
년 시절을 그리 보내는 것이 부모가
잘하는 것인가?
17 과연 어떤 부모가 그 자식을 사랑하는
것이던가?
18 부모로부터 재물을 받아 흥청망청 쓴
자식이 제가 제 자식을 거느리며 제
가정을 거느릴 때 제가 살 능력이 없
어 폐인이 되어 쓰러지는 그와 같은
삶을 사는 그 모습이요, 그 그림을 보
고 사는 것이 부모가 정녕 자식을 사
랑하는 것인가?
19 내가 너희들에게 만인의 종이며 만백
성의 종이라 하였음이니,
20 너희들이 재물이 있으며 권력이 있을

때 만백성의 종이 될 수 있으며, 만백
성을 받들고 숭배하는 그와 같은 마음
으로 살 수 있겠는가?
21 내가 재물을 너희들에게 주었을 때 너
희들 스스로 오만해질 것이며 너희들
은 변화될 것이니라.
22 너희들은 내가 재물을 주었을 때 만백
성을 위하여 그것을 씀이 아니요,
23 너희들은 더 좋은 집, 더 좋은 환경으
로 먼저 너희들이 자세를 바꾸고자 하
는 것이요, 변화시키는 것이 너희들의
마음일 것이니,
24 그 마음속에서 너희들이 과연 무엇을
얻으며 어떤 것을 선택하고 갈 수 있
다 생각하는가?
25 너희들이 바로 설 수 없기에 내가 너
희들에게 오늘에 재물을 주지 아니함
이며, 너희들에게 풍요로움을 내가 주
지 아니하느니라.
26 이는 너희들이 바로 서고 바로 깨우쳐
그 고통과 시련 속에서 그래도 너희들
이 낮은 자로 살아갈 수 있는 마음의
그 실마리요, 양심이 있으며, 너희들
이 그와 같은 생각으로써 살아갈 수
있을 것이니라.
27 내가 너희들에게 베풀어 줄 때 너희들
은 쓰러질 것이니라.
28 그리고 너희들은 견디지 못할 것이니
라.
29 그러니 나 여호와의 마음을 어찌해야
되겠는가?
30 그를 알며 너희들이 바로 서지 못할
것을 알기에 내가 너희들에게 주지 못
하는 나의 마음을 너희들은 원망하지
말라.
31 너희들에게 내가 재물을 주었을 때 무
너짐이니라.
32 정녕 너희들이 나의 품으로 올 수 있
는 고통과 시련의 길을 가 내가 너희
들을 품으로 안을 수 있는 그날을 위
하여 기다리는 것이 나 여호와가 너희
들을 사랑하는 것이던가,
33 오늘 내가 너희들에게 모두를 줘 내
품에 영원히 오지 못하며 나의 나라에
오지 못하도록 너희들을 버리는 것이
내가 정녕 너희들을 사랑하는 것인가?
34 나 여호와가 과연 어떠한 길을 선택해
야 하는가?
35 이를 생각하는 나 여호와의 가슴 아픔
을 너희들은 알아야 할 것이니라.

5,065 번째 하나님 말씀

2003년 2월 18일 10시 23분

1 사랑하는 나의 아들아!
2 "네, 아버님! 말씀하옵소서."
3 이 세상, 나 여호와가 창조한 이 지상
이요, 나의 성전이 얼마나 아름답고
얼마나 천국과 같은 것인가를 알겠는
가?
4 너희들은 이 지상의 아름다움을 보지
못하니,
5 이 지상의 삶에 너희들이 마음을 어
찌 갖고 사느냐에 따라 그것이 천국이
니,
6 너희들이 천사와 같은 마음을 갖고 세
상을 바라볼 때, 이 지상이 곧 천국임
을 알아야 할 것이니라.
7 내가 인간인 너희들에게 높은 지혜를
줘, 너희들이 깨우칠 수 있는 백성으

로서 모두를 다 지배하며 살아갈 수
있도록 높은 지혜를 주었다 말하였음
이니라.
8 그러나 너희들은 그와 같은 지혜를 아
름다운 곳에, 자연의 순리요, 나의 뜻
에 살아가는 것이 아니라,
9 이를 거역하며 이를 기피하는 그와 같
은 삶을 살아가고 있는 것이 오로지
이 지상의 인간 너희들만이 그러하니
라.
10 계절에 따라 멀고도 먼 여행을 하는
날짐승이 과연 힘들지 아니하여 그
길을 가는가?
11 그들이 계절을 따라 저희들이 살 곳
을 찾아 이동하는 그 고통은 죽을 힘
을 다하여 이동하느니라.
12 그러니 그들은 그와 같은 고통의 시련
을 겪으면서도 자연의 순리요, 내가
명해 준 그 뜻에 따라 순종하고, 거역
하지 아니하고 살아가는 것이니라.
13 모든 동식물이 제자리에서 정해진 그
곳에서 그들은 그 틀을 벗어나지 아니
하고 그리 살아가고 있음이니,
14 너희들은 그들이 순종하며 사는 그 형
태를 한번 들여다봐야 할 것이니라.
15 인간 너희들도 무엇이라 말하였느냐?
16 동물이라 말하였음이니라.
17 똑같이 살아 있는 동물로서, 내가 너
희들에게 지혜를 좀 높이 주었거늘,
18 어찌하여 너희들은 그를 가지고 나에
게 순종하며 인간 본연의 마음으로 살
아가지 못하며, 그리하여 이 세상을
이리도 혼란케 만들며 악의 뿌리를 너
희들이 스스로 이리 심어 놓았는가?
19 이 자연의 아름다움 속에 살던 너희들
이 악의 씨를 이 세상에 서서히 뿌렸
으며 심어 놓았음을 알아야 할 것이니
라.
20 그것은 모두 다 너희들의 죄며 너희들
이 만든 결과이니,
21 너희들이 병들어 가며, 산소가 오염되
며, 물이 오염되며, 이 자연의 아름다
움 그 모두를 인간인 너희들의 머리로
써 다 오염시켜 그를 다 파괴하고 있
으니,
22 너희들이 얼마나 사악하며 무서운 자
들인가 알아야 할 것이니라.
23 너희들은 정녕 이제는 아름다운 모습
이요, 순수한 마음을 가지고 자연을
사랑할 줄 알며,
24 자연에도 생명이 있으며, 그 자연을
나 여호와가 세상에 만들어 놓았음이
니,
25 이를 함부로 파괴하고 이를 무너트리
는 그와 같은 행위를 하는 것은 너희
들 스스로 명을 단축하는 것이며, 너
희들이 이 지상에 사는 것을 거부하는
것과 같음이니라.
26 이제 너희들은 자연의 아름다움을 지
키며 그 속에서 더불어 살아가는 그
와 같은 삶의 방향으로 갈 것이며,
27 자연 속에 살아가는 동식물이 자기 자
리를 지키며 그 순리에 따라 그들이
여행할 때 여행하며, 이동할 때 이동
하며, 취할 것을 취하며, 취하지 않을
것은 취하지 않고 살아가는 그와 같은
순리를 거역하지 아니하고 사는 그들
의 모습에서 인간 너희들의 원초적인
그 마음을 찾아야 할 것이니라.
28 너희들은 너무나도 지금 변질되었으

며 너무나도 변화되었으며, 너희들의
그 마음을 너희 스스로도 다스리지 못
할 만큼 너희들이 사악한 곳에 와 있
음이니,
29 선하게 살아가고자 하는 그 마음은 너
희 자신에게 자리를 잡지 못하며, 악
한 마음이 너희들을 뿌리째 지금 흔들
고 있음이니,
30 그 악의 행함에서 너희들이 보고 느끼
는 것에서 쾌락을 얻으며 행복과 즐거
움을 얻고 살아가는 그와 같은 마음이
되어 있으니,
31 그 마음을 거둬들이며 악을 뽑아내기
에는 너무나도 어렵고 힘든 길이니라.
32 그리하니 그것을 누구도 다스릴 수 없
으며 깨우칠 수도 없으니 이를 과연
어찌하겠는가?
33 내가 하늘에서 천둥과 같은 소리로 바
로 살라 소리 지른다고 해도 너희들
이 오늘에 사는 백성은 그리 살며 그
두려움을 알 것이나,
34 그를 들은 자 중에 듣지 아니했다 할
자 있을 것이며, 그것이 바람 소리라
말하는 자 있을 것이며,
35 그리고 너희들의 후손은 그를 믿지 아
니하려 하며 듣지 아니할 것이니 어
찌하는가?
36 바로 내가 너희들에게 글로써 만들어
책으로 전하는 그 길밖에 없음이니,
그리하여 나의 아들을 세상에 내려보
내어 내가 지금 글로써 책으로써 너희
들에게 전함이니,
37 이를 너희들이 소중함을 알고 바로 사
는 길을 가도록 그리하라.
38 자연을 거역하지 아니하며 세상에서
내가 정해 준 그 틀 안에서 너희들이
벗어나는 그와 같은 삶을 살지 말라.
39 순리대로 사는 삶을 사는 것이 너희들
이 천사가 되는 길임을 잊지 말라.

5,066 번째 하나님 말씀

2003년 2월 18일 10시 27분

1 사랑하는 나의 아들아!
2 "네, 아버님! 말씀하옵소서."
3 어찌하여 너희들은 나 여호와의 마음
을 이리 아프게 만드는가?
4 나 여호와요, 창조주 나로부터 너희들
은 세상에 그 모두를 다 받아 나갔으
며, 그리하여 나를 전지전능한 아버지
라 부르지 아니하는가?
5 너희들은 전지전능한 아버지요, 나를
아버지라 부르며, 너희들이 자식이라
그리 말하고 살아가면서,
6 나의 자식으로서 나의 뜻에 따라 사는
것이 아니요, 사악한 사탄의 자식으로
변질되어 지금 죄를 짓고 살아가고 있
음이니,
7 이를 보는 나 여호와의 마음이 과연
어떠하던가?
8 그러나 너희들은 나의 아들딸이요, 나
의 자식이요, 너희들이 나를 어버이라
부르듯이, 너희들은 나의 아들딸이니
라.
9 그러니 너희들이 나의 품으로 돌아오
기를 나 여호와는 항상 문을 열어 놓
고 기다리고 있으며,
10 너희들이 돌아오기만을 바라고 있는
나 여호와의 아픈 마음을 너희들이 헤
아려 볼 수 없는가?

11 너희들의 육의 세상에서도 그러하니
라.
12 자식이 집을 나가 그 소식 없는 자식
을 기다리는 부모의 마음이 과연 어떠
하던가?
13 그 자식이 돌아오도록 문을 잠그지
못하고 자는 그 부모요,
14 바람 소리만 들려도 자식이 돌아온 것
이 아닌가 잠자다 일어나 바라보는 그
부모의 마음보다도 천배 만배 더 깊
은 정과 사랑으로써 내가 너희들을 기
다리고 있음이니라.
15 너희들이 세상에 육의 부모로서, 잠시
거쳐 가는 그 세상에서 백 년도 안 되
는 삶에 얽히고설켜 살아가는 정이요,
16 너희들이 자식을 잉태하여 세상에 새
생명을 내놓은 부모로서 그 사랑으로
써 너희들을 그와 같이 기다리고 다스
려 가고자 하는 것이 아니던가?
17 그러나 나 여호와는 창조주이니라.
18 인간 세상의 부모는 너희들이 어찌 태
어났으며 어찌 왔는지를 모르나,
19 나 여호와는 창조주요, 내가 너희들을
세상에 나가게 한 그 과정을 다 알며,
너희들이 살아가는 것을 다 알며,
20 너희들이 그곳에 살다 나에게 와 영원
히 사는 세상이 얼마나 위대한 것이며
영광스러우며, 이를 오지 못하고 지옥
으로 갔을 때 너희들의 그 고통과 삶
이 얼마나 잘못되는 것인가를 내가 그
를 앎이니,
21 육에서 백 년도 되지 않는 그 삶을 위
하여 너희들의 부모가 소식 없이 나간
자식이 돌아오기를 기다리는 그 마음
보다 더한 것이 나 여호와요,
22 아무리 너희들이 잘못 가고 잘못 간다
하여도 깨우치며 반성하고 회개하고
돌아올 수 있는 너희들이라면, 나 여
호와가 그리 돌아와 주기를 항상 문을
열어 놓고 기다리는 마음이니라.
23 내가 그리하여 너희들이 잘못 가는
자, 사탄의 자식으로 가 죄를 짓는 백
성 너희들을 구원하고자 하는 마음이
오죽이나 간절하고 애절하면,
24 지금 제3의 시대에 나의 아들을 세상
에 내보내 나의 법전이요, 새로운 성
경을 세상에 내보내겠는가?
25 너희들이 사탄이요, 이단이요, 사악한
자의 장난이라 그리 핍박하고 찢어 버
리니,
26 너희들이 찢어 버리는 것은 나의 살점
을 찢는 것과 같은 것이며,
27 나의 법전을 태우는 자는 나 여호와를
불 속에 집어넣는 것이며,
28 물속에 던지는 것은 나 여호와를 물속
에 밀어 넣는 그와 같은 형국인 것을,
29 그와 같은 행위를 하고 있는 그를 내
가 또 보며 기다리며,
30 그래도 너희들이 나의 법전을 읽고 깨
우쳐 하늘에 오르는 길을 오기를 기다
리는 나 여호와의 마음을 너희들은 어
찌 그리도 알지 못하는가?
31 이를 들여다보는 나의 백성이 되어 주
기를 바라느니라.
32 나 여호와가 항상 너희들이 돌아오기
를 바라거늘, 너희들이 점점 먼 길로
달려가며 나와는 관계없는 곳으로 달
려가니,
33 내가 아무리 소리쳐 너희들을 불러도
뒤를 돌아다보지 아니하며,

34 나 여호와의 사랑이요, 내가 내리는
은혜를 저버리고 어찌하여 눈에 보이
는 사탄이요, 사악한 자의 그 유혹에
넘어가 그리도 무심히 달려가는가?
35 이제 너희들이 바로 서라.
36 사탄 앞에서 너희들이 사탄의 자식으
로서 존재해서는 아니 됨이요,
37 나의 아들이요, 너희들이 부르는 전지
전능한 아버지 내 품으로 돌아와야 함
이니,
38 너희들이 언제라도 돌아올 수 있도록
나의 가슴을 열어 놓고 있으며, 내가
문을 열어 놓고 너희들을 기다린다는
것을 잊지 말라, 사랑하는 나의 아들
딸들아!

5,067 번째 하나님 말씀

2003년 2월 18일 10시 35분

1 사랑하는 나의 아들아!
2 "네, 아버님! 말씀하옵소서."
3 너희들이 인간사에 살아가면서 무엇
인가를 이루고자 하여 나를 찾으며 나
에게 기도하며,
4 부귀와 영화를 더 갖고 더 누리고자
하여 기도하며 나를 찾으며,
5 너희들이 고통이 따를 때 또 나를 찾
으며,
6 도저히 너희 능력으로써 이룰 수 없을
때, 너희들이 생명의 위협을 받아 다
급할 때 나를 찾고 나에게 기도하느니
라.
7 그리고 너희들이 죽음 앞에서 이제 막
육이 죽어 가는 그 순간에 나를 찾으
며 나에게 애절한 기도를 드림이니라.
8 그러나 그와 같은 기도는 정녕 진실한
믿음을 위해서 하는 기도가 아니며,
믿음이 아닌 것을 너희들은 알아야 할
것이니라.
9 너희들이 필요할 때만 나를 찾으며 나
여호와를 부르짖으며, 필요하지 않을
때는 나를 버리는 그와 같은 믿음의
길을 가는 자는 바로 서지 못하는 것
이니라.
10 너희들 인간 세상에서도 인간관계의
살아감이 그러니라.
11 평소에 아는 체 한 번도 안 하고 인사
가 없는 자가, 어렵고 힘들 때 너희들
을 찾아와 무엇을 이야기할 때, 한 번
은 들어줄 수도 있으나,
12 한 번의 은혜를 입은 자가 또 바라보
지 아니하며 무심히 살아가다가 또
너희들에게 와서 두 번째 그 은혜를
받고자 무엇을 말할 때, 과연 그를 기
쁘게 들어주는 백성이 어디 있는가?
13 그와 같은 마음으로써 오는 자, 그 백
성 또한 들어주지 않는 것이 너희들의
세상이니,
14 한번은 이용당해 속아 주지만, 두 번
세 번은 속지 않는 것이 인간 세상 너
희들의 삶이 아니던가?
15 너희들은 말로써 나를 부르짖으며 나
의 백성이며 나에게 오르고자 산다 하
며 그리 말하나,
16 너희들은 평소에는 나 여호와를 잊어
버리며 나의 아들 예수의 그 고통의
삶을 지워 버리고 사느니라.
17 그리하여 너희들은 그저 육의 삶 속에
흘러가는 세월 속에 그리 묻혀 살다,
18 너희들이 정녕 견디기가 어렵고 이루

기가 어려울 때, 그리고 인내하지 못
하게 될 때, 너희들이 나를 찾으며 나
를 부르며 그때만 기도하니,
19 필요할 때 나를 찾는 그 믿음은 정녕
나를 향하여 오는 믿음이 아님을 너희
들은 알아야 할 것이니라.
20 그와 같은 믿음의 길을 가는 자는 바
로 설 수 없음이니라.
21 이는 곧 필요할 때는 나 여호와를 찾
으나, 필요하지 않을 때는 사탄의 유
혹에 넘어가 나를 등지며 나를 능멸하
며 나를 욕되게 하는 행위를 하는 것
이 너희들이 아니던가?
22 그러니 나 여호와가 너희들에게 얼마
나 더 속아야 하며 얼마나 너희들이
하는 짓을 눈감아 줘야 하는가?
23 여기서 너희들은 깊이 깨우쳐야 할 것
이니라.
24 너희들이 필요할 때만 나에게 기도하
는 것이 나를 능멸하고 속이는 것이
아니요,
25 살아가면서 일상생활에서 나의 계명
대로 살지 아니하며 나의 법전대로 살
지 아니하고 죄를 짓고 사악한 짓을
하며, 며칠 동안 그와 같은 삶 속에서
살다 사탄의 명에 따라 사탄에게 즐거
움을 주며 살던 너희들이 하루를 통하
여 나에게 용서를 빌며 구원을 받는
그와 같은 행위를 반복하고 또 반복하
는 것이 무엇이던가?
26 나를 너희들이 속임이니라.
27 너희들이 필요할 때만 나를 찾는 자
요, 필요하지 아니하면 나를 버리는
그와 같은 사악한 자이니,
28 그와 같은 백성은 내가 믿을 수 없으
며, 그리하여 나의 아들딸이 아니며
너희들은 나에게 오를 수 없다 하는
그 뜻을 깊이 깨우쳐라.
29 나에게 오는 백성이요, 선택된 백성
너희들이 살아가는 길은 항상 내가 너
희들과 더불어 같이 있음을 알며,
30 항상 기도하고 경배하며 나에게 답을
받아 행하는 그와 같은 삶을 살라 하
였음이니라.
31 너희들이 걸어가면서도 나 여호와와
대화를 하며, 너희들이 잠자기 전에도
나에게 대화를 하며, 모든 것을 너희
들이 행하기 전에 나에게 물어 답을
얻어 행하는 그와 같은 삶을 살라 하
였음이니라.
32 그와 같은 믿음의 길을 가는 자, 너희
들이 진심으로 나를 믿는 것이며, 내
가 존재함을 믿으며, 나와 더불어 살
아가는 것이며,
33 그와 같은 마음을 가진 자 나의 뜻을
따라 아름다운 모습으로 살아갈 수 있
는 백성이며, 그와 같이 생각하고 살
아가는 자는 서서히 변함이니,
34 지금은 어둡고 무거운 마음이요, 그
무서운 죄의 무거운 짐을 지고 있는
너희들이 하나하나 벗어지며 너희들
에게서 떨어져 나가는 그와 같은 은혜
를 얻는 것이니라.
35 착한 일을 하고 선한 일을 할 때 너희
들이 나에게 무게를 달 때 그 무게가
바람처럼 날아가 있음이니,
36 너희들의 그 선함의 무게가 밑으로 가
라앉는 그와 같은 너희들이 기쁨을
맛보게 될 것이니라.
37 이와 같은 나의 이치를 깨우쳐 밝고

옳은 삶을 살도록 그리하라.

5,068 번째 하나님 말씀

2003년 2월 18일 10시 46분

1 사랑하는 나의 아들아!
2 "네, 아버님! 말씀하옵소서."
3 지금 나의 아들이 죽어 가면서 너희들
에게 부르짖은 것이 사랑이요,
4 아름다운 사랑의 그 마음을 지켜 나에
게 오르라 그리 그가 너희들에게 원하
며 죽어 갔음이니,
5 그를 그저 너희들을 대신하여 죄를
안고 죽어 간 것이라 가르치며 그리
전하는 너희들의 종교 집단들이 아직
도 제정신을 차리지 못하며 깨우치지
못하고 깨닫지 못하고 가고 있음이니
라.
6 모든 종파, 종교 집단이 나의 피조물
만백성을 지금 지옥으로 계속 이끌어
가고 있으며, 그들을 지옥 불로 인도
하고 있음이니라.
7 또한 그 신도라 하는 백성은 모르고
그들의 말에 따라 그리 흘러가고 있음
이니라.
8 그러니 너희들은 지금 온 세상에 내
가 만든 성전이 다 사악한 자로 덮어
진 것 같으며, 사탄이요, 악마가 존재
하는 것 같으나,
9 너희들은 이와 같은 역사가 계속 사탄
의 뜻과 악마의 뜻대로 이대로 지속될
것이라 그리 생각하고 있는 것이니라.
10 그러나 너희들은 그리되지 아니함을
알아야 할 것이니라.
11 나 여호와가 사랑하는 나의 백성을 너
희들이 그리 계속 지옥 불로 인도하도
록 그리 놔두지 아니할 것이며,
12 그리하여 내가 지금 제3의 시대를 시
작함이요, 내가 너희들을 단죄하기 시
작하였음이니라.
13 그리하여 잘못된 사악한 뿌리들을 이
세상에 나의 성전에서 하나도 발붙이
지 못하도록 내가 천 년에 걸쳐 이 역
사를 이루고자 하여, 나의 법전을 너
희들이 알기 쉽게 간단히 해서 설명하
고 깨우쳐 줄 수 있도록 내가 세상에
내려보냄이니,
14 이는 곧 내가 마지막 시대에 너희들을
심판하기 위하여 세상에 내려옴과 같
음을 너희들은 알아야 할 것이니라.
15 너희들은 나의 아들 예수가 재림하여
올 것이며, 나 여호와가 너희들에게
구원의 길에 손길을 직접 뻗어 너희들
이 들림의 영광을 얻을 것이라 그리
생각하며,
16 나의 뜻이 세상에 내려와 너희들을 구
원하는 그 역사가 이루어지기를 바라
고 있느니라.
17 그러나 다만 너희들이 구름을 타고 하
늘에서 찬가를 부르며 군병과 같이 휘
황찬란하게 내려와 그들이 너희들을
인도해 갈 것이라 그리 생각하나, 그
와 같은 형국은 없음을 너희들은 알라.
18 곧 나의 성령이요, 나의 법이요, 나의
뜻이 세상에 내려가 너희들을 조용히
구원할 자 구원하는 그와 같은 역사가
이루어짐을 너희들은 알아야 할 것이
니라.
19 나 여호와가 너희들에게 말하기를, 골
방에서 기도하며 너희들은 내가 모르

는 은밀한 곳에서 기도하는 것을 내가
들어준다 하였으며,
20 너희들은 내가 보지 않는 곳에서 은밀
한 곳에서 너희들이 선행을 베풀며 아
름답게 살아가는 것이 내가 너희들을
구원하는 길이며, 내가 너희들을 기억
하며,
21 세상에 자랑하며 수다 떠는 자, 그리
고 남에게 보이기 위한 행동을 하는
자, 내가 너희들에게 그와 같은 자는
지상에서 다 상을 받았으며 지상에서
영광을 얻었음이니,
22 나로부터 받을 것은 하나도 없다 내가
그리 말하였거늘,
23 어찌하여 나는 너희들에게 은밀히 기
도하며 은밀히 선행을 하며, 심지어
내가 말하기를 한 몸에 붙어 있는 오
른손이 하는 것을 왼손이 모르도록 그
리 은밀히 하라 하면서,
24 나 여호와가 나의 피조물 만백성 너희
들을 구하는 그 역사는 나팔 불며 찬
가를 부르며 천국의 병사들과 더불어
내가 휘황찬란하게 내려가는 그와 같
은 꿈같은 환상에 젖어 있음이니,
25 어찌하여 너희들은 내가 은밀히 기도
하라면서, 내가 그와 같이 요란을 떨
며 너희들을 구원하러 내려갈 것이라
그리 말하는가?
26 너희들이 도둑과 같이 조용히 내려가
는 것이 나의 뜻이요, 내가 내려감이
니라.
27 지금 내가 하나의 나의 동양에 작은
나라 한구석에 나의 아들이 존재하도
록 내려보내 그를 통하여 나의 160권
이라는 대장서의 성경이요, 성령의 나
의 뜻을 지금 너희들을 바로잡기 위해
내려보냄이니,
28 이제 도둑과 같이 나의 성령이 내려가
며, 나의 뜻이 내려오며,
29 다락방에서 은밀히 하는 그와 같은 자
를 기억하듯이, 내가 지금 다락방에서
이와 같은 역사를 이루고 있음이니,
30 이게 무서움이요, 마지막 심판의 무서
움임을 알라.
31 그리하여 내가 조용히 지금 나의 법전
을 세상에 내려보내는 것은 지금 종교
집단이요, 지도자들이 저희들의 부귀
영화를 위하여, 저희들이 권좌를 누리
기 위하여 지금 나의 백성을 지옥으로
이끌어 가는 것이 영원히 지속될 것
이며, 영원히 그와 같은 그들의 뿌리
가 세상을 다 덮어 이 지상의 아름다
운 나의 성전을 뒤엎을 것같이 그와
같이 생각하고 있으나,
32 이는 내가 이제 용서하지 아니하며 이
를 단죄하기 시작하였음을 알라.
33 나의 율법이요, 계명과 법전을 읽고
깨우쳐 변화되지 아니하며, 나 여호와
가 이루고자 하는 시대의 변화에 동참
하지 아니하는 자, 너희들은 내가 용
서하지 아니함이니라.
34 지금이라도 잘못 가고 잘못 가르치는
백성, 너희들이 부끄러움을 알며, 나
의 성경에 기록된 참뜻을 그대로 행하
며, 십계명대로 그대로 행하며, 내가
알기 쉽게 풀어서 내려보내는 새로운
성경이요, 나의 법전을 읽고 깨우쳐
너희들이 나에게 오르는 그와 같은 영
광을 찾지 못하는 자,
35 내가 하고자 하는 것, 내가 이루고자

하는 그 모든 변화의 역사요, 새 시대
를 이루는 것을 거부하며 내가 지금
내리는 법전을 거부하며,
36 너희들은 너희들 자신이 죽음의 길로
달려가는 것임을 알아야 할 것이니라.
37 지금 나의 법전이 사탄이요, 사악한
자가 마지막 내려와 세상을 혼란케 하
는 것이라 하여 던지고 찢어 버리는
자, 바로 너희들이 사탄임을 알라.
38 나의 법전에 나의 아들 예수를 거부하
는 것이 어디에 있으며, 나 여호와에
게 경배하지 아니하는 것이 어디에 있
으며, 내가 너희들에게 불로 쓴 십계
명을 거부하며 그를 믿지 않는 게 어
디에 있는가?
39 그는 그 모두를 계승하여 지켜 가고자
하며, 그 참뜻을 가르치며, 그리고 내
가 내리는 진정한 진리의 깨우침을 너
희들에게 전하고자 하여 책을 만들어
전하는 것이거늘,
40 이 법전을 책의 형태로 너희들에게 전
해지지 아니하면 너희들이 어찌 영원
히 한길을 갈 수 있으며 변화될 수 있
다 하겠는가?
41 너희들이 같은 선생 앞에서 배우는 것
도 시간이 지나 돌아서면 생각하는 것
이 다르며 그 가르치는 방법이 달라
또 그들이 전하는 것이 또 다르니,
42 세월이 지남으로써 너희들이 모든 게
퇴색되어, 내가 전하고자 하던 그 역
사가 처음에는 금이었으나 은이요, 동
이요, 쇠붙이로 변해 녹슨 가루로 그
쇳가루로 변하듯이, 지금 그 형국을
내가 또다시 역사할 것이라 생각하는
가?
43 그 모두를 다 바로 다스리기 위하여,
그와 같은 역사를 이루지 아니하기 위
하여 내가 가장 쉬운 나라의 문법으로
써, 준비된 언어로써, 내가 준비시켜
놓은 글로써 너희들이 가장 알기 쉽게
세상에 전함이니,
44 그를 깊이 깨우쳐, 너희들이 거부하지
말며 너희들이 이를 팽개치지 말며 던
지지 말라.
45 너희들의 생명의 새로운 빛임을 알아
야 할 것이니라.
46 여기에 나의 아들 예수를 거부하며,
나를 욕되게 하며, 십계명을 욕되게
하며, 너희들의 마음이 변하는 역사를
하는 것이 여기에 없거든 너희들은 이
를 버려도 되나,
47 너희들이 열여섯 권의 법전을 읽고도
그와 같은 마음의 변화가 없거든 너희
들은 이 성전을 떠나도 되며 나의 법
전을 너희들이 버려도 됨이니,
48 그때 내가 너희들을 탓하지 아니할 것
이니, 가슴에 안고 열여섯 권의 법전
을 정독한 다음에 너희들이 평가를 하
도록 그리하라, 사랑하는 나의 백성들
아!

5,069 번째 하나님 말씀

2003년 2월 18일 10시 55분

1 사랑하는 나의 아들아!
2 "네, 아버님! 말씀하옵소서."
3 나 여호와가 내린 것은 무엇이던가?
4 나의 아들 예수를 통하여 나의 뜻이
요, 너희들이 하늘에 오르는 길을 내
가 너희들에게 내려보냈음이니, 그 생

수는 무엇이던가?
5 너희들이 한 번 마심으로써 영원히 목
마르지 아니하며 영원히 살아갈 수 있
는 그와 같이 소중한 생수를 내가 하
늘에서 너희들에게 내려보냈거늘,
6 너희들은 이를 거부하였으며 이를 마
시지 아니하였음이니라.
7 그리하여 너희들이 먹으면 먹을수록
목이 마른 그 생수만을 먹고살며 그것
이 너희들이 오로지 영원히 사는 생수
인 것처럼 그리 말하고 있느니라.
8 그러나 너희들이 먹고 먹는 그 생수가
언젠가는 마를 것이니, 마른 다음에는
과연 어찌하려고 너희들이 그와 같은
행위를 하는가?
9 그리하여 너희들이 영원히 사는 목마
르지 않는 그 생수를 내가 내려보냈
거늘,
10 나의 아들이 그를 내려받아 너희들에
게 전하는 것을 하지 못하도록 나의
아들을 그리 죽게 하였으니, 그는 바
로 무엇이더냐?
11 나의 피조물 만백성에게 우물을 가지
고 갈증이 날 때마다 한 그릇씩 퍼 먹
여 팔아먹는 그와 같은 형국을 하고자
하는 사악한 너희들이 그와 같은 행위
를 했음이니라.
12 우물을 관리하는 자, 그와 같은 자들
이 나의 아들 예수를 죽게 하였음이
니, 그리하여 그 물을 마시기 위해 너
희들의 문전에 찾아오는 자에게 금화
와 은화를 받고 파는 너희들이 그와
같은 사악한 행위를 하였음이니라.
13 그리하여 너희들이 나의 피조물 만백
성에게 재물을 거둬들이며 그 우물물
을 팔아, 갈증이 심하고 더 갈증이 심
한 백성에게 그 우물물을 먹여 지금까
지는 호의호식하고 누렸으며,
14 이 세상에 열 발짝도 안 되는 곳마다
너희들이 성전이라는 것을 지어 십자
가를 그 위에 매달아 나의 가슴을 이
리도 아프게 하는 행위를 해 왔음이니
라.
15 그러나 이제 내가 더 이상 그들을 볼
수 없으며 너희들을 용서할 수 없기
에, 한 번 마시면 영원히 목이 마르지
않는 그 생수를 내가 다시 너희들에게
내려보내는 것을 너희들은 알아야 할
것이니라.
16 그리하여 나의 법전이요, 새로운 성경
을 너희들이 깨우쳐 바로 본다면 영원
히 나의 하늘나라에 오를 수 있으며,
17 너희들 마음에 갈증이 없으며 목이 마
르지 아니하는 그와 같은 참진리를 너
희들에게 내려보내거늘,
18 이를 보지 아니하고 너희들이 마시려
하지 아니하고 있음이니,
19 그저 마시면 갈증이 나는 그와 같은
샘물을 가지고 있는 자들의 감언이설
에 속아,
20 너희들이 그 물을 먹어야만 구원을 받
는 것이며, 그 물을 먹지 아니하였을
때 지옥으로 가는 것처럼 그리 착각
속에 너희들이 두려움과 공포에 떨어,
갈증이 더 날 물을 마시고 또 마시니,
21 잘못 가는 종교 지도자 앞에 재물을
바치고 또 바쳐 너희들이 더욱 무거운
죄를 짓는 것이며,
22 사악한 자들이 가르치며 너희들의 마
음이 더 삭막하며 더 너희들이 쓰러져

가는 그와 같은 형국으로 지금 가고
있음이니,
23 너희들은 이제 그를 봐야 될 것이니라.
24 어찌하여 한 번 마시면 영원히 갈증을
면할 수 있는 그 생수를 마시지 아니
하며, 그 물을 너희들이 먹으려 하지
아니하며,
25 사악한 자들이 주는, 갈증을 더하는
그 물만을 마시며 그것만이 너희들의
영혼을 살리는 길이라 그리 말하고 있
는가?
26 너희들은 종교 지도자, 그 우물을 가
지고 있는 사악한 자들이 뭐라 말하는
가?
27 저희들이 주는 물은 저희들이 죽지 아
니하며 계속 살아갈 수 있는 물이라
그리 말하며,
28 내가 내리는 새로운 생수는 독소가 들
어 있어 이를 마시면 너희들이 죽는다
하여 마셔 보지 못하게 하니,
29 저 자신이 죽어 오는 것도 두려울 것
이거늘 나의 백성을 그리 죽게 하며,
신도라는 나의 백성, 너희들의 후손까
지도 그를 마시지 못하도록 너희들이
나에게 그리 공격하며 나를 능멸하는
그와 같은 행위를 하고 있음이니라.
30 그러나 너희들은 이제 알아야 할 것이
니라.
31 너희들이 마시면 마실수록 목이 마른
그 샘물이 이제 말랐으며 마르기 시작
함이니라.
32 내가 그 샘의 물줄기를 자르기 시작하
며 그 샘물은 마르기 시작하였음이니,
33 너희들이 이제 나의 법전을 보지 아니
하며 내가 새로 내리는 생수를 마시지
아니하면 살지 못하는 것을, 그리고
내가 내리는 그 생수에 독소가 없다는
것을 너희들이 알 날이 머지않았음이
니라.
34 내가 내리는 나의 법전을 너희들이 하
늘에 오르는 길이요, 참진리요, 나 여
호와의 뜻이라 깨달아,
35 내가 내리는 영원히 사는, 한 번 마시
면 목이 마르지 않는 생수라는 걸 알
고 너희들이 마시기 시작할 때, 너희
들의 샘은 영원히 말라져 감을 알라.
36 그때는 너희들이 그 생수가 진정한 너
희들을 구원하는 길이 아니라 하여,
너희들이 속이고 속여 왔던 그들이 폭
도와 같이 일어나 너희들에게 공격할
때, 너희들은 그를 감내할 길이 없을
것이니,
37 내가 그를 막고자 하여 지금 서서히
전하는 나의 뜻을 알라.
38 이를 가지고 너희들이 태워 버리며 찢
어 버리는 그와 같은 행위를 하지 말
라.
39 너희들이 그와 같은 행위를 하는 그것
이 무엇이던가?
40 나의 피조물 만백성이 분노한 마음을
이르게 함이니라.
41 너희들이 나의 법전을 두고 이것이 진
정한 길이 아니요, 깨우침의 길이 아
니요, 봐서도 안 되는 것이요, 사탄이
라 그리 말하는 너희들에게, 이들이
보고 깨우쳐 너희들이 잘못 가르쳤다
할 때, 그들이 너희들에게 보상받고자
하는 그와 같은 무서운 폭동의 변화는
너희들이 감히 감내하지 못할 것이니
라.

42 지금 군림하여 너희들이 제왕보다도
더한 그 대우를 받으며 나의 피조물
만백성을 우롱하여 그들의 재물을 거
둬들이고 갈취한 그 행위보다 열배 백
배 천배 고통스러운 상황을 맞을 것
이며 그 환경에 처할 것이니,
43 내가 그를 막기 위하여 서서히 나의
법전을 전하며 그 백성의 마음을 달래
주고 있음이니,
44 그를 너희들이 조용히 침묵하며 기다
리는 그와 같은 슬기로움이 없이, 이
를 막고자 거역하고자 반기를 든다 하
면, 너희들은 결국 스스로 자초하여
죽음의 샘을 파는 행동을 함임을 잊지
말라.

5,070 번째 하나님 말씀

2003년 2월 19일 08시 25분

1 사랑하는 나의 아들아!
2 "네, 아버님! 말씀하옵소서."
3 세상사 비바람이 불어도 너희 자신은
구르는 돌이 되라 하였으며, 그리고
죽은 자라 내가 그리 살라 하였음이니
라.
4 너희들은 그 뜻이 무엇인가를 어찌하
여 그리도 깨닫지 못하는가?
5 그리고 너희들은 나의 종이요, 만백성
의 종이라 내가 그리 너희들에게 일렀
음이니,
6 과연 종이 주인에게 대드는 자 있으
며, 종이 주인과 멱살잡이하는 자 있
으며, 종이 주인과 맞먹고자 하는 자
가 있던가?
7 너희들이 만백성의 종이라 내가 그리
하였거늘,
8 너희들은 살아가며 모든 시시비비에
남에게 지지 아니하려 하며 남들에게
양보하지 아니하려 하며, 너를 먼저
내세우며 너를 먼저 의식하고 있는 너
희들이 과연 종의 자세로써 가는 나로
부터 선택된 백성이던가?
9 너희들이 정녕 종으로서 나의 임무를
수행하며 나의 명에 따라 살아가는 자
라면,
10 너희들은 이 세상사의 모두는 다 너의
탓이요, 남의 탓이라는 것은 하나도
없을 것이니라.
11 어찌하여 너희들은 모든 세상사의 부
닥치는 것이 네 탓이라는 그와 같은
생각을 갖고 살지 못하는가?
12 너희들이 시시비비를 하는 것은 너희
들의 종이요, 나의 종으로서 살아가는
자세가 아님을 알아야 할 것이니라.
13 너희들의 평범한 세상의 삶에 전하는
말이 있지 않더냐,
14 '손바닥도 마주치지 아니하면 절대 소
리가 나지 아니한다'고.
15 상대성이 있고 마주치는 것이 있을 때
소리가 난다 하였음이니, 너희들이 어
찌하여 그와 같은 마음을 갖고 살지
못하는가?
16 '모든 미물도 밟으면 꿈틀거린다'는
세상사의 너희들의 말이 있듯이,
17 그러나 너희들은 밟히고 또 밟혀도 너
희들이 그를 표현하며 그를 가지고 소
리 지르며 거부하는 그와 같은 마음을
가지는 것은 아니 됨이니라.
18 남들이 걸어가는 발밑에 네가 있는
것이 잘못이라 그리 생각하는 것이 죽

은 자가 가는 길이요,
19 바위요, 돌이 가는 길이요,
20 그리고 너희들이 처한 만백성의 종이
가는 길임을 알아야 할 것이니라.
21 그러나 너희들이 세상사에 살아가며
남들과 시시비비하며 남을 흉보며 남
을 욕하며 그와 같은 행위를 할 수 있
는 것은,
22 감히 그것이 깨달음이요, 나에게 오르
는 백성이 할 수 있는 길이라 생각하
는가?
23 너희들이 남을 흉을 보는 것은 잠깐
지나가는 것이라 말하나,
24 그 지나가는 것 같은 것이 너희들의
마음이 하나도 다스려지지 아니하였
으며 변화되지 아니한 너희들이라 하
면 과연 어찌하는가?
25 그 모두가 다 다스려져야 함이니라.
26 이제 너희들은 이 세상사의 모든 것은
다 네 탓이며, 모든 원인은 네가 제공
한 것이니, 너희들이 어떤 시시비비를
하는 것, 남을 흉보고 남의 이야기를
하는 것, 그 모두는 다 너희들이 죄의
온상이며, 너희들이 죄를 짓는 것임을
알아야 할 것이니라.
27 그와 같은 이치를 깨닫고 그와 같은
마음으로써 너희들이 행하고 살아가
지 아니한다면 변화된 백성이 아니니,
28 나의 만백성을 구하는 나의 선지자,
나의 선택된 백성이 아니며,
29 만인의 종으로 살아가라는 나 여호와
창조주의 뜻을 너희들이 거역함이니,
30 이를 명심하고 또 명심하여 행하도록
그리하라.
31 절대로 손뼉이 마주치지 아니하면 소
리가 나지 아니함이니,
32 너희들은 그 마주치는 손뼉에 잠깐 비
켜 가는 그와 같은 아량도 없는 자들
이니,
33 너희들이 나의 백성이요, 만백성을 구
하는 지도자라 한다면, 지금 이 세상
에 내가 만드는 이 아름다운 성전에서
죄의 온상인 너희들이 말하는 성전이
요, 교회라는 것을 지어 놓고,
34 너희들이 거기서 나의 뜻이 아닌 너희
들 인간의 교리요, 너희들의 부귀영화
를 위하여, 세를 불리기 위하여, 자금
을 거둬들이기 위해서, 물질을 거둬들
이기 위해 사는 너희들과도 다른 것이
하나도 없으니,
35 그들과의 차별화를 완벽하게 너희들
이 보여 주는 그와 같은 삶을 살지 아
니한다면 아무도 너희들을 믿지 아니
할 것이니라.
36 저희도 그와 같은 것은 할 수 있으며,
저희도 그와 같은 길은 갈 수 있으며,
저희도 그 정도의 믿음은 갈 수 있으
며, 저희도 그와 같은 행동을 할 수 있
다고 생각하게 하는 것은,
37 아무도 너희들을 존경하지 아니하며,
따르지 아니하며, 믿지 아니하며,
38 너희들이 변한 자라 믿지 아니하며,
나의 선택된 아들딸이라 너희들을 믿
지 아니함이니라.
39 그리고 법전을 읽고 깨우친 백성이 그
정도밖에 되지 않는다 하면, 법전 역
시 잘못된 것이며 진정한 진리가 아니
며 너희들을 변화시키는 그와 같은 나
의 성령이 아니라 그들이 말할 것이니,
40 그리하여 그들은 그것을 빙자하여 나

의 법전을 태우며, 만백성을 저희들이
끌고 가는 지옥으로 이끌어 가는 그
역사를 하게 됨이니,
41 이는 너희들이 변화시키는 것이 아니
요, 그들이 단합하고, 더욱 굳은 결의
를 하고 그들이 더 강하게 뭉쳐지는,
42 그리고 이와 같은 것이기 때문에 만백
성을 끌어들이고 구원해야 한다 그리
하여 그들이 광분의 자세로 또 돌아가
는 촉진제가 된다는 것을 너희들은 잊
어서는 아니 될 것이니,
43 나의 뜻으로써 만백성을 구원하는 것
이 아니라 나의 백성을 지옥으로 이끌
어 가는 그와 같은 촉진제의 역할을
하는 나의 법전이 될 수 있음을 너희
들은 알고 행하도록 그리하여야 함을
잊지 말라.

5,071 번째 하나님 말씀

2003년 2월 19일 08시 35분

1 사랑하는 나의 아들아!
2 "네, 아버님! 말씀하옵소서."
3 나의 피조물 만백성 너희들은 죽음의
길을 위하여 마지막 동반자로서 지금
같이 가고 있다 하였음이니라.
4 그 죽음을 향하여 같이 가는 동반자인
너희들이 물 한 그릇을 달라 해도 그
를 거절하는 그와 같이 삭막한 마음
의 자세를 가지고 살아가는 것이 지금
의 삶의 형국이니라.
5 천사들이 와 너희들에게 물 한 그릇을
달라 하여도, 그가 천사인 줄 모를 때
너희들은 그에게 물 한 그릇을 주지
않는 그와 같은 것이 너희들의 마음
자세이니라.
6 그러니 그와 같이 너희들이 지금의 사
랑이 메말라 있으며 사랑이라는 것을
찾아볼 수 없는 이와 같은 현실의 삶
을 바라보는 나 여호와의 마음이 얼마
나 아픈가 너희들은 알겠는가?
7 사랑을 실천함이 너희들이 하늘에 오
르는 길이거늘, 그를 행하지 못하는
것이 너희들이니,
8 정녕 천사가 내려와 하늘에서 온 천사
로서 너희를 하늘에 인도하고자 한다
하여 너희들에게 물 한 그릇을 달라
할 때,
9 과연 그 천사에게도 물 한 그릇을 주
지 않는 그와 같은 너희들이 되겠는가?
10 너희들의 이해관계에 따라서 너희들
의 마음은 천사와 사탄으로 변하는 것
이 너희들이니라.
11 그러니 항상 모두는 너희들이 손해 보
는 것이 정녕 너희들에게 큰 이익임을
알아야 할 것이니라.
12 물질 만능주의에 살기 때문에 너희들
은 물질과 관계있는 것으로써 손해와
득을 따지나,
13 나의 법전을 읽고 깨우친 백성이요,
그리고 하늘에 오르는 길을 위하여 믿
음의 길을 가는 백성, 너희들이 물질
로써 무엇을 추구하는 것은 사랑이
아니요,
14 너희들이 사랑을 베풀고 안 베풀며 너
희들의 마음을 어찌 갖고 사느냐 하는
것은 하늘에 오르는 길이요, 하늘에
오르지 못하는 길과 관계됨이니,
15 너희들이 남에게 베푸는 것이 손해 보
는 것같이 생각하나,

16 너희들이 베푸는 것이 하늘에 오르는 영광의 길을 얻는 은혜로운 축복을 받는다는 것을 잊지 말라.
17 너희들이 물질에 조금 손해 간다고 생각하는 것이 하늘에 오르는 길을 막는 것이요,
18 너희들이 물질에 손해 가는 행위를 하는 것은 하늘에 오르는 영광의 길을 너희들이 보며 그 길을 오게 되어 있는 것이니,
19 어떠한 길이 너희들이 선택할 길인가 생각해 보며 살도록 그리하라.
20 지금 천사가 너희들을 구한다 하여 물 한 그릇을 달라 할 때, 너희들은 가차 없이 전부를 다 줄 수 있으나,
21 천사가 와서 천사라 말하지 않고 물을 달라 할 때, 너희들은 물 한 컵을 주지 않는 마음으로 그와 같이 지금 황폐해졌으며, 그 마음이 정녕 사랑을 모르는 것이니,
22 지금 나의 백성 너희들이 썩어 가며 병들어 가며 죽음의 길로 그저 달려가는 그와 같은 형국이라 내가 말함이니라.
23 천국에서 너희들을 인도하는 천사가 너희들에게 물 한 컵을 달라고 함을, 너희들은 그를 지금 베풀고 나눠 줄 줄 모르는 것이니라.
24 그러나 그와 같은 삭막한 너희들의 마음을 내가 불쌍히 여기고 가엾이 여겨,
25 지금 너희들은 천사가 달라는 물 한 컵을 주지 아니하지만,
26 나 여호와는 물 한 컵을 주지 않는 너희들에게 나의 소중한 생명수를 전하도록 지금 내가 명하여,
27 많은 천사들이 세상에 나가 나의 법전이요, 나의 새로운 성경을 너희들에게 전해 주고 있음이니,
28 이는 너희들이 만질 수도 없으며 먹어 볼 수도 없는 그 생수를 지금 너희들에게 나눠 주고자 하고 있음이니라.
29 그러니 너희들이 남에게 물 한 컵을 줄 수 없으니,
30 내가 천사를 통하여 생수를 내려보내 너희들에게 마시라 하는 이와 같은 천사들의 권유를 너희들이 알지 못하며 듣지 못하고 있음이니라.
31 너희들이 물 한 컵을 달라는 사람에게 즐거운 마음으로 줄 수 있는 그와 같은 사람은 내가 지금 천사들을 통하여 생수를 들고 너희들에게 마시라 내려보내는 나의 법전이요, 나의 새로운 성경을 너희들이 바라볼 수 있으며 그를 볼 수 있는 것이니라.
32 내가 천국에 오는 길이라 그리 마시고 그리 너희들이 하늘에 오르는 길에 눈을 뜨라 강조하고 그리 가르치고 전해도 너희들은 이를 들으려 하지 아니하는 것이니,
33 또한 이와 같이 내가 천사를 통하여 너희들에게 내리는 생수를 영원한 생수가 아니요, 너희들이 죽음의 길로 가는 길이요, 먹어서는 안 된다 하는 것이 지금의 종교 집단들이요,
34 너희들이 믿음의 그 길을 잘못 가고 있기 때문에 그러한 것이니라.
35 그리하여 너희가 이 생수를 보지 못함이니, 이를 어찌하여야만 되겠는가?
36 나의 법전의 생수를 들고 지금 많은 나의 천사들이 너희들에게 이 생수 한

모금을 마심으로 영원히 갈증 나지 아
니하며 하늘에 올 수 있는 길이라 하
여 마시도록 그리 권고하는 것을 너
희들이 거절하고 있음을 알아야 할 것
이니라.
37 이제 너희들이 스스로 깨우쳐야 할 것
이니라.
38 지금 너희들은 나의 생수를 마시며 하
늘에 오르고자 하나,
39 너희들이 의심토록 하며 저희들의 설
교요, 강론만이 하늘에 오르는 생수라
가르치는 지금의 종교 집단이요, 지도
자가 있기 때문이니,
40 너희들은 그들의 말에 지금 현혹되어
서는 하늘에 오르는 길을 볼 수가 없
는 것이니라.
41 너희들이 지금 남에게 물 한 컵을 줄
수 있는 그와 같은 마음의 자세가 되
지 아니하고,
42 이제 그것마저도 너희들이 거부하는
그와 같은 황폐한 사랑이 없는 마음,
삭막한 마음으로 변한 것은 종교 집단
지도자들이 이 세상에 존재하기 때문
이니, 그들이 잘못 가르치고 있기 때
문이니라.
43 그들은 너희들에게 지금 남에게 사랑
을 베풀지 못하는 것도 부족하여 천사
들이 너희들에게 마시라 들고 가는 그
생수마저도 마시지 못하고 보지 못하
도록 그리함이니, 그들의 그 잔악함에
너희들이 현혹되어서는 아니 될 것이
니,
44 스스로 너희들이 깨우쳐 바른길을 가
도록 하며 구원의 길을 얻도록 하라.
45 하늘에 오를 수 있는, 천사가 주는 생
수를 너희들은 거부하지 말아야 할 것
이며, 마시지 아니해서는 아니 됨이니
라.
46 그는 곧 나의 법전이요, '하늘에 오르
는 길'이요, '하나님! 말씀하옵소서'라
는 이 책이요, '새로운 성경'임을 너희
들은 잊지 말라.
47 이를 읽고 깨우쳐 하늘에 오르는 구원
의 길을 얻도록 그리하라.

5,072 번째 하나님 말씀

2003년 2월 19일 08시 42분

1 사랑하는 나의 아들아!
2 "네, 아버님! 말씀하옵소서."
3 만백성에게 네가 전해야 할 것이니라.
4 내가 너희들에게 뭐라 말하였는가?
5 내가 지금 나의 아들을 통하여 내리는
새로운 성경이요, 나의 법전에 기록된
그 모든 내용을 너희들은 이것은 나의
아들에게 관계된 것이며,
6 어떤 것은 너희들에게 관계된 것이며,
7 또 다른 것은 그렇지 않은 백성에게
관계된 것처럼 그리 봐서는 아니 된다
내가 일찍이 깨우쳤음이니라.
8 나의 법전에 기록되어 내려가는 그 모
든 내용은 다 너희들에게 관계되는 것
이니,
9 너희들은 나의 법전을 읽으면서 이것
은 나의 아들에게 관계된 것이며, 이
것은 너희들에 관계된 것이며, 이것은
타인에게 관계된 것이라 그리 생각하
지 말라.
10 그 모두는 너희들 각자에게 다 명하는
것이며, 너희들에게 깨우쳐 하늘에 오

르는 길을 가르치고자 함이 거기에 있
음이니,
11 그 모두는 너희들에게 명하는 것처럼
너희들이 다 받아들이고 그와 같이 행
동을 해야 됨을 잊지 말라.
12 나의 아들이 해야 할 임무는 너희들이
나의 법전을 읽으며 그리 잘 찾아내
나, 너희들이 행해야 할 것은 소홀히
함이니,
13 거기에 기록되어 있는 모든 내용은 다
너희들이 행하는 것임을 알아야 할 것
이니라.
14 법전에 기록되어 있는 그 모두는 다
역사해야 되며 그대로 실현된다 하였
음이니,
15 내가 너희들에게 명한 작은 명령도 너
희들이 먼저 행하는 그것부터 실시해
야 함을 잊지 말라.
16 그를 먼저 행하지 아니하면 영원히 너
희들은 일어설 수 없으며 얻을 수 없
음을 알아야 할 것이며,
17 너희들이 그리 갈구하는 구원의 길을
볼 수도 없다는 것을 알라.
18 거기에 기록되어 있는 작은 것도 너희
가 하나도 놓치지 말며 그를 완벽하게
실천하는 삶을 살 때,
19 너희가 나에게 오를 수 있는 그 변화
의 역사를 보게 됨을 알아야 할 것이
니라.
20 내가 나의 아들을 통하여 뭐라 말하였
느냐?
21 나의 아들이 변하는 그 모습은 네가
썩은 데서 생수가 나는 것 같은 그와
같은 변화가 이루어지는 것이라 내가
그리 말하였으며,
22 네가 그리 가야지만 만백성을 구하는
지도자로서 설 수 있다 하였음이니,
23 이제 너의 제자들이 그를 알고 있음이
니라.
24 네가 변하는 그 모습 속에서 과연 썩
은 데서 생수가 날 수 있다는 것이 나
여호와의 무슨 뜻인가를 그들이 알고
있음이니,
25 그와 같이 너는 변해 달려가고 있음
이니라.
26 또한 그 모두를 너의 제자들이 따라와
야 할 것이며,
27 너의 제자들이 법전에 기록되어 있는
모든 것은 서로 하는 일이 구분되어
있는 것이 아니라,
28 기록되어 있는 그 모든 내용은 각자
너희들에게 해당하는 것이며,
29 너희들이 이를 보고 깨우쳐 바로 서야
함을 잊어서는 아니 됨을 알라.
30 너희들이 바로 서야 할 것이니라.
31 그리고 법전에 기록된 그 모두는 역사
하게 되어 있음이니,
32 법전에 기록되어 너희들에게 행하라
내가 명한 것은 너희들이 목숨을 다하
여 바치는 그와 같은 너희들의 행함에
따라서 모두가 이루어지는 것을 잊어
서는 아니 될 것이니라.
33 그를 먼저 행하도록 그리하라.
34 지금 나의 아들은 변하고자 달려감이
한이 없음이니라.
35 너희들이 감히 상상 못할 만큼 지금
달려가고 있지 않던가?
36 내가 뭐라 했느냐?
37 나의 아들의 머리카락이 하얗게 백발
이 될 때 그가 바로 설 것이며,

38 너희들에게 많은 기적과 역사를 이룰
수 있는 때가 될 것이라 하였음이니,
39 지금 나의 아들이 그와 같이 무서우리
만큼 변해 가기 원하는 만큼, 너희들
이 더 변하며 더 역사해야 함을 잊지
말라.
40 나의 아들이 열 개를 깨우쳤을 때 너
희들은 배로 깨우치는 그와 같은 노력
이 필요하다 하였거늘, 그는 무엇이던
가?
41 나의 아들은 나로부터 직접 가르침을
받으며 나로부터 성령의 뜻을 수없이
받아 배우니 내가 바로 가르침이니라.
42 나를 보지 못하며 만지지 못하며 듣지
못하는 너희들이 깨닫고 느끼는 것은
나의 아들의 3분의 1을 따라가지도
못함이니,
43 너희들이 배로 노력하라는 뜻이 여기
에 있으니,
44 나로부터 선택된 나의 아들을 따르는
제자 너희들이 피나는 노력을 경주하
고 더하고 더할 때, 내가 나의 아들에
게 전하는 것을 너희들이 일부를 알게
되며, 그 뜻을 일부 깨우치게 될 것이
니라.
45 너희들이 그 뜻을 다 알아듣고 바로
나의 아들이 깨우치는 것처럼 가기 위
해서는 무한한 노력을 하지 아니하면
아니 됨을 너희 자신이 알라.

5,073 번째 하나님 말씀

2003년 2월 19일 08시 47분

1 사랑하는 나의 아들아!
2 "네, 아버님! 말씀하옵소서."
3 너희들이 나로부터 생명을 받아 세상
에 나감이니, 너희들은 아무리 알고자
해도 너희들이 받아 가지고 나가는 그
생명의 시간은 알 수 없다 하였음이니
라.
4 그리하니 내가 너희들에게 준 그 생명
의 시간이 다 각자가 다름이니,
5 너희들이 그를 대비하는 그와 같은 삶
을 살라 내가 너희들에게 명하지 아니
하였던가?
6 언제 너희들이 나에게 불려 오는 그
역사를 이룰지 모르기에, 항상 그와
같은 준비와 대비를 하고 살라 내가
그리 너희들에게 가르쳤음이니라.
7 너희들은 언제 나에게 불려 올지 모르
는 그와 같은 육의 세상의 삶에 대한
양식은 그를 쌓아 놓기에 바쁘며 그를
준비하기에 바쁘며,
8 평생 너희들이 먹고살 수 있는 그것
을 지금 만들어 놓는 일은 최선을 다
하며 너희들이 부지런함을 말할 수 없
이 가고 있음이니라.
9 너희들이 언제 거둬질지 모르는, 언제
나에게 불려올지 모르는 너희들의 육
의 삶에 대해서는 너희들이 영원히 백
년, 천 년 살 것처럼 쌓아 놓고자 하며,
10 그 기틀을 단단히 하며 그와 같은 생
활의 터전을 닦고자 하는 데 모두를
다 바치고 노력함이니라.
11 그리하여 그를 위하여 너희들이 죄를
짓는 것을 두려워하지 아니하며, 나로
부터 해서는 아니 되는 그와 같은 내
가 용서하지 않는 일을 서슴지 않고
행하는 것이 아니던가?
12 나 여호와가 너희들에게 말함이니라.

13 너희들이 육의 삶의 평생에 쌓아 놓고
살 수 있는 것, 너희들이 거두어들여
놓고 살 수 있는 것, 그와 같이 노력함
을 내가 너희들을 탓하지는 아니함이
니라.
14 너희들의 노력에 따라서 얻어질 수 있
는 것은 당연한 것이며 그것은 나의
뜻이니라.
15 그러나 너희들이 그를 쌓기 위하여 남
에게 부끄러운 짓, 해서는 안 되는 짓
을 하고,
16 남을 넘어트리며, 너희들 앞에 가는
자를 가지 못하도록 하며, 그와 같은
너희들이 해서는 안 되는 부끄러운 행
위를 하면서 너희들이 평생 먹을 것을
쌓아 놓는 그와 같은 삶을 살지 말라
함이니라.
17 그리하여 내가 너희들에게 지금 다시
한 번 깨우치고자 함이니라.
18 부끄러운 짓, 해서는 안 되는 그와 같
은 행위로 언제 불려 올지 모르는 너
희들이 그 육의 양식을 쌓아 놓는 데
는 혈안이 되어 있으나,
19 너희들이 영원히 사는 나의 나라에 오
는 양식을 준비하는 데는 인색하기 짝
이 없음이니,
20 이제는 너희들이 육의 삶의 양식을 준
비하는 그것과 너희들이 하늘에 오를
수 있는 영원히 사는, 영원히 너희들
이 먹고살 수 있는 양식을 준비하는
데 최선을 다하며, 너희들이 인색해서
는 아니 됨을 내가 너희들에게 전하고
자 함이니라.
21 너희들이 바로 살고 깨끗하게 살며 나
의 계명대로 사는 것이 너희들의 영혼
을 구하는 것이며, 영혼이 사는 양식
을 준비하는 것이니,
22 너희들이 살아가면서 그와 같이 법도
요, 내가 말한 계명을 위배하고 가면
서 그와 같이 육의 양식을 준비하는
것은 어리석은 삶이니,
23 너희들이 이와 같은 어리석은 삶에서
바른 삶을 볼 수 있도록 그리하라.
24 내가 너희들에게 하늘에 오르는 양식
을 준비하는 데 최선을 다하라 함은,
25 너희들이 육의 삶을 노력하는 것을 게
을리하라 함이 아니니라.
26 너희들이 육의 양식을 준비할 때 정도
의 길을 가는 삶이요,
27 그와 같이 바르게 살며 선을 행하고자
하는 삶을 사는 마음에서 너희들이 육
의 양식을 준비할 때, 영원히 사는 영
혼의 양식도 같이 준비하게 되어 있음
이니,
28 너희들이 그와 같이 선을 행하며 악을
버리는 거기에 마음을 소홀히 하지 말
며 최선을 다하며 게을리하지 말라는
나 여호와의 뜻임을 알아야 할 것이니
라.
29 이제 내가 너희들에게 구할 수 있는
양식을, 그리고 구할 수 있는 너희들
의 그 모든 길을 안내하고 있지 아니
하던가?
30 '하늘에 오르는 길'이요, 나의 법전 '하
나님! 말씀하옵소서'라는 이 새로운
나의 성령의 책이 세상에 내려감이니,
31 이것이 너희들의 영혼을 구하는 양식
이요, 기초요, 근본이며,
32 그 속에 너희들이 바로 갈 수 있도록
모두를 적어 내가 너희들에게 내려보

내니,
33 너희들은 준비된 나의 양식을 구하는
데 게을리하지 말라.
34 너희들이 가장 어렵고 힘들 때, 그리
고 너희들이 도저히 선만을 행하고 살
아갈 힘이 없을 때,
35 너희들에게 가장 큰 힘과 영광이요,
축복의 용기를 주고자 하여 내가 나의
법전을 세상에 내려보냄이니라.
36 그러니 너희들이 쌓인 법전을 전하는
것이 너희들이 세상에서 사는 삶의 가
장 큰 축복이요, 영광이니,
37 그리 너희들은 나의 계명을 지키고 나
의 법전 그대로 지키고 살라.
38 그 모든 영광과 축복을 너희 가슴에
안을 수 있도록 그리하라.
39 그 양식이 너희가 온 힘을 다하여 구
해야 할 것이며, 그를 너희들 것으로
만들어야 함이니,
40 너희들이 정성을 다하여 나의 법전을
가슴에 안고 정독하는 그와 같은 삶을
살아가야 함을 잊지 말라.
41 영원히 사는 양식을 내가 너희들에게
내려보냈음이니,
42 너희들은 이를 무심코 짓밟고 찢어 버
리며 태워 버리며 버리지 말라.
43 그것만이 너희들이 영원히 사는 양식
을 구하는 기본이요, 기초요, 너희들
을 다스릴 수 있는 것임을 잊지 말라.

5,074 번째 하나님 말씀

2003년 2월 19일 08시 56분

1 사랑하는 나의 아들아!
2 "네, 아버님! 말씀하옵소서."
3 인간사 세상에 너희들이 살아가면서
한 가정이요, 한 사람이 살아가는 인
생의 삶이 있음이니,
4 너희들은 부모가 살아가는 새로운 그
터전이요, 부모가 이루고 온 그 유업
을 계승받는 자식이 되고자 한다면,
너희들이 과연 어떠한 길을 가야 하는
가?
5 부모가 원하며 부모가 전수한 그 모두
를 너희들이 부지런히 열심히 배우는
자가 되어야 할 것이 아닌가?
6 그를 배우는 자가 되어야 부모가 너희
들에게 내려 주고자 하는 그 유업을
계승할 수 있으며,
7 또 너희들이 받고자 하는 그 유업을
계승받을 수 있는 것이 아닌가?
8 너희들은 부모가 내리는 그 유업을 계
승하고자 한다면, 부모가 하는 그 기
술과 방법을 너희들이 옆에서 열심히
보고 또 배우며 훈련하는 그와 같은
뜻이요,
9 또 부모의 가르침을 잘 받을 수 있어
야만 너희들이 그 부모의 유업을 계승
할 수 있는 것이니라.
10 그 부모의 뜻을 따르지 아니하는 자,
열심히 그리 노력하지 아니하는 자는
그 부모의 유업을 계승하여 번창시킴
이 아니요,
11 그 부모의 유업까지도 욕되게 하는 그
와 같은 삶을 사는 것이 너희들 인간
사 세상에 살아가는 것이 아니던가?
12 그 부모가 이룬 유업을 열심히 최선을
다하여 배우고 익힌다면, 부모의 유업
을 계승할 수 있는 자격으로서, 그 부
모의 자식으로서 너희들은 그와 같은

역사를 이룰 수 있는 것이 아니던가?
13 그러나 너희들이 그와 같은 것을 제대
로 하지 아니할 때, 너희들이 부모의
자식으로서 그 유업을 이어받는 자로
서 자격이 박탈되는 것을 잊어서는 아
니 될 것이니라.
14 그러나 나에게 오르고자 한다는 나의
피조물 만백성 너희들은 과연 나 여호
와가 이루는 그 유업을 계승하기 위해
서 얼마나 내가 지키라 하는 것을 지
키고 순종하고 살아오는가?
15 나 여호와의 가르침을 따르며 순종하
며 배우지 아니한다면, 너희들은 나
여호와의 그 유업을 받을 자격이 없으
며, 나의 아들딸로서 설 자격이 없음
을 알아야 할 것이니라.
16 너희들이 나 여호와의 뜻을 받아 나
여호와의 아들딸로서 나의 유업을 계
승받을 수 있는 그와 같은 자식이 된
다 하면,
17 너희들은 나 여호와가 가르치고자 하
는 나의 유업의 근본인 나의 율법과
십계명과 지금 내가 새로 내려보내는
법전이요, 새로운 성경,
18 이와 같은 내 모든 뜻을 지키고 행하
고 살아가는 너희들이 되지 아니한다
면 너희들은 정녕 나의 유업을 계승할
수 있는 자가 아님을 알아야 할 것이
니라.
19 너희들이 부모의 가르침과 기술을 전
수받기 싫다 하여 그 부모의 뜻을 거
역하는 자는 그 유업을 계승받을 자격
이 박탈되는 것이니,
20 지금 종교 집단이요, 모든 종교 지도
자요, 신도라 하여 하늘에 오르는 길
을 달려가는 백성이 과연 어찌 가는가
를 너희들이 가슴에 손을 얹고 생각해
봐야 할 것이니라.
21 나 여호와가 너희들에게 '회당을 짓지
말라.' 나의 아들 예수를 통하여 그리
말을 하였으며, '그곳에서 너희들이
집회하며 나의 뜻을 공부하고 가르치
는 그와 같은 행위를 하지 말라.' 하였
음이니라.
22 그러나 너희들은 호화찬란한 궁궐보
다도 더한 교회라는 것을, 성전이라는
것을 지어 놓고 그곳에 나의 피조물
만백성을 끌어모아 재물을 긁어모으
는 데 최선을 다하며,
23 너희들에게 외부의 남들이 보는 곳에
서 기도하며 경배하는 그와 같은 행위
를 하지 말며 은밀히 하라 했으나,
24 너희들은 집회요, 부흥회라 하여 많은
사람 앞에서 너희들의 세를 과시하며
너희들의 존재를 의식하고자 하니,
25 너희들의 영웅심이요, 너희들이 위대
한 능력이 있는 것 같은 그것을 보여
주기 위한 너희들의 행위이며 행사이
니,
26 너희들의 그 모두는 나의 뜻을 거역하
는 것이며,
27 그러니 나의 유업을 계승하고자 하는
자가 아니니라.
28 더욱이 내가 불로 써 내린 나의 십계
명을 너희들은 인간이기 때문에, 감히
나의 아들이기 때문에 이를 계승할 수
없다는 그와 같은 말을 서슴없이 하고
있는 것이 지금 너희들이 아니던가?
29 너희들이 내가 내리는 십계명을 지킬
수 없다는 것은, 너희들은 나의 아들

딸이라 하면서 하는 말이 무엇이냐?
30 '우리는 창조주 하나님의 아들이기 때
문에 하나님이 내리는 것을 지킬 수
없으며, 창조주가 명한 것을 지킬 수
없다.' 그와 같이 너희들이 말하고 행
동하는 것이니, 그것이 무엇이더냐?
31 바로 나를 능멸하는 너희들이니라.
32 그와 같은 어리석은 행위를 하고 있는
것이 너희들의 믿음이며, 지금 가고
있는 자들이니,
33 어찌하여 너희들은 말로써 나의 아들
딸이라 하면서, 내가 내리는 것을 지
킬 수 없으며, '나는 하나님의 아들딸
이기 때문에 창조주 하나님께서 내린
것을, 나 여호와가 내린 것을 지키고
살 수 없다' 그리 말하는가?
34 '이것을 내리는 창조주 당신이나 지키
시오. 나는 그를 지키지 아니하며, 나
는 당신의 뜻을 따를 수 없으며, 나는
당신의 뜻을 믿지 아니하며, 나는 당
신을 나의 부모요, 나의 아버지요, 창
조주라 부르지 아니할 것이니 그리 아
시오.' 그와 같은 너희들이 거부의 반
응을 하는 것과 똑같으니,
35 그러면서 너희들은 말로써 나에게 나
의 뜻에 따르며 나의 뜻에 살아오며
그리하여 나의 유업을 계승받는 나의
아들딸로 선택된 자라 그리 말을 하니,
36 얼마나 너희들이 망발을 하는 짓이며,
나를 욕되게 하는 짓이며, 너희들이
자신을 모르고 있는 것인가?
37 너희들이 나의 유업을 계승하고자 한
다면 너희들이 말로써 수다 떠는 것이
아니요,
38 내가 행하지 말라 하는 것을 행하지
아니하며, 내가 행하라는 것을 행하고
사는 것이 너희들이 나의 유업을 계승
할 자라 이르거늘,
39 내가 내리는 계명까지도 지킬 수 없다
그리 말함이니,
40 너희들은 이 한마디로써 나와의 모든
인연을 끊으며 너희들이 사탄의 자식
이 되어 있음을 알라.

5,075 번째 하나님 말씀

2003년 2월 19일 09시 02분

1 사랑하는 나의 아들아!
2 "네, 아버님! 말씀하옵소서."
3 육의 세상에 사는 너희들이 부모가 평
생 이룬 그 유업을 착실히 계승받아
그 유업을 번창시키는 길은 무엇이던
가?
4 너희들이 그 부모가 하고자 하는 그
뜻을 알며, 그 부모가 가르치고자 하
는 것을 순종하며, 그를 따라 그 모든
방법을 다 전수받는 그것만이 너희들
이 유업을 이어받고 그 가문을 계승시
키는 길임을 잘 알고 있을 것이니라.
5 그와 같은 역사 속에서만 그 가문을
일으킬 수 있으며, 그 부모가 이루고
자 하는 그 유업을 너희들이 잘 이룰
수 있으며,
6 그리하여 그로 하여금 만백성에게 도
움을 줄 수 있는 그와 같은 삶을 살아
가는 너희들이 될 수 있는 것이니라.
7 그러나 너희들이 나의 뜻에 순종하며
나의 계명을 지키고 실행할 때,
8 나로부터 너희들이 그 모든 계승의 기
적을 또 이룰 수 있는 그와 같은 역사

속에 살 수 있다는 것을 지금 알지 못
함이니라.
9 너희들이 내가 내리는 모든 계명을 지
키고 그대로 역사할 때, 너희들이 그
리 갈구하던 하늘에 오르는 길을 볼
수 있으며,
10 나의 아들 예수가 이루었던 기적이요,
모세 시대에 이루었던 기적을 다 스스
로 너희들이 이룰 수 있으며 역사할
수 있는 것을 알아야 할 것이니라.
11 이는 너희들이 인간 세상에 살아가는
것은, 부모의 유업은 인간 육의 세상
의 삶을 가르치는 것이요,
12 그러나 너희들은 나 여호와의 뜻에 순
종하며 나 여호와로부터 내리는 모든
유업을 계승하는 백성은 바로 무엇이
더냐?
13 나의 아들딸이니, 진정한 나의 아들딸
너희들이 그 모든 역사를 이룰 기회를
얻게 됨이며,
14 너희들 스스로 그 기적을 너희들 것으
로 만들 수 있으며, 너희들 앞에 그 기
적의 역사가 이루어지며, 그 은혜와
영광을 받을 수 있는 그와 같은 기회
가 너희들에게 있다는 것을 잊지 말라.
15 너희들은 모든 기적의 역사를 이룰 수
있는 능력을 나에게 받게 됨이니, 이
를 명심하여 행하도록 하라.
16 나로부터 선택된 백성이요, 지금 나의
아들의 제자로 따르는 너희들은 내가
너희들을 앞세워 새로운 역사를 이루
고자 하는 것이니,
17 너희들은 바로 나의 유업이요, 내가
역사하는 그 모두를 순종하며 하나하
나 충실히 지키는 그와 같은 길만이
너희들이 가야 할 길이니라.
18 그리하여 너희들이 스스로 하나하나
변하여, 내가 너희들에게 완벽한 나의
백성이 되었다 할 때, 너희들이 만백
성을 가르치는 그 단상에 서게 됨이니
라.
19 너희들은 이제 모든 종교의 집단이요,
종파는 저희들 인간이 만든 그 배우는
곳에서, 너희들이 학업을 하는 곳에
가서 인간의 선생으로부터 배워 인간
이 준 자격증을 가지고 너희들이 종교
지도자라 하여 단상에 서서 그를 가르
침이니,
20 그리하여 그 자격이 소중하며 그 자격
이 위대하다 그리 말하나,
21 이제 나의 법전을 읽고 깨우치는 백
성, 나의 유업을 시행할 수 있는 나의
아들딸들은 너희들이 학업이요, 학원
의 너희 인간이 만든 자격증이 필요
없음이니라.
22 내가 너희들에게 그 능력을 부여하며
내가 너희들에게 직접 지도자로서 명
함이니,
23 너희들만이 이 세상에 만백성을 구하
며 바로잡는 그 길을 갈 수 있는 진정
한 지도자요, 만백성을 구하는 선생이
라는 것을 잊지 말라.
24 만백성의 종으로서, 만백성의 선생으
로서 역사하는 것이 너희들이니,
25 그 두 가지 길을 가는 것이 너희들이
니라.
26 가장 낮은 자로서 만백성을 이끄는 그
와 같은 선생이요, 지도자의 명을 받
는 것은 너희들은 나로부터 직접 그
명을 받음이니 그리 알라.

27 과연 인간이 수업하는 그 속에서 너희
들이 교육을 받아 인간이 주는 자격증
을 가지고 종교 지도자라 하여 단상에
서서 나의 피조물 만백성을 평생 너희
들의 재물을 거둬들이는 도구로 쓰는
그 사악한 자들과,
28 나로부터 너희들이 지도자의 명을 받
아 나의 뜻에 따라 살아가며 순종하며
만백성을 구하는 그 지도자로서 명을
받는 것이, 과연 어떠한 자가 진정한
지도자인가?
29 나로부터 명을 받은 지도자는 너희들
이 지금의 살아가는 종교 집단의 그
사악한 자들과 엄연히 구분되어 있으
며,
30 너희들이 살아가는 그 모두가 다 빛이
나는 삶을 살아가는 것이 나로부터 선
택된 백성이 가는 길이니,
31 너희들이 어렵고 힘든 고비에서 좌절
하지 말며
32 어렵고 힘든 곳에서 사탄의 유혹에 넘
어가는 그와 같은 어리석은 지도자가
되어서는 아니 되는 것이 너희들이라
는 것을 잊지 말라.
33 차별화된 그 변화 속에서 너희들이 지
도자로서 바로 서야 함을 잊지 말라.

5,076 번째 하나님 말씀

2003년 2월 19일 09시 12분

1 사랑하는 나의 아들아!
2 "네, 아버님! 말씀하옵소서."
3 나의 피조물 만백성이 구원의 길이라
달려가며 믿음의 그 생각을 가지고 있
는 그들의 마음 자세며 그들이 생각하
는 그 모두가 얼마나 무서우리만큼 잘
못되었으며, 내가 원하지 않는 길을
가고 있는 것인지,
4 나의 뜻과는 전혀 관계없는 그와 같은
믿음의 삶을 살아가는 것인지 너희들
이 그를 안다면,
5 잠시도 쉴 시간이 없으며 나의 법전을
세상 만백성에게 전하는 데 게을리해
서도 아니 될 것이며,
6 나의 아들 또한 나의 법전을 만드는
데 잠시도 쉬어서는 아니 된다는 것을
알게 될 것이니라.
7 얼마나 오류 속에서 잘못 가고 있으
며 환상 속에 젖어서 지금 믿음의 길
을 가고 있는 백성인가 너희들은 알지
않는가?
8 그들을 구원하는 데 주저하지 말며 잠
시도 너희들이 쉬어서는 아니 됨을 알
라.
9 지금 모든 종교 집단에서 믿음의 길을
가고 있는 백성, 너희들은 너희들이
죽었다 하여도 나의 음성을 들을 것이
며, 예수의 음성을 들을 것이며, 그 음
성을 들려줄 그때가 곧 온다 너희들
은 그리 생각함이니라.
10 그리하여 그 시대가 오면 너희들은 새
로운 생명으로서 새로 태어나며, 나의
음성을 듣는 그 순간에 너희들이 죽은
자 가운데서 다시 살아난다, 그리고
다시 태어난다 그리 생각하며 그와 같
은 믿음의 길을 가고 있음이니라.
11 너희들이 비록 육이 죽었다 하여도 나
의 아들 예수의 음성이요, 내 음성이
다시 너희들을 부르는 때가 있을 것이
며,

12 그때에 너희들은 들림을 받으며 구원
을 받는다 그리 생각하고 지금 너희들
이 육의 죽음을 그리 생각하고 살아가
는 것이니라.
13 그러면서 너희들은 그때 들림을 받지
못한다 해도, 지금 당장 너희들이 나
로부터 구원을 받지 못한다 해도,
14 너희들이 지금의 가고 있는 그 믿음에
재물을 바쳐 많이 쌓아 놓으며, 너희
들이 맹종하며, 종교 지도자가 잘못하
는 그것을 덮어 주며, 그를 너희들이
단죄하지 아니하며, 너희들이 살아가
며 그저 모든 헌금을 열심히 갖다 바
치면,
15 너희들은 지금 당장 구원을 받지 못한
다 하여도 너희들이 죽었을 때 언젠가
는 나 여호와요, 나의 아들 예수의 음
성이 들려 너희들이 구원을 받는 자가
될 것이라,
16 그리고 그 지옥 불에서 구제될 것이라
그리 알고 그를 믿고 따라가며 그와
같은 희망 속에서 살아감이니,
17 그 모든 기대요, 희망이 물거품이라면
너희들은 과연 어찌하는가?
18 너희들은 여기서 '죽은 자들이 나의
음성을 들으며 나의 아들 예수의 음성
을 들어 다시 태어나 하늘에 오르는
들림을 받는다'는 그것을 너희들이 몰
라도 너무나도 모르고 있음이니라.
19 너희들이 지금 이 세상에 살아서 가는
것을 말함이니라.
20 육의 삶에서 너희들이 죽어 모두가 끝
나는 그와 같은 죽음을 너희들에게 의
미하는 것이 아니니라.
21 너희들이 지금 살아가는 육의 삶에서
육의 세상에서 너희들이 천국에서 살
지 아니하며 육의 지옥에서 지금 살아
가는 그와 같은 어리석은 삶을 사는
백성을 말함이니라.
22 나 여호와의 뜻을 거역하며 내가 행하
는 것을 따르지 아니하며 너희들이 육
의 삶에 죄를 짓고 사는 것이 지금 살
면서 죽은 자이니라.
23 그러니 지금 여기서 죽은 자와 산 자
를 의미하는 것은, 너희들의 육신이
존재하는 이 세상에서 나의 뜻에 따라
선한 마음이요, 천사와 같은 마음으로
아름답게 사는 것은 지금 너희들이 천
국의 육을 지상에서 사는 것이요,
24 너희들이 사악한 죄를 짓고 사는 것은
지상의 육의 지옥에서 사는 자니, 그
육이 지상의 지옥에서 사는 자는 바로
너희들이 죽은 자이니라.
25 그리하여 너희들이 육의 세상에 지금
살아 있는 것을 천사와 같은 삶을 살
지 못하며, 죄를 짓고 사악한 그와 같
은 행위를 하며 육의 세상에서 사는
너희들이 바로 죽은 자이며 지옥에 가
있는 자들이니라.
26 그리해서 그와 같은 자들이 나의 법전
을 접하여 나의 법전을 읽고 깨우치
며, 그리고 내가 내린 계명대로 살아
가며 그대로 살고자 노력하는 마음의
변화를 이루며 삶의 변화를 이루며,
사랑을 베풀며 살아가는 것이 바로 그
게 무엇이더냐?
27 육의 지옥의 세상에서 사는 자가 변화
되는 것이 너희들이 나의 음성을 들으
며 나의 아들 예수의 음성을 들음이니
라.

28 지금 바로 내가 나의 아들을 통하여
나의 법전이요, '하늘에 오르는 길'이
라 하여 '하나님! 말씀하옵소서' 이 책
자에 너희들이 읽을 수 있도록 모두를
기록하여 내림이니,

29 이것이 바로 나의 음성이요, 예수의
음성임을 너희들이 알아야 할 것이니
라.

30 이 음성을 듣는 자만이 지상에서 지금
지옥에서 구원을 받는 자요,

31 죽은 자가 구원을 받는 그와 같은 뜻
임을 너희들은 알아야 할 것이니라.

32 죽은 자는 너희들이 죄를 짓고 사는
자요,

33 나의 법전을 보지 아니하며 나의 계명
대로 살지 않는 자가 죽은 자임을 알
라.

34 그와 같은 지옥의 죽은 자가 구원을
받는 것이 나의 법전을 접하는 그 순
간에 곧 나의 음성을 들으며 너희들이
들림을 받는 그와 같은 역사를 이룸이
니, 곧 이는 무엇이더냐?

35 너희들이 구원을 받을 수 있는 반석
위에 서서 하늘에 오르는 찬란한 빛을
보게 됨이니,

36 그것이 바로 죽은 자 가운데서 다시
산 자이며, 너희들이 구원을 받는 것
임을 알라.

37 지금 육이 존재하는 이 세상에서 너희
들이 그와 같은 역사가 이루어지는 것
을 내가 성경에 의미하여 너희들에게
전하였음이니라.

38 너희들이 죽어 와 영혼이 심판을 받는
다는 그 죄를 짓고 그 죄의 대가를 심
판을 받는 것이며,

39 너희들이 그리 왔을 때는 나를 볼 수
도 없으며 나를 보지도 못하며 내 음
성을 들을 수도 없다 내가 그리 말한
그 뜻을 너희들이 어찌 그리도 모르는
가?

40 지금 나를 부를 수 있는 지상의 삶인
이 세상에서, 지상에 악한 지옥에서
사는 자와 지상의 천국에서 사는 자,

41 지상의 천국에서 사는 자는 산 자요,
지상의 지옥에서 사는 자는 죽은 자이
니,

42 지상의 지옥에서 나의 음성을 들으며
그리 너희들이 구원을 받으라 함이니,

43 그것이 바로 너희들이 들림이요, 새로
태어나는 것이니,

44 나의 법전이요, 십계명대로 너희들이
지키고 살라.

45 그와 같이 마음을 돌리고 변화되는 그
순간에 너희들이 하늘에 오르는 들림
을 받는 것이며, 나의 음성을 듣는 것
이며, 죽은 자가 묘지에서 살아나는
그 역사가 이루어지는 것임을 너희들
이 이제 깨우쳐 행하도록 그리하라,
불쌍한 나의 백성들아!

46 지금의 모든 종교 집단에 가서 있는
신도라는 자, 그들은 정녕 나의 법전
을 접하지 아니하고는 죽은 자 가운데
서 다시 깨어날 수 없으며 들림을 받
을 수 없음이니라.

47 곧 이는 나의 음성이니라.

48 너희들이 예수의 음성을 들으며 나의
음성을 듣는 것은 한 번의 소리로써
너희들이 듣고 너희 후손까지도 몇천
년의 역사가 흐르는 동안에 그 음성이
존재함을 듣겠는가?

49 그 음성이 나의 법전이니라.
50 영원히 변화되지 않는 나의 법전이 나
의 음성임을 잊지 말라, 이 어리석은
백성들아!
51 너희들이 깨우쳐야 함을 내가 이리 강
조하니,
52 이를 듣고도 너희들이 깨우치지 못하
면, 너희들의 어리석음 때문에, 너희
들의 고집이요, 아집 때문에 너희들의
영혼을 죽이는 그와 같은 길을 가고
있음을 잊지 말라.

5,077 번째 하나님 말씀

2003년 2월 19일 10시 49분

1 사랑하는 나의 아들아!
2 "네, 아버님! 말씀하옵소서."
3 인간 세속에 살아가는 너희 가정에도
부모가 있으며 가장이 정해져 있으며,
그 가장의 통제하에 모두가 질서정연
하게 움직이고 돌아감이니라.
4 인간 세상에 너희들이 살아가는 직장
에 통제자가 있으며 지도자가 있다는
것을 너희들은 잘 알고 있으며, 그 지
도자의 뜻에 따라 너희들이 움직이고
행동하는 것은 당연하니라.
5 그리고 너희 인간의 가정에서도 또한
내가 말했듯이 한 어버이로서 가정을
지키는 자가 있으며 그 가장을 중심으
로 모든 역사가 이루어지는 것이 아니
던가?
6 하물며 창조주 나 여호와가 이 세상의
모두를 관장하며 이 우주를 관장하여
통제하고 있음이니,
7 그러하나 너희들이 나의 아들 예수를
신격화하여 나와 똑같다 그리 믿고 감
이니,
8 너희들 한 가정에도 가장이 둘 있을
때 불화가 생기며, 너희들 집단이요,
국가를 경영하는 그 모든 단체에서도
둘이요, 셋의 우두머리가 있으면 그것
이 뜻이 맞지 아니하니, 너희들 각자
피맺힌 전쟁을 하며,
9 그리하여 서로 쟁탈전하며 서로 제자
리를 차지하기 위하여 오늘의 친구가
적으로 되는 것이 너희들이 살아가는
형태가 아니던가?
10 그러한 너희들의 인간 세상에서 둘,
셋의 책임자요, 통제자요, 우두머리가
있어서는 아니 되며, 가장이 둘, 셋이
있어도 아니 됨을 너희들은 잘 알고
있느니라.
11 그러한 너희들이 어찌하여 창조주 나
여호와 외에 삼위일체라 하여 셋이요,
넷이 세상을 통제하며,
12 심지어는 창조주 하나님이 육의 사람
이라 그리 말하는 너희들이 그와 같은
형국이 되어 있음이니,
13 이와 같은 너희들의 깨달음이 얼마나
잘못되었는가를 너희들이 이제는 고
치고 깨달아야 할 때가 되었음을 알라.
14 너희들이 이와 같은 이치 속에서 하늘
에 오르는 길이요, 깨달음의 길을 가
는 것은 정녕 나의 뜻이요, 내가 원하
는 길을 오는 것이 아니니,
15 너희들은 나의 뜻을 역행하는 백성이
됨을 알라.
16 너희들의 모든 집단이요, 한 가정도
가장이 있으며 지도자가 있듯이,
17 그 지도자의 뜻에 의해 모두가 이루어

지며 모두가 역사한다는 것을 잊어서
는 아니 될 것이니라.
18 그것이 바로 하늘의 뜻이고 하늘의 이
치이니,
19 너희들은 지금 나의 아들을 너무나 신
격화해 놓았으며,
20 너희들이 삼위일체라 하여 지금 혼돈
과 혼잡을 이루고 나의 백성을 정신
차리지 못하게 하고 있음이니,
21 모든 종교 집단 너희들이 가는 그 흉
악한 생각은 나의 아들 예수요, 육을
가지고 세상에 내려가 나의 명을 받아
대임을 수행한 나의 아들 예수를 신격
화해 놓아야 너희들이 설 자리가 있으
며,
22 만백성 앞에 너희들이 군림하고자 하
는 그 사악한 생각에서 그와 같은 짓
거리를 지금도 하고 있다 하였음이니,
23 이와 같은 행위를 중단하지 아니하면
너희들은 나와 관계없는 백성임을 알
아야 할 것이니라.

5,078 번째 하나님 말씀

2003년 2월 19일 10시 53분

1 사랑하는 나의 아들아!
2 "네, 아버님! 말씀하옵소서."
3 나의 아들 예수를 보냄을 너희들이 받
음으로써 너희들에게 행함을 말하여
주고자 하였으며,
4 너희들이 행하고 살아가는 것을 깨우
쳐 주고자 내가 나의 아들 예수를 세
상에 내려보냈음이니라.
5 그리하여 나의 아들 예수가 너희들에
게 사는 방법이요, 하늘에 오르는 길
이요, 참진리의 길이 무엇인가를 깨우
쳐 주고자 세상에 나의 대명을 받고
그 명을 수행하려 세상에 갔음이니,
6 너희들은 나의 아들 예수가 전한 것,
깨우치고자 한 것을 바로 보고 깨우쳐
하늘에 오르는 길을 향하여 달려왔으
면 되거늘,
7 너희들은 그 믿음이요, 예수가 전하고
자 한 사랑이요, 그와 같은 깨달음의
길을 가는 것이 아니요,
8 오로지 너희들은 나의 아들 예수를 신
격화해 놓는 데만 모두를 다 바쳤으며,
9 거기에만 너희들이 모두를 다 바치는
믿음으로써 지금의 형국이 되어 왔음
이니,
10 이를 바로잡고자 하는 것이 나의 법전
이요, 지금 내가 새로 내리는 성경이
요,
11 너희들의 믿음의 기초부터 다시 내가
너희들을 다스리고자 하는 것이 나의
뜻이니라.
12 지금 너희들은 나의 아들 예수를 그와
같이 신격화하여 그리 가고 있음이니,
13 나의 아들의 마음의 고통이 이루 말할
수 없으며,
14 너희들이 그를 두 번, 세 번 죽이는 그
와 같은 행위를 하고 있음을 알라.
15 너희들이 나의 아들 예수를 신격화하
여 그의 마음에 고통을 주는 것은 나
여호와를 능멸하는 그와 같은 무서운
행위를 하고 있음임을 알아야 할 것
이니라.
16 예수는 자신이 스스로 아무것도 할 수
없다 그리 너희들에게 전하여 성경에
기록하여 이미 깨우쳐 주었거늘,

17 어찌하여 너희들은 그와 같은 뜻을 따
르지 아니하며 거역하는가?
18 예수는 말하여 너희들에게 전하였느
니라.
19 예수는 오로지 나 여호와의 명에 따라
내가 내리는 것을 듣고 나의 지시에
따라 행하였으며 모두를 이루었음이
니라.
20 그리고 예수는 스스로 심판하며 너희
들을 단죄함이 아니요,
21 예수는 그의 원칙대로 행한 것이 하나
도 없으며,
22 오로지 나 여호와가 명하는 그대로 원
칙을 지켜 그 뜻에 따라 충실히 수행
한 그와 같은 역사를 하였음이니라.
23 그리하여 예수는 그를 보낸 나 여호
와 뜻에 따라 행하였으며 그대로 임하
였음이니,
24 그를 너희들이 거역하는 자, 또 너희
들을 다스리는 것, 너희들을 깨우치는
것, 너희들이 병든 자를 고치는 것, 죽
은 자를 살리는 것, 그 모두를 예수의
임의대로 함이 아니요, 나 여호와의
뜻에 의해 했음이니라.
25 그리하여 너희들에게 모두를 전했던
예수의 그 행함은 의로운 것이며, 정
당한 것이며, 정의로운 깨우침이라는
것을 알아야 할 것이니라.
26 그리 전하여 너희들을 깨우치고자 하
였거늘, 너희들은 지금 어찌 가는가?
27 그와 같은 믿음이요, 그 뜻을 따르는
것이 아니라, 나의 아들 예수를 신격
화하는 데만 정성을 다하였으며 모두
를 다 바쳤으니,
28 너희들이 지금 가고 있는 믿음이 잘못
되었다 함을 내가 기록하여 너희들에
게 전함이니,
29 이제 이 법전을 읽고 깨우쳐 너희들이
잘못 가는 그 믿음의 틀을 고쳐야 할
것이니라.
30 예수는 나의 명을 받아 세상에 나와서
나의 뜻을 전한 것이며, 그 임의대로
혼자 한 것이 아니요, 나의 뜻에만 움
직였으며,
31 자기는 어떠한 능력을 할 수 없는 것
이요, 나의 아들이라 거기에 기록하였
거늘,
32 너희들이 성서의 그 구절을 그대로 깨
우쳐 그대로 너희 것으로 만들어 바로
깨달음을 얻도록 그리하라.

5,079 번째 하나님 말씀

2003년 2월 19일 10시 58분

1 사랑하는 나의 아들아!
2 "네, 아버님! 말씀하옵소서."
3 예수는 스스로 제가 신이 아니며, 신
이 아님을 증거하고자 하였으며, 만백
성에게 그 뜻을 수없이 비치며 그리
전하였음이니라.
4 그리하여 예수는 보낸 자의 명을 받
아, 나의 아들로서 대명을 받아 세상
에 나가 만백성을 구하고자 하는 그
역사를 집행한 자로서,
5 그는 신이 아니며 신의 대우를 받아서
는 아니 된다는 것을 수없이 그리 전
하였으나,
6 너희들이 지금 나의 아들 예수를 그와
같이 신격화하여 나의 아들이 몸 둘
바를 모르는 그와 같은 두 번, 세 번

죽이는 잔인한 행동을 하고 있다 내가
너희들에게 말을 하였음이니라.
7 지금 너희들이 믿음의 길을 잘못 가고
있는 것을 가르쳐 주기 위하여, 그를
깨닫게 하고자 하여 예수가 내려갔으
며,
8 예수는 오늘에 잘못된 믿음을 예언하
여 정확히 너희들에게 가르쳐 주었으
며 증거하였음이니라.
9 예수는 예수의 삶을 정확히 증명하며
그 모두를 정립하여, 바른 깨우침을
깨우치는 자가 세상에 내려갈 것이며
그 말씀이 내려올 것이라는 것을 기록
하여 너희들에게 전하였음이니라.
10 그는 삼위일체라는 것이 얼마나 허황
된 것이며, 예수 자신을 신격화하는
것이 얼마나 잘못되었는가 그것을 깨
우칠 자가 이 세상에 다시 올 것이라
그리 예언하여 성경에 기록하여 너희
들에게 전하고 있음이니,
11 어찌하여 그와 같은 깊은 뜻을 모르고
있는가?
12 지금 나의 성령이요, 나의 법전이요,
하늘에 오르는 길이라 하여 새로운 책
이 세상에 내려감이니,
13 이것이 세상에 내려올 것을 예수는 미
리 예언하여 너희들에게 깨우쳐 주었
으며,
14 이런 나의 새로운 법전이 세상에 나와
너희들이 지금까지 왔던 그 믿음의 모
든 질서를 바로잡을 것이며, 그를 바
로 역사하며 심판의 시대가 열린다는
것을 미리 예언하여 성경에 기록해 두
었음을 너희는 알아야 할 것이니라.
15 그가 임의로 말하지 아니하며 듣는 것
만을 말하며,
16 예수가 어떠한 형태로써 어떠한 역사
를 이루고자 했는가를 예수의 그 뜻을
정확히 파악하여 그 뜻을 만백성에게
전하며,
17 그를 정립하며 지금까지 잘못 흘러가
는 그 믿음을 바로잡고 질서를 지키는
그와 같은 새로운 시대의 역사가 이루
어질 것이라는 것을 성경의 구절구절
에 그리 기록하여 놓았음이니,
18 지금 구약과 신약에만 얽매여 그와 같
은 믿음에 너희들이 구원의 길이라 하
여 달려가는 아집과 고집을 부리지 말
라.
19 내가 모두를 단계로 나누었음이니라.
20 모세의 시대는 시작이요, 출발선상에
서 달리는 자며, 그리하여 그들을 너
희들에게 본보기로서 그와 같은 역사
의 한 토막이 지나갔으며,
21 그리하여 모세는 출발 주자로서 열심
히 달려 나의 아들 예수에게 중간에
배턴을 넘겨줌이니,
22 그 배턴을 받아 세상에 만백성을 다스
리고 깨우치고자 했던 것이 나의 아들
예수요,
23 그는 죄가 무엇이며 너희들이 죄를 지
으면 어찌 된다는 것을 깨우쳐 주었으
며,
24 그리하여 예수는 그 배턴을 받아 2천
년이라는 그 세월 동안에 달려왔음이
니,
25 그리하여 지금 나 여호와가 마지막 너
희들을 심판하는 제3의 시대를 열어,
너희들이 이리 살며 저리 살지 아니하
면 구원을 받을 수 없다는 나 여호와

의 답을 세상에 내려보내니,
26 이게 심판의 기준이요, 법전이요, 정
답이라 내가 수없이 일러 주었으니,
27 이를 오늘 다시 한 번 읽는 너희들은
이 의미를 깨우쳐, 바로 세상을 보며
구원을 받도록 그리하며,
28 마지막 주자로서 마지막 길에 달려가
는 너희들이 최선을 다하되,
29 어떠한 길로써 너희들이 최선을 다해
야 하며 진정한 믿음의 길이 무엇인가
를 알라.
30 나의 법전을 접하지 아니하며 읽지 아
니하는 자, 너희들이 구원을 받을 수
가 없는 것이며,
31 나를 따라 하늘에 오를 자격이 없는
백성이라는 그 무서운 사실을 잊지 말
며, 이 엄연한 사실을 인정하여 깨닫
는 그와 같은 자세로 돌아가라.

5,080 번째 하나님 말씀

2003년 2월 19일 11시 05분

1 사랑하는 나의 아들아!
2 "네, 아버님! 말씀하옵소서."
3 너희들의 삶이란 무엇이던가?
4 생각하는 삶이요, 너희들은 판단력을
가지고 행동하는 그와 같은 삶을 살아
가도록 내가 너희들에게 높은 지혜를
주었음이니,
5 모두를 생각과 판단력에 의하여 너희
들이 옳고 그름을 구분할 수 있는 그
와 같은 능력을 주었음이니라.
6 짐승과 같이 먹이를 사냥하여 배부르
면 그저 잠을 즐기는, 그리고 다음에
먹이를 위하여 또 배가 고프면 그 먹
이를 취하는 그것으로써 잠을 자는 그
와 같은 짐승의 삶을 사는 것이 너희
들은 아니니라.
7 너희들은 옳고 그름이요, 어떤 것이
참진리요, 인간이 사는 도리며, 더불
어 사는 세상에 이웃을 사랑하는 마음
으로 살아가는 것인가, 그와 같은 판
단력을 가지도록 너희들을 세상에 만
들어 나 여호와가 내려보냈음이니,
8 너희들이 가장 중요한 것은 무엇이더
냐?
9 생각하는 삶을 사는 것이니라.
10 생각이 없는 삶을 사는 것은 너희들이
곧 죽은 삶이요, 너희들이 짐승과 다
름없는 그와 같은 삶을 살아가는 것임
을 알아야 할 것이니라.
11 그러하니 너희들이 사는 그 생각의 삶
이 얼마나 소중한 것인가?
12 너희들이 생각하는 삶을 아름다운 쪽
으로 생각하고 삶을 같이 사는 자라
하여도, 악한 쪽으로 생각함은 그것은
지상이 너희들이 말하는 지옥이요,
13 선하고 아름다운 쪽으로 생각하고 너
희들이 세상을 산다면 지상이 아름다
운 천국이라 내가 너희들에게 그리 깨
우쳐 주지 아니하였던가?
14 너희들이 좋은 쪽으로 생각하고 사는
것은 바로 진리의 길이요, 너희들이
갈망하는 그 천국에 오르는 길로 오는
것임을 알아야 할 것이니라.
15 그러나 지금 나의 피조물 만백성 너희
들은 어찌 살아가는가?
16 믿음이라 하여 찬송하며 울부짖으며
광란의 짓을 하며 너희들이 시간과 재
물을 다 바치며,

17 부모 형제와 등지면서라도 너희들이
자매요, 형제라 모이는 그 성전에 가
모두를 다 바쳐 살아가는 것을 우선으
로 하는 그와 같은 사악한 삶이요, 욕
심이 그득 차 있는 너희들의 삶 속에
서,
18 욕심이 가득 찬 그 속에 마음의 욕심
을 버리지 못하며 저만은 구원을 받을
수 있으며 구원을 받았다 생각하는 그
고정의 틀을 깨지 못하고 너희들이 살
아감이니,
19 바로 지금 종교 집단에 속해 있는 신
도라 하는 백성, 지도자라는 자들 그
모두가 너희들이 생각하지 못하는 삶
을 살아가고 있음이니,
20 그게 곧 죽음의 삶을 가고 있지 아니
한가를 너희들은 알아야 할 것이니라.
21 지금의 너희들만이 가고 있는 그 믿음
의 형태에서 그 고정의 틀을 벗어나지
못함이니,
22 너희들은 생각할 수 없는 사람으로 전
락하여 지금 세뇌되어 있기 때문이니
라.
23 자신이 가는 길이 창조주 나 여호와가
원하는 삶이요, 나를 향하여 오는 길
인지 아닌지 그것조차도 분별하지 못
하며 생각을 하지 못하고 살아가는 것
이 지금 너희들의 삶이 아니던가?
24 내일에 너희들이 육의 삶을 다 살고
나에게 불려 오는 그 시간의 종착역에
와 있는지, 내일이요, 한 달 후요, 1년
후에, 10년 후에 나에게 불려 오는지,
너희들의 그 마지막 죽음의 정해진 시
간을 모르듯이,
25 너희들이 지금 가고 있는 길이 진정한
하늘에 오르는 길이요, 나에게 오르는
길인지 아닌지 그것을 구분하지 못하
는 것이, 너희들이 죽음의 시간을 모
르는 것과 같이 그와 같이 내가 보기
에 답답한 너희들의 삶이며, 어리석은
삶을 사는 것이 너희들이니라.
26 이제 나 여호와가 원하는 길이요, 내
가 이끌고자 하는 삶이요, 참진리를
바라보는 그와 같은 삶을 살도록 너희
들이 그리하지 아니하면, 영영 나와는
두 번 다시 볼 수 없으며, 너희들이 나
를 아버지라 부를 수 없는 그와 같은
형국에 도래함을 알라.
27 아름다움을 모르며 진리의 뜻을 보지
못하고 사는 자, 너희들은 생각하는
삶이 아니요, 죽음의 삶임을 알라.
28 너희들이 조금만 생각한다면 너희들
이 가고 있는 믿음이 진정 사탄이요,
지옥인지 천국에 오는 길인지 그것을
구분할 수 있거늘, 그를 구분하지 못
하는 것이 너희들이니,
29 이제 너희들이 깊이 깨우칠 때가 왔으
며, 스스로 너희들이 판단할 때가 왔
음을 잊어서는 아니 될 것이니라.
30 이제 내가 160권의 대장서요, '하늘에
오르는 길'이요, '하나님! 말씀하옵소
서'라는 이 책이 세상에 나감이니,
31 너희들이 나 여호와의 뜻이요, 나의
성령이요, 나의 말씀이라는 그 책표지
를 볼 때 두렵고 무서운 마음으로써
그 책표지를 읽어 열어 보는 그와 같
은 마음을 가지라.
32 감히 그 누가 책의 표지에 '하늘에 오
르는 길'이요, '하늘에 오르는 길이 이
책에 있으며, 이게 나 여호와의 말이

요, 나의 성령의 뜻이라' 그리 만들어
쓸 수 있는가?
33 사탄이 이를 만들어 쓴다면 내가 불로
써 대할 것이니,
34 감히 하늘에 오르는 길이요, 나 여호
와의 뜻이요, 하늘에 오르는 길이 이
책에 있으며, 나의 성령의 뜻이라 그
리 기록할 수는 아무도 없음이니라.
35 이 세상 수천 년 동안 믿음의 길을 온
백성 중에서 종교 지도자요, 대집단을
이끌어 가는 자, 너희들도 감히 하늘
에 오르는 길이요, 나의 뜻이요, 나의
성령이요, 이 책 속에만이 하늘에 오
르는 길이 있다 말할 수 없음이니라.
36 이와 같이 말할 수 있는 나의 아들이
요,
37 나의 유업을 대신하며 내가 보낸 자,
나의 아들만이 그리할 수 있음이니,
38 그 또한 그가 임의로 하는 것이 아니
요, 내가 명하며 내가 전하는 것만을
그가 기록하여 전함이니, 이는 곧 나
의 뜻이니라.
39 너희들이 이 무서운 사실을, 제목 하
나를 보고 책표지를 봐서라도 세상이
두려우며 심판의 시대가 역사했음을
알아야 할 것이거늘,
40 어찌하여 너희들은 이를 모르는가?
41 감히 누가 이 법전이요, 하늘에 오르
는 길이요, 하늘에 오르는 책이요, 이
책 속에 하늘에 오르는 진리가 다 들
어 있으며, 나 여호와의 성령이요, 나
의 뜻이라 기록하여 이 책을 세상에
전할 자가 있다 하던가?
42 이는 나만이 할 수 있는 것이며, 나의
아들만이 할 수 있음을 잊지 말라.

5,081 번째 하나님 말씀

2003년 2월 19일 11시 15분

1 사랑하는 나의 아들아!
2 "네, 아버님! 말씀하옵소서."
3 이 동양의 작은 백성 너희들의 심성이
과연 어떠하던가?
4 너희들은 다른 백성과 달라, 남이 산
으로 가면 그저 따라가며, 들로 가면
들로 가며, 여행을 하면 같이 따라가
는 그와 같은 너희들의 삶의 마음이요,
5 그와 같이 정이 어린 백성이니라.
6 그러나 지금 세상에 살아가는 그와 같
은 이치는 잘못되었음을 알아야 할
것이니라.
7 너희들은 나에게 정해진 그 시간을 받
아와 그 시간을 삶이니,
8 그는 곧 끝나는 것이 육의 죽음이요,
9 모두가 다 끝나는 그 운명의 시간을
위해 달려가는 그 시간에 너희들이 어
찌하여 남이 들로 간다 하여 따라가
며, 바다로 간다 하여 따라가며, 여행
을 한다 그저 목적 없이 더불어 가는
그와 같은 삶을 사는가? 이것이 동양
의 작은 나라에서 선택된 백성의 아름
다운 마음이니, 그것이 너희들의 원래
의 심성이었음이니라.
10 그리하여 너희들에게 뭐라 전하였더
냐?
11 너희들은 말하느니라.
12 남이 장에 가는 날이니 덩달아 그저
목적의식 없이 장에 가는 친구를 따라
가는 그와 같은 마음이요, 심성을 가
지고 있는 것이 너희들이라 그리 전하
여지고 있음이니,

13 또한 너희들이 그와 같은 마음이니라.
14 그러나 너희들은 육의 세상에 살면서
도 그는 잘못됨이니라.
15 너희들은 미래가 있으며 가야 할 길이
있으며 이루어야 할 그 목적이 있는
삶이요,
16 그저 시간을 허송세월하며 살도록 이
세상에 내가 너희들에게 보내 준 것이
아님을 알라.
17 너희들이 말하기를, 나의 아들 예수가
죄를 대속하여 그저 무조건 죽었다 말
하듯이,
18 너희들이 이 세상을 살아가는 백성으
로서 무조건 세상에 태어난 백성이 아
니니라.
19 너희들이 살아야 할 일이 있으며, 해
야 할 일이 있으며, 가야 할 길이 있음
이니라.
20 너희들이 자식의 번식이요, 또 가정을
이루는 것이요,
21 봉사하며 사랑을 베풀며 아름답게 살
아서 만백성의 험악하고 잘못 사는
자들을 깨우쳐야 할 책임이요,
22 나 여호와가 한 생명을 세상에 내려보
낼 때는 너희들이 각자 해야 할 일이
있으며 역사할 것이 있어 세상에 내려
보낸 백성이요,
23 그냥 무의미하게 세상에 나온 백성은
아무도 없음이니라.
24 그러나 너희들이 곱고 아름다운 마음
이요, 내가 처음에 세상에 너희들을
내보낼 때의 그 천사와 같은 마음을
가지고 산다면,
25 너희들이 해야 할 일이 무엇이며 내가
너희들에게 명한 것이 무엇인가를 다
알아 그대로 행할 수 있거늘,
26 너희들은 세상에 와 살면서 사악한 마
음이요, 욕심이라는 마음이 너희들의
마음을 지배하게 되므로,
27 너희들이 이 세상에 가지고 나온 그
임무며 네가 해야 할 그 뜻을 모르며
영영 다른 길을 가고 있음이니라.
28 내가 너희들을 세상에 내보낼 때 이
하늘을 만들라 하여 내가 너희들을 내
보냈다면 너희들은 그를 만들어야 할
것이니라.
29 내가 도자기라는 아름다운 그릇을 만
들도록 너희들을 세상에 내보냈으면
너희들은 그것을 만들면 되는 것이거
늘,
30 너희들은 너희들의 욕심이요, 사악한
마음이요, 사탄에 너희 마음이 넘어가
있으니,
31 그리하여 너희들이 도자기를 만드는
것이 아니요, 엉뚱한 짓을 하고 다닌
다면,
32 너희들은 나로부터 명을 받아 간 것을
일단은 거역하며 내 뜻을 순종치 아니
하고 살아가는 너희들이니라.
33 그리하여 나의 법전을 읽고 아름다운
마음이요, 천사와 같은 마음으로 너희
들을 돌리고자 하며, 너희들이 나로부
터 받아 나간 임무요, 해야 할 나로부
터 가지고 나간 그 약속을 지키는 그
눈을 뜨게 하고자 하는 것이 또한 여
기에 나의 깊은 뜻이 있음을 알아야
할 것이니라.
34 그리하여 그저 남이 가는 대로 따라가
는 그와 같은 삶의 고운 심성을 가진
것이 너희 백성이며, 창조주 내가 만

든 너희들이니,
35 너희들은 인정이 있고 사랑이 있는 것
이니라.
36 그러나 너희들이 믿음이라는 길이요,
나에게 오르는 길에는 너희들의 사랑
과 너희들의 잘못된 생각과 너희들이
잘못된 길을 따라감으로 인하여 너희
들의 인생을 망치며 영원히 구원을 받
지 못하는 그런 길이 있으니,
37 너희들이 아무리 인정이 있고 사랑이
있는 백성이라 하여도 믿음의 길을 선
택하는 것은 너희 스스로 바로 보고
선택하는 그와 같은 현명함을 얻어야
할 것이지,
38 목적의식 없이 남이 장에 간다 하여
그저 덜렁 따라가는 그와 같은 믿음의
길을 가서는 안 되니,
39 모든 것은 다 양보하고, 잘못 간다 해
도 그 믿음을 선택하는 길은 바로잡아
야 할 것이며, 진정한 길을 봐야 할 것
이니라.
40 그리했을 때 너희들이 구원을 받을 수
있으며 만백성을 구할 수 있으며,
41 작게는 너희 자신이 구원의 길을 갈
수 있기 때문이니라.
42 이제 내가 너희들에게 마음을 바로잡
고 천사와 같이 살라 하여 그 기본이
되는 나의 법전을 세상에 내려보내니,
43 이는 내가 너희들에게 각자 임무를 주
어 세상에 내려보냈던 그 임무를 찾아
하도록 하게 함이요,
44 지상에서 너희들이 천국에 살아 하늘
나라 천국에 그대로 올라올 수 있도록
하기 위하여 내가 하늘에 오르는 길이
요, 나의 법전이요, 나의 책을 세상에
만들어 너희들에게 전함이니, 나의 뜻
을 알라.
45 너희들이 지금의 믿음에 영혼을 구하
는 것은 남이 간다 해서 따라가는 그
와 같은 믿음이요, 남이 가자고 해서
그 손에 이끌려 가는 그와 같은 믿음
으로 가서는 안 되는 것이니라.
46 그것은 정녕 너희들이 정확한 판단과
진단 없이 그 길을 간다 하면, 너희들
은 내가 뭐라 했느냐?
47 독가스실로 들어가서 살고자 발버둥
치는 자들과 같다 하였음이니,
48 스스로 독가스실로 들어가면서 거기
서 살기를 어찌 바라는가?
49 너희들은 이제 깨우쳐 진정한 믿음의
길이 무엇이며 구원의 뜻과 구원의 방
향이 어떤 것인가를 찾으라.
50 그를 찾지 못하기 때문에 내가 나의
법전을 내려보내니, 너희들은 나의 법
전을 보고 깨우치라.
51 이제 너희들은 남이 권하여 남이 간다
고 하여 그저 무조건 따라가는 그와
같은 믿음의 길을 가서는 아니 되느니
라.
52 남이 달라는 기도를 한다 하여 너희도
울고불고 달라는 그 광란의 짓을 그들
을 따라서 하면서 너희들이 구원을 받
고자 하면 아니 됨이니라.
53 이제는 스스로 제가 노력하여 무엇인
가를 이루며 무엇인가를 찾아야 할 때
가 되었음을 알라.
54 말로써 무엇을 이루어 주며 말로써 달
라 해서 이루어지는 것이요, 말로써만
구원하는 그와 같은 자들을 너희들이
따라가 그들과 똑같은 믿음의 길을 간

다는 것은 잘못되었음을 알라.
55 너희들이 말로써 달라 하며 말로써 모두를 다하면 구원을 받는다 그리 가르치는 그와 같은 자를 따라가는 것은 죽음의 길로 달려가면서 구원받는 그와 같은 착각 속에 있음이니,
56 그 착각 속에서 일어나고 돌아서야 됨을 알라.

5,082 번째 하나님 말씀

2003년 2월 19일 12시 35분

1 사랑하는 나의 아들아!
2 "네, 아버님! 말씀하옵소서."
3 네가 가는 길이 정녕 힘들고 어려운 길임을 나 여호와가 아느니라.
4 나의 아들 예수가 그 죽음의 길을 선택할 때, 그 잔을 옮겨 놓고 그 잔을 받지 아니할 수 없는가를 말했듯이,
5 오늘의 네가 그와 같은 마음이요, 그 생각을 하고 있음을 나 여호와는 알고 있음이니라.
6 그러나 너는 들어야 할 것이니라.
7 160권의 법전이 세상에 나오지 아니한다면 과연 누가 나의 뜻을 전할 것이며,
8 만백성을 죽음에서 구할 수 있다 말하는가?
9 네가 지금 고통스러운 그 일을 생각하며, 네가 인내하기 힘들어하며 네가 두려워함은,
10 너 자신이 봉사와 희생이요, 사랑이 무엇인가를 실천하지 못하며, 네 마음이 아직도 다스려지지 아니하였기 때문이니라.
11 예수와 같이 죽음으로써 만백성을 구하는 그와 같은 마음이 굳어져 있다 하면, 너는 오늘에 나의 법전을 만들어 세상에 전하는 것이 그리 힘들고 어렵고 고통스럽다 생각해서는 아니 됨이니라.
12 너 또한 너의 제자들의 어렵고 힘든 것을 바라볼 수 없어 너 자신이 불안해하는 마음을 나 여호와가 아느니라.
13 그러나 너의 제자들 또한 과연 얼마나 깨끗해졌으며 얼마나 마음이 다스려졌으며 얼마만큼 천사와 같은 마음으로 살고 있는가?
14 너희들이 지금 많이 정화되어 있으며 많이 변화되었다 하나, 외형적으로는 너희들이 많이 변화되었으나,
15 너희들이 깊은 마음속의 변화는 아직도 멀었음이니,
16 너희들이 더 훈련과 고통과 시련 속에서 가야 함이니, 너는 눈을 감고 보지 말라.
17 세상사에 돌아가는 인간 세상이요, 제자들이 살아가는 모습이요, 그 모두도 관여하지 말며 보지 말라 내가 하였음이니라.
18 오로지 너는 기도하고 경배하며, 나의 뜻에 따라 네가 법전을 만드는 그것에만 최선을 다하라.
19 그리하면 너의 제자들도 갈 것이며 모두가 다 역사할 것이니,
20 너는 근본적인 네가 해야 할 일이 흔들려서는 아니 됨이니라.
21 너는 모두를 보지 말라.
22 내가 너는 죽은 자라 하며, 바위와 같은 자라 하였음이니,

23 이는 모두를 보지 말라 함이니,
24 보지도 말며 듣지도 마는 그와 같은
마음으로 강론하며, 법전을 만들어 만
백성에게 전하는 것에만 네가 모두를
다 던져 그리 가도록 하라.

5,083 번째 하나님 말씀

2003년 2월 19일 12시 40분

1 사랑하는 나의 아들아!
2 "네, 아버님! 말씀하옵소서."
3 너희들이 믿음의 길이요, 나에게 오르
고자 하는 자, 만백성을 구하고자 하
는 너희들은 두 가지 길을 가지 말라
하였음이니라.
4 내가 일찍이 너희들이 재물을 모으고
자 하는 마음을 가졌으면, 나의 뜻에
따라 구원의 길을 가며 만백성을 구하
는 길을 너희들이 가지 말며, 지도자
라 나서지 말라 하였음이니라.
5 일찍이 내가 너희들에게 깨우쳐 그리
전하였거늘,
6 어찌하여 너희들은 구원의 길은 그대
로 가며, 너희들이 재물 또한 부귀와
영화를 위하여 나 여호와를 찾으며 나
를 아는 것이 재물을 얻는 그와 같은
영광으로써만 생각하는가?
7 너희들이 나의 법전을 접하며 나의 성
령을 듣는 그 모두는 재물을 얻는 것
이요, 재물을 구하는 것보다 위대한
역사라 내가 하였거늘,
8 재물을 모아 부귀영화를 누리는 그와
같은 마음을 가지고 있는 자, 두 가지
를 다 누릴 수 있다 생각하는 자, 너희
들은 그 마음을 버리라.
9 절대 내가 너희들에게 두 가지를 누릴
수 있는 그와 같은 것을 내릴 수 없으
며, 줄 수 없음을 너희들은 알라.
10 공의의 하나님이요, 나 여호와요, 만
백성의 어버이가 누구나 다 사랑하거
늘, 어찌하여 너희들은 두 가지를 다
얻는 그와 같은 영광을 얻으려 하는가?
11 나의 백성 너희들이 지금 깨우치지
못하는 자, 그와 같은 백성을 바로잡
아 깨우치는 그 나의 믿음의 길을 가
는 너희들이 지도자로서 감이 얼마나
소중하고 위대한 것인가를 알아야 할
것이니,
12 재물을 갖고 부귀와 영화를 누리는 것
보다 너희들의 깨우침이 더 위대하다
하였으니,
13 너희들은 그를 하나 보고 그를 깨우쳤
으면 그것으로써 감사하며 만족한 삶
을 살라.
14 너희들이 두 가지를 다 얻으려 함은
욕심이니라.
15 모든 종교 지도자들이 지금 그 두 가
지를 다 움켜쥐고 가고자 하기에, 그
들의 교리가 잘못되었으며 설교하는
것이 잘못되었으며 나의 뜻을 그들이
알 수 없다 말하였음이니라.
16 그리하여 지금의 모든 종교 집단이 부
와 믿음을 다 같이 가지고 휘두르고자
하는 것이 그들이니,
17 그리하여 그 형태로써 너희들이 과연
같이 가고자 하며 그들을 따라간다면,
너희들은 나로부터 선택된 백성이 아
니요, 나 여호와의 뜻을 따라 만백성
을 지도하며 이끄는 종교 지도자요,
나의 선택된 백성이라 할 수 없을 것

이니,
18 그리하여 너희들은 그 순간에 나에게
서 멀어진 백성임을 알라.
19 재물에 모두를 다 거는 그러한 길에서
벗어나지 못하는 종교 지도자 너희들
은 진정한 나의 진리요, 나의 뜻을 가
르치는 백성이 아니며,
20 잘못된 사탄의 자식으로서 너희들은
나의 피조물 만백성을 지옥으로 이끌
어 가는 그 역사를 함을 알라.
21 모든 종교 지도자 너희들은 들으라.
22 성전을 아름답게 짓고자 하며, 재물을
쌓아 놓고자 하며, 편안함을 가지며
육신의 안락함 속에서 살아가는 그 길
을 가는 종교 지도자 너희들은 바로
나의 뜻이 아님이니라.
23 너희들은 가난과 힘든 그 육에서 더불
어 이웃과 나누며 어려운 자에게 모두
를 주는 것을 기쁨으로 알며 나눠 주
는 것을 행복으로 아는 그와 같은 마
음이 아니요,
24 너희들이 단 한 톨의 쌀이라도 쌓아
놓고자 하는 그와 같은 마음을 가지
며, 성전의 한구석에 너희들이 무엇인
가 재물을 쌓아 숨기고자 하며,
25 성전의 문을 열어 나의 피조물 만백성
을 불러 모으는 것이 재물을 모으며
부귀영화와 편안한 삶을 위하여 그리
한다면,
26 그 순간부터 너희들은 사탄의 자식이
요, 진리를 가르치는 백성이 아님을
알라.
27 너희들이 가장 낮고 어려운 길을 가라
함은 너희들이 쌓아 놓고 호의호식하
며 살라 함이 아니니라.
28 육신의 편안함을 위해서, 더 좋은 것,
더 위대한 것을 찾고자 하는 육신의
편함을 위해서 그와 같은 쪽으로만 변
하고자 하는 그와 같은 자는 나의 자
식이 아니요,
29 사탄이요, 사악한 자라 내가 그리 말
하였음이니,
30 너의 제자들 또한 부를 누리고자 하여
영광을 누리고자 한다면 나의 성전에
나오는 것을 중단하라 하라.
31 너희들은 재물의 부귀와 영화를 누리
고자 하는 것은 없음이니라.
32 오로지 너희들은 깨달음이요, 진정한
믿음의 길을 갈 수 있는 것, 그리고 너
희들이 손발이 부르트도록 노력해서
너희들의 의식주를 해결해 나가면 그
것으로써 너희들이 더 이상 행복이 없
으며, 그것이 바로 하늘에 오르는 길
이니라.
33 내가 너희들이 오만하여 자만하여 스
스로 무너지는 것을 보고자 하지 아니
하며,
34 너희들을 데리고 영원히 나에게 올 수
있는 길을 가도록 내가 인도해 줌이니
라.
35 나의 아들을 따라 나의 아들이 너희들
을 인도하고 안내하여 영원히 더불어
나에게 올 수 있는 그와 같은 영광을
내가 너희들에게 지켜 주고자 함이니
라.
36 나의 법전이 잘못되어 있으며, 나의
법전이 너희들을 잘못 깨우치며, 사악
한 길이요, 너희들에게 도덕적으로 무
너지는 행위를 하라 그와 같이 기록되
어 있는 부분이 있다면 너희들은 지옥

행이나,
37 그렇지 아니하면 이게 나의 성령의 뜻
임을 잊지 말라.
38 나의 성령이요, 내가 직접 내리는 나
의 음성을 듣는 너희들이 이 세상 무
엇과도 바꿀 수 없는 가장 소중한 백
성으로서 선택되었음을 잊지 말라.

5,084 번째 하나님 말씀

2003년 2월 19일 13시 07분

1 사랑하는 나의 아들아!
2 "네, 아버님! 말씀하옵소서."
3 인간 세상에 너희들의 마음이 과연 어
떠한 것인가를 너희들 스스로 알 수가
없을 것이니라.
4 모세 시대의 그 백성과 예수 시대의
백성과 지금 제3의 시대 살아가는 백
성 너희들의 그 차이요, 너희들의 마
음이 누가 더 사악하며 잘못 흘러가고
있는가를 너희들은 알 수 없음이니라.
5 그러나 이제 내가 너희들에게 그 진단
하는 것을 깨우쳐 줄 것이니 너희들은
듣도록 그리하라.
6 너희들이 지금 자연스럽게 마시던 그
물을 함부로 마시지 못함이니,
7 모세 시대와 예수 시대는 어디서 흐르
는 물이든 그저 너희들이 마실 수 있
었으며 생수로 쓸 수 있었음이니라.
8 그러나 지금 세월이 흘러 지금에 와서
그 물을 마실 수 없으며,
9 너희들이 산소요, 공기라 하는 것도
오염될 대로 오염되어 그 오염된 척도
가 가면 갈수록 더 심각하여 너희들이
숨쉬기가 곤란하게 느끼는 그와 같은
시대가 올 것이며,
10 너희들이 물을 사고팔듯이 공기를 사
고파는 그와 같은 시대가 도래할 것
이라 하였으니,
11 그것을 보면 너희들의 마음이 그와 같
이 혼탁해졌으며 잘못 흘러온 것을 아
느니라.
12 보이지 않는 공기요, 물이 먹지 못하
도록 변하여 가고 마시기 두려울 만큼
변하듯이, 너희들의 마음이 그와 같이
지금 무서우리만큼 변화되어 있으며
타락되어 있음이니라.
13 그리하여 너희들이 그 산소요, 물을
바로잡을 수 있는 길이 과연 있다 생
각하는가?
14 이는 너희들이 자연을 원 상태로 살리
는 그것밖에 없음이니라.
15 자연을 보호하며 내가 내려 준 이 세
상을 그대로 살리는 그 역사에, 거기
에 너희들이 투자하며 거기다 모두를
다 바치는 그와 같은 삶을 살았을 때,
너희들은 그를 원상태로 돌릴 수 있는
능력이 있을 것이니라.
16 바로 그러니라.
17 너희들이 지금 무너진 자연처럼 너희
들의 마음이 그리 무너져 있으니,
18 그 마음을 원래의 마음으로, 원초적인
심성으로 돌리는 길이 없느니라.
19 그를 바로잡고 돌리기 위해서 바로 무
엇이 필요한 줄 아는가?
20 그를 위해 내가 160권의 법전을 세상
에 내려보내니,
21 우선 너희들의 마음을 아름답게 잡았
을 때 자연의 아름다움을 살리고자 할
것이며,

22 이 세상이 오염되어 쓰러져 가는 그
모두를 막을 수 있지 않겠는가?
23 이제 너희들 마음이 얼마나 사악해졌
으며 잘못되었으며 오염되었는지는,
24 너희들이 물과 공기를 보면서, 수천
년 동안 흘러오면서 오늘에 너희들이
산소요, 물을 함부로 접하지 못하며
그를 접하는 것이 두려움을 느끼는 것
같이, 너희들의 마음이 그리 사악해졌
으며 그리 모질어졌으며, 그리 너희들
의 마음이 무너져 있음을 알라.
25 그것이 너희들의 마음이요, 생각이요,
너희들의 형태이니,
26 그리해서 그를 바로잡는 역사를 지금
시작함을 알라.

5,085 번째 하나님 말씀

2003년 2월 19일 13시 32분

1 사랑하는 나의 아들아!
2 "네, 아버님! 말씀하옵소서."
3 내가 너희들에게 뭐라 가르쳤던가?
4 하늘나라에는 재물을 저장하고 보관
할 곳이 없으며, 또 창고도 없다 말하
였음이니라.
5 그리하여 너희들이 하늘에 쌓으며 재
물을 모아 너희들 개인의 창고에 쌓아
놓음으로 인하여 너희들이 구원을 받
으며 나로부터 영광을 받는다는 그와
같은 생각을 저버리라 내가 그리 말하
였음이니라.
6 재물로써 너희들이 구원받을 수 있으
며 축복을 받을 수 있다 하면, 나 여호
와가 오늘 나의 아들을 통하여 이와
같은 160권의 대장서요, 너희들을 깨
우쳐 하늘에 오르는 '하나님! 말씀하
옵소서'라는 이 책을 너희들에게 내려
보내지 아니하였을 것이니라.
7 어찌하여 나에게 그리 재물을 저장하
여 하늘에 쌓으면 너희들이 구원을 받
는다 그리하여 그와 같은 생각을 가지
고 잘못 가르치는 종교 지도자들이요,
사탄에게 너희들이 힘을 실어 주어 사
탄이 세상에 활보하도록 그리 만드는
가?
8 그 죄가 얼마나 무서운가를 알아야 할
것이니라.
9 내가 너희들에게 하늘에 재물을 쌓아
놓고 하늘에 재물을 저장하는 것은 너
희들이 그와 같이 잘못된 종교 지도자
들에게 바침이 아니요,
10 너희들이 불쌍하고 어려운 자 도와주
되, 오른손이 하는 것을 왼손이 모르
도록 할 때이니,
11 너희들이 단 하나를 전해 주더라도 남
이 알 때는 그것이 선행이 아니요, 하
늘에 재물을 쌓아 놓는 것이 아니라
내가 그리 말하지 않았는가?
12 그리 가르쳐 주고 너희들에게 행하는
길을 가르쳐 일깨워 주었거늘, 어찌하
여 너희들은 나의 뜻을 행하지 아니하
고 그와 같이 가는가?
13 너희 자신만 아는 선행이요, 자신만이
아는 가난한 자에게 재물을 나눠 주는
그와 같은 행동, 그것이 바로 너희들
이 하늘의 창고에 재물을 그득히 쌓아
놓는 것이라 하였거늘,
14 너희들은 어찌하여 직접 은화요, 금화
를 가지고 너희들 성전에 갖다 바치는
것이 하늘에 쌓는 길이라 그리 가르치

며, 그를 위하여 너희들이 그리도 몸
부림치고 가는가?
15 너희들이 그리 가는 것이 나에게 죄를
지음임을 알아야 할 것이니라.
16 내가 너희들이 하늘의 창고에 재물을
쌓을 수 있는 것은, 아무도 모르게 너
희들이 어려운 이웃을 도와주는 그와
같은 너희들의 마음, 그것이 하늘에
쌓는 것이요,
17 너희 손으로 지은 성전에 가 재물을
바치며 그들에게 네가 누구라는 것을
자랑하며 사람들 앞에 과시하기 위하
여 그와 같이 하는 것은 나와는 아무
런 관계도 없으며,
18 너희들 또한 그 상을 받을 행위를 했
다 해도 그는 바로 너희들이 지상에서
다 받음이니, 하늘에서 하나도 얻을
수 없다는 것을 내가 수십 번 나의 법
전에 기록하여 전했으니, 너희들이 알
게 될 것이니라.
19 너희들은 사악한 지도자요, 잘못된 자
들이 손으로 지은 그 성전이라는 곳에
가서 거기에 바치는 것만이 하늘에 쌓
인다는 그 착각에서 벗어나며, 거기서
너희들이 그와 같은 삶을 벗어나야
함을 알라.
20 내가 회당이요, 성전을 지으라 너희들
에게 명한 사실이 없다 그리 말하지
않았는가?
21 나의 아들 예수를 통하여 너희들의 회
당이라는 곳을 벽돌 하나 남기지 않고
다 쓸어버린다 하였거늘,
22 너희들은 어찌하여 그 회당을 더 아름
답고 호화롭게 그와 같이 지어 놓고서
거기에 역사하는 것만이 너희들이 나
에게 오르는 길이라 하여 그를 역사하
는가?
23 그곳에 벽돌 한 장 놓는 그 순간부터
너희들은 나의 백성이 아니요, 나의
자식이 아니라, 사탄의 자식임을 너희
들이 알아야 할 것이니라.
24 남이 아는 삶은 너희들에게 상이 없다
내가 그렇게 가르쳤거늘, 너희는 그
일을 지키지 못하며 그 뜻을 따르지
아니하느니라.
25 그러니 과연 그와 같은 행위를 해서는
아니 된다는 것을 알면서도, 너희들이
하늘에서 상을 받기를 원하지 아니하
며 지상에서 칭찬받는 것을 너희들이
앞세워서 그리하고자 함이니,
26 너희들은 내가 존재함을 믿음이 아니
요,
27 종교 지도자들, 사악한 자들의 가르침
에 너희들이 현혹되어서 그를 위해 맹
종하고 맹신하고 가는 것이지, 나를
믿음이 아니니라.
28 내가 행하라는 것을 행하지 않는 자,
나를 불신하며 나를 능멸하는 그와 같
은 행위임을 너희들은 알아야 할 것이
니라.
29 지도자의 가르침이 나의 뜻보다 더 위
대하다 생각해서 그리 가는 것인지,
그렇지 않으면 너희들이 나를 따라오
는 것이 견딜 수 없는 길이기 때문에
그런 것인지 너희들 스스로 한번 생각
해 보라.
30 이는 내가 너희들에게 답을 미리 줌이
니, 너희들이 사탄의 자식이요, 사탄
으로 되어 있기 때문에,
31 너희들이 아름다운 말이요, 선한 말은

듣지 아니하며,
32 잘못된 종교 지도자요, 사탄의 앞잡이
들이 하는 그 말이 너희들의 귀에 들
어오며, 그들이 하는 것만이 눈에 보
이기 때문에,
33 너희들은 거기서 즐거움과 쾌락을 얻
는 것이 하늘에 오르는 형국이요, 하
늘에 오르는 영광보다 더 즐겁고 행복
하다는 그 착각 속에서 너희들이 오늘
의 삶을 그저 다 잊어 가며, 다 죽어
가며,
34 진정 생명이 사는 삶이 아니요, 생명
을 죽이는 그와 같은 삶을 살아가고
있는 너희들의 이치임을 알라 그리 내
가 전함이니라.

5,086 번째 하나님 말씀

2003년 2월 19일 13시 38분

1 사랑하는 나의 아들아!
2 "네, 아버님! 말씀하옵소서."
3 너희들에게 나의 십계명이요, 나의 아
들을 통하여 새로운 성경이요, 나의
법전을 세상에 내려보냄이니,
4 너희들이 이를 바로 보고 깨우치며 이
를 터득하여 삶을 바로 살라 그리 내
가 나의 아들을 통하며 그 제자들을
통하여, 또 천사들을 통하여 너희들에
게 책을 전함이니,
5 그리하여 너희들이 육의 삶인 지금에
사는 이 세상에서 그와 같이 많은 은
혜와 축복과 영광을 받음이니라.
6 나의 십계명을 지키고 사는 것이 축복
이요,
7 나의 법전이요, 내가 내린 새로운 성
경을 그대로 지키고 살고자 하는 것이
너희들에게 그보다 더 큰 영광이 없는
것이거늘,
8 너희들은 그를 들여다보지 아니하며
그저 잊어버리고 살며,
9 사탄이요, 이단이라 그리 생각하고 사
느니라.
10 그러나 너희들은 알아야 할 것이니라.
11 너희들이 육의 세상에서 그리 흔하며
마음대로 볼 수 있으며 깨우칠 수 있
으며 너희 손에 쥐여 주며 정독하고
읽으라, 그것이 하늘에 오르는 길이라
그리 천사와, 나로부터 선택된 나의
아들의 제자들이요, 나로 하여 선택된
백성이 너희에게 지키라는 십계명과
나의 법전이,
12 너희들이 육의 세상의 삶을 마치고 죽
어 나에게 와 심판을 받을 때, 너희들
은 나의 계명을 부르지도 못할 것이며
나의 법전을 그 이름마저도 부를 수
없는 것임을 알아야 할 것이니라.
13 너희들이 나에게 와 심판을 받아 너희
들이 정말 필요할 때, 아무리 그를 부
르고자 하며 그를 접하고자 해도 너희
들은 그에 감히 근접할 수도 없으니,
14 너희들이 끓는 물에 손을 대는 것보다
더 뜨겁고 더 따갑게 느껴져 나의 법
전이요, 십계명을 생각도 못 하는 그
와 같은 형국이 되니, 그때 가서 너희
들이 후회하지 말라.
15 너희들이 나의 법전을 언제쯤 가서
지키려 하는가?
16 너희들이 죽어 와서 나에게 심판받기
전에 지키고 따르려 하나, 너희들은
그를 그리할 수 없음을 알아야 할 것

이니라.
17 낙엽이 떨어져 지듯이 너희들이 삶을
마치는 마지막 죽음의 그 순간에, 지
금의 종교 지도자요, 믿음이 잘못되었
다 깨달을 때,
18 그때 와서 너희들이 나의 법전을 손에
들며 나의 십계명을 지키려 해도, 시
간이 기다려 주지 아니하며,
19 내가 너희들을 부르는 것을 중단하지
않고 너희들에게 시간을 주지 아니할
것이니라.
20 너희들이 단 몇 초의 시간이라도 달라
며 나의 법전을 읽고 깨우치겠다 아무
리 발버둥쳐도, 그때는 너희들이 말하
는 만큼 줄 수가 없으며, 뜻이 이루어
지지 아니함을 알아야 할 것이니라.
21 너희들이 육의 삶을 마치고 나에게 심
판을 받는 그 순간에 나의 법전이요,
나의 계명이요, 하늘에 오르는 '하나
님! 말씀하옵소서'라는 이 책을 너희
들은 보지도 못하며 만지지도 못하며,
22 감히 생각지도 못하게 된다는 그 두려
움과 무서움을 너희들이 알 날이 머지
않았음이니라.
23 지금 나의 아들을 통하여 그 제자들이
전하며 천사들이 나의 법전을 가지고
너희들을 깨우쳐 하늘에 오르고자 전
하는 이 역사를 너희들이 지금 이리도
무시하며 바라보지 아니하며 소중함
을 모르고 있으니,
24 너희들이 바로 얼마나 어리석은 백성
인가를 알아야 할 것이니라.
25 지금 모든 종파요, 그 속에 살아가는
백성 너희들이 나의 백성으로서 바르
게 하늘에 오르고자 하는 것이 아니
요, 너희들이 선을 행함이 아니요,
26 악을 가르치며 악을 행하는 자들이니,
27 그 악 속에서 살아가는 즐거움이요,
행복으로 느끼고 살아가는 지금 종교
지도자들이 가르치는 그 밑에 가 있는
것이 신도라는 나의 불쌍한 백성이니,
28 그리하여 너희들이 영원히 구원의 길
을 못 보며, 먹으면 먹을수록 너희들
의 죄가 쌓이며 목이 마른 그와 같은
것을 너희들이 구원의 길이라 하여 그
를 돈을 주고 사며, 시간을 주고 사며,
너희들 인생의 모두를 바쳐 사니,
29 얼마나 너희들이 그 소중한 인생이 허
무하며 허황되게 살아가고 있는가를
알 수 있을 것이니라.
30 다시 내가 너희들에게 전함이니,
31 그리도 천사들이 너희들에게 읽으라
전했으며, 나의 아들의 제자요, 나의
법전을 보고 깨우친 백성들이 이를
들고 길거리로 뛰어나오며 너희 집을
방문하며 읽어 보고 깨우치라 던져 놓
은 나의 법전을,
32 너희들이 죽어 막상 심판을 받기 직전
에 그 법전의 위대함을 앎이니, 네 눈
앞에 '하늘에 오르는 길'이요, '하나
님! 말씀하옵소서'라는 그 법전이 불
속에 대문짝보다 더 크게 네 눈을 가
릴 때, 너는 그를 그때야 접하고자 하
나,
33 감히 그를 만질 수도 없으며, 그 근처
에 갈 수도 없으며, 그 책 뚜껑을 열려
는 생각도 할 수 없으며, 그를 쳐다보
지도 못하는 그 무서운 형국에서 지옥
으로 흘러가는 것이 너희들의 삶이라
는 것을 잊지 말라.

5,087 번째 하나님 말씀

2003년 2월 19일 21시 53분

1 사랑하는 나의 아들아!
2 "네, 아버님! 말씀하옵소서."
3 네가 나의 명에 따라 나의 뜻에 따라 너의 제자 '이계숙'이라는 서른여덟 살 먹은 그 여인의 손을 잡고 내 명에 따라 그를 중학교라는 그 초보적인 학문의 1학년에 등록을 시켰음이니,
4 그것이 벌써 엊그제 같으니라.
5 그러나 내가 40이 다 된 그 여인을 중학교에 보내라 하여 네가 나의 명을 받고 그 손을 잡고 눈길 속에 그를 데려다 등록시킨 것이 엊그제니,
6 눈이 내린 그 눈길을 40이 다 되어 가는 너의 제자를 내가 중학교 1학년에 등록시키라 하여 그를 데리고 네가 등록시킨 지가 벌써 2년이요, 내일 그가 졸업하니,
7 네가 바로 그와 같이 나의 뜻을 순종하고 따르는 것이기에 나의 아들로 선택되었으며, 그 누구도 그리하지 못할 것이니라.
8 너희들이 종교 지도자라 하여 많은 사람이 있으나, 내가 그들에게 그 어려운 자를 등록시켜 학교를 보내며, 공부를 시켜 대학이라는 그 과정을 마칠 수 있도록 그리 가르치라 한다 하면,
9 과연 그를 믿고 40이 다 된 자를 중학교에 등록시킬 수 있는 자가 누가 있겠는가?
10 이것이 바로 모든 종교 지도자 그들이 가는 길과 그들이 나의 뜻이요, 나의 명에 행하는 것과,
11 네가 나의 뜻이요, 나의 명을 따라 행하는 것과의 차이점임을 하나의 근거로 남기고자 2년 전에 내가 너에게 그리 명하였음이니,
12 서른여덟 살인 네 제자의 손을 잡고 네가 중학교에 등록시키니, 그가 내일이 졸업식이니라.
13 그와 같이 너는 어떠한 일이든 내 명에 따라서 행하며 실천하는 것이 바로 믿음이요, 나의 뜻을 행하는 나의 아들이요,
14 그것이 네가 다른 종교 지도자들과 다른 점이니,
15 이제 그를 가지고 내가 나의 법전에 기록함이니,
16 모든 종교 지도자 너희들이 과연 40이 가까운 너희 신도라는 사람을 내가 중학교에 들여보내라 한다 하여 그를 가르칠 용기가 있으며 그리 행할 수 있는 자가 있는가?
17 너희들은 노아의 방주를 만드는 그와 같은 역사를, 노아가 방주를 만들었을 것이라 그리 말할 것이니라.
18 그리고 그는 너희들이 말하기를 그를 믿지 않는 백성처럼 그와 같이 미친 자라 말할 것이니,
19 과연 너희들 종교 지도자들이 그와 같은 믿지 않으며 미쳤다 하는 백성이 될 것인가?
20 그렇지 않고 너희들은 과연 방주를 만들 수 있는 그와 같은 백성으로서 지금 서 있는가?
21 과연 지금 종교 지도자 너희들은 내가 명하여 너희들에게 방주를 만들라 할 때, 과연 만들 것인가?

22 지금 종교 지도자가 만들 자가 하나도 없음이니라.
23 그건 환상이요, 잘못된 것이라 하며 너희들은 그를 만들려 하지도 않을 것이며, 만들지도 않을 것이니,
24 그게 바로 종교 지도자 너희들이니라.
25 그러니 지금 이 시대에 내가 나의 아들에게 서른여덟 살 먹은 그의 제자를 중학교에 넣으라 하여 그를 데리고 가 등록시키고 공부시킨 지가 2년이 지났음이니,
26 바로 너희들과 차이점이요, 다른 점이 여기에 있음이니라.
27 네가 2년에 걸쳐 노아의 방주를 만든 그 역사와 같이, 너의 제자를 중학교라는 초보적인 학교에 등록시켜 그로 하여금 중등 교육을 받을 수 있도록 그 초보적인 교육을 하는 데 네가 열과 성의를 다한 오늘의 삶이야말로,
28 네가 노아의 방주처럼, 그 방주를 만드는 2년의 세월 동안을 기다렸음이나 마찬가지이니,
29 그리하여 나의 뜻을 행하고 네가 역사함이 다른 사람들과 다름이니라.
30 그리하여 오늘 내가 너에게 나의 법전에 이 역사를 기록하여 전함이니,
31 이를 전하여 만백성이요, 모든 종교 지도자들에게 귀감이 되게 하라.
32 나의 명령이요, 나의 뜻이라면 목숨을 걸고 시행하는 그와 같은 것이 바로 나의 아들이요, 나로부터 선택된 차이점이라는 것을 알라.
33 나로부터 성령을 받지 못하며 저희들이 법전을 만들어 내지 못하며 저희들이 선택되지 못하였기에,
34 남이 받아 행하는 것은 사탄이요, 이단이라 그리 말하며 너를 믿지 못하며 너를 사악한 자라 말하나니,
35 나 여호와가 너희들에게 2년 전에 40에 가까운 서른여덟 살의 그 여인을 중학교에 집어넣으라 할 때,
36 종교 지도자 너희들은 과연 그를 등록시키고 그가 학교에 다닐 수 있도록 그를 다스려 주겠는가?
37 너희들은 '예'라고 못 할 것이니라.
38 그러나 나의 아들은 행했음이니, 이것으로써 너희들과의 차별화를 알도록 그리하라.

5,088 번째 하나님 말씀

2003년 2월 19일 22시 01분

1 사랑하는 나의 아들아!
2 "네, 아버님! 말씀하옵소서."
3 지금의 믿음의 길을 가고 있는 불쌍한 나의 백성이 잘못 가는 종교 지도자들의 현혹하는 말에 의하여 사악한 자들의 뜻에 따라 너희들이 하늘나라에 재물을 많이 쌓아 놓으면 죽어 나로부터 심판을 받을 때, 하늘의 너희 창고의 문을 열어 그곳에 쌓인 것만큼 너희들이 나에게 상을 받으며 나로부터 은혜를 받는다 그리 가르치는 종교 지도자, 그들의 말에 의하여 너희들이 그 재물을 죽기 아니면 살기로 바침이니,
4 부모와 형제에게는 단돈 한 닢을 주는 것을 너희들이 꺼리며 그리 행하지 아니하면서,
5 너희들이 구원을 받기 위해 하늘의 창고에 재물을 쌓아 놓기 위하여 수없이

바치는 그 행위를 하고 있음이니,
6 그것이 너희들에게 죄이며, 죄를 쌓는
것이라는 것을 내가 수차 깨우쳐 주었
으나,
7 내가 그 이유를 너희들에게 다시 한
번 가르쳐 주고자 함이니, 너희들은
귀를 깊이 기울여 내가 전하는 뜻을
보고 읽고 깨우쳐 너희 것으로 만들어
야 함을 알라.
8 너희 부모에게 효도하며 형제지간에
사랑을 베풀며 사는 것이 너희들이 하
늘에 오르는 길이라 하였거늘,
9 '너희들이 형제지간에 화목하지 않은
자 지옥 불로 간다' 내가 말하였거늘,
너희 형제요, 부모에게 단돈 금화 한
닢을 주는 것을 너희들은 행하지 아니
하며 그를 아까워하는 너희들이, 그저
구원을 받으며 하늘의 창고에 쌓아 놓
겠다는 그 하나의 마음으로 그 욕심
속에 그와 같은 사악한 행위를 하는
것이니,
10 이게 너희들이 잘못되었음을 내가 깨
우쳐 주고자 함이니라.
11 너희들은 들으라.
12 하늘나라에는 너희들이 보물을 쌓아
놓을 만한 그와 같은 창고도 없으며,
나 여호와는 그와 같은 보물이 필요
없으며 그를 받지 아니함을 알아야 할
것이니라.
13 첫째, 나는 그를 받지 아니하며, 하늘
나라에 보관할 곳이 없으며 창고도 없
음을 너희들은 알아야 할 것이니라.
14 너희들은 하늘나라 나에게 재물을 저
장하고 싶다 하면, 내가 저장하는 그
방법을 가르쳐 줄 것이니, 그리 행하
도록 하라.
15 내가 너희들에게 하늘에 재물을 저장
하여 너희들이 죽어 나 여호와로부터
사랑을 받으며 은혜를 받으며 그 대가
를 받고자 한다면, 너희들만이 아는
선행을 하도록 하라.
16 아무도 모르는 너희들만이 아는 그와
같은 선행을 베풀며,
17 너만 알고 가난한 자에게 너 스스로
도와주며,
18 그 누구에게도 알리지 아니하며 그 누
구도 보지 않는 속에서 너희들이 너희
들보다 못하고 가난하고 불쌍한 그 백
성에게 재물을 나눠 주는 그와 같은
마음의 형태로써 살아가라.
19 그리하면 그것이 바로 하늘에 너희 창
고에 쌓아 놓는 것임이니라.
20 너희들이 창고가 아니라 그 창고라면
너희들이 죽어 와 나에게 심판을 받을
때, 그 모두를 꺼내어 너희들의 선함
을 저울에 달아 그 무게만큼 내가 너
희들에게 상으로 내림이니,
21 그리하여 너희들이 하늘에 쌓아 놓고
자 하거든 그와 같은 행위를 하라.
22 너희들이 종교 지도자에게 바치는 것
은 나의 재물을 잘못 쓰며 욕심에 의
하여 그를 사용함이니, 죄를 짓는 것
이며,
23 너희들이 그로 하여금 지옥 불로 가는
표를 사는 것임을 잊지 말아야 할 것
이니라.
24 내가 너희들에게 수십 번 가르쳐 주지
아니하였던가?
25 너희들이 남들이 아는 행위며 보는 행
위를 하는 것은 지상에서 이미 다 상

을 받았기에, 하늘에 와서는 아무것도
받을 것이 없다 하였음이니,
26 하늘의 창고에 쌓아 놓고자 한다면,
너희들만이 아는 선행을 하며 너희들
만이 아는 가난하고 불쌍한 자를 도와
주도록 하라.
27 너희들이 손으로 지은 성전에 사악한
지도자 앞에 너희들이 봉투를 내밀며
재물을 바쳐 하늘에 쌓아 놓고자 하는
것은 너희들이 죄를 짓는 것이며,
28 그 모두는 남들이 알며 너희들의 동료
가 알며 세상 사람이 다 알고 있음이
니, 그는 너희들이 지상에서 받았기에
하늘에서 아무런 상도 받을 만한 가치
가 없는 행위임을 알라.
29 그는 너희들이 헛된 짓이며, 죄를 짓
는 것이니,
30 하늘에 쌓는다는 그 뜻을 너희들은 이
제 알았을 것이며, 하늘에 쌓는 것이
어떤 것인가를 알 것이니라.
31 이제 그리 행하라.
32 남이 아는 것은 상이 없다 하였음이니
라.
33 그러니 그 뜻대로 너희들은 실천하라.
34 누가 알지 못하도록 아무도 관심이 없
는 그 속에서 어려운 자, 이웃의 가난
한 자를 도와주는 그와 같은 행위를
한다면, 너희들은 나에게 구원을 받을
수 있음이니라.
35 많은 나의 백성이요, 신도라 하는 너
희들, 그리고 가르치는 종교 지도자
너희들은 아무도 모르도록 선행을 베
풀며 가난한 자를 돕는 것이 하늘의
창고에 쌓아 놓는 것임을 정녕 몰라서
그리하는가?
36 과연 너희들은 알면서도 그리하지 아
니하는가?
37 너희들의 그 마음 상태를 알지 못함이
니라.
38 그러나 너희들은 스스로 알 것이니라.
39 너희들이 구원을 받고자 하늘에 오르
고자 하는 그 욕심에서 그리함이니,
40 너희들이 하는 행동을 나 여호와조차
도 이해하지 못하며,
41 내가 그를 어떠한 방향으로든 아름다
운 쪽으로 생각하고 보고자 해도 볼
수 없는 그와 같은 행위를 하고 있는
것이 너희들이니,
42 너희들이 하는 행위를 내가 바라볼 때
그와 같이 오른손이 하는 것을 왼손
이 모르도록 돕고 살아가는 것이 하늘
에 오르는 길인 것을 너희들이 다 알
고 있으나,
43 나를 의식하지 아니하며 나를 인정하
지 않으려는 그와 같은 행위로써 너희
들이 모두를 다 나의 뜻을 거역하는
자라 나는 그리 생각할 수밖에 없음이
니라.
44 너희들이 그렇지 않다 해도 나 여호와
가 보는 형태는 그러하니라.
45 그러니 너희들은 나를 욕되게 하며 나
를 능멸하는 그 행위를 하고 있음을
알아야 할 것이니라.
46 너희들이 정녕 그렇지 않다고 한다면,
과연 어떠한 마음속에서 그와 같은 행
위를 하는가?
47 너희들은 종교 지도자들의 가르침이
나의 뜻보다 위에 있으며,
48 나 여호와가 행하고자 하는 것보다도
위대한 행동을 하는 자들이기에, 너희

들은 그래서 종교 지도자가 명하는 것
만을 따르는 것이던가?
49 어떠한 형국이든 너희들이 나를 능멸
하는 행위는 변명할 여지가 없음을 알
라.
50 너희는 정말 사탄이 되어 있음이니라.
51 사악한 사탄의 종으로서 그가 명하는
대로 따라가는 너희들이 되어 있음이
니,
52 너희들은 귀가 있어도 듣지 못하며 눈
이 있어도 보지 못하는 그와 같은 어
리석은 백성으로 지옥 불로 가고 있으
며 사탄의 자식이 되어 있음을 너희들
이 알 날이 머지않았을 것이니라.

5,089 번째 하나님 말씀

2003년 2월 19일 22시 06분

1 사랑하는 나의 아들아!
2 "네, 아버님! 말씀하옵소서."
3 나 여호와가 너희들이 육의 삶을 마치
고 내가 불렀을 때 그때 가서야 나의
십계명을 지킨다 하며 나의 법전을 지
키고자 하는가?
4 너희들은 지금 나의 아들이요, 나의
아들을 따르는 제자들이요, 나의 법전
을 읽고 깨우친 백성이 나의 뜻인 나
의 성령을 책으로 만들어 너희들에게
전하거늘,
5 이것이 구원의 길이요, 기초라 하였건
만, 너희들이 어찌하여 이를 보지 아
니하는가?
6 너희들은 정녕 죽어 내 앞에 왔을 때
그때야 십계명이 무서운 줄 알며,
7 나의 법전이 진정한 하늘에 오르는 길
이라는 그 무서움을 알았을 때 그때
너희들이 그를 보고자 생각하는가?
8 너희들은 그와 같은 생각을 접어둬야
할 것이니라.
9 낙엽이 떨어져 지듯이, 너희들이 바로
육의 삶을 마치고 육은 흙으로 돌아가
며 영혼이 나에게 왔을 때, 너희들이
그 율법을 지키며 나의 십계명을 지키
며 나의 법전대로 살아가겠다 그리 생
각하지 말라.
10 너희는 그때는 감히 나의 계명이요,
나의 법전을 보지도 못하며 그를 만지
지도 못하며, 달라 말도 할 수 없음을
알아야 할 것이니라.
11 너희들이 나의 법전이요, 나의 십계명
을 지키는 것이 하늘에 오르는 길이라
내가 160권의 법전 속에 수없이 기록
하여 너희들에게 전했거늘,
12 그 무서운 사실을 나의 법전의 뚜껑을
한 번도 열어보지 아니한 자 이를 알
지 못함이니, 그는 너희들의 복이니라.
13 내가 나의 아들을 통하여 나의 천사들
을 통하여 너희들을 깨우쳐 하늘에 오
르는 길을 인도하고자 나의 법전을 들
고 너희들에게 전하거늘,
14 너희들이 이를 보지도 아니하며 이를
접하지도 아니하는 그와 같은 오만한
삶을 살아가고 있음이니,
15 지금 너희들이 살아 있을 때 나의 법
전을 접하지 아니하며 나의 계명대로
살지 아니했을 때,
16 너희들은 영원히 나를 볼 수도 없으며
구원의 길도 올 수 없음을 알아야 할
것이니라.
17 내가 너희들에게 다시 한 번 전함이

니, 지금 살아 있는 이 시대에 내가 나
의 천사를 통하여 나의 법전을 세상에
전하며 나의 아들과 그를 따르는 제자
들로 하여금 만백성을 구하기 위하여
세상에 나의 법전을 전함이니,
18 이 지금에 나의 법전을 마음대로 접할
수 있으며 볼 수 있으며 이와 같은 영
광 속에 있는 이 시간에 너희들이 허
송세월하며, 이를 보지 아니하고 사탄
이요, 이단이요, 사악한 자의 장난이
라 그리하고 이를 찢어 버리고 태워
버림이니,
19 너희들이 죽어 내 앞에 왔을 때 그 법
전이 얼마나 소중한 것이며, 십계명을
지키고 사는 것이 얼마나 위대한 것인
가를 그때 앎이니,
20 그때는 너희들이 아무리 몸부림쳐도
법전을 만질 수도 없으며, 나의 십계
명을 만질 수도 없으며, 그를 부를 수
도 없으며 암송할 수도 없음을 알아야
할 것이니라.
21 지금 너희들은 깨우쳐야 할 것이니라.
22 감히 너희들이 만질 수도 없고 볼 수
도 없고 부를 수도 없는 나의 십계명
이요, 나의 법전을 너희들이 지금 이
와 같이 버리고 이를 무시하며 이를
보지 아니하고 살아감이니,
23 너희들이 얼마나 어리석은 삶인가를
내가 나의 법전에 기록하여 수없이 전
하고 또 전함이니,
24 너희들의 구원의 선택은 너희들에게
있음을 너희들이 알아서 행하도록 그
리하라.

5,090 번째 하나님 말씀

2003년 2월 19일 22시 11분

1 사랑하는 나의 아들아!
2 "네, 아버님! 말씀하옵소서."
3 너희들이 세상에 육의 삶의 살아가는
이치는 다 너희들의 마음이요, 너희들
의 행함에 달렸음이니라.
4 과연 나에게 오르고자 하는 자, 너희
들이 또한 그 길을 오고자 한다면, 그
모두는 너희들 삶의 자세요, 너희들의
마음에 달렸으며, 너희들의 행동에 달
렸음을 알아야 할 것이니라.
5 그 누구도 너희들을 다스려 주지 못하
며 그 누구도 천국이요, 지옥으로 너
희들을 심판하여 감히 선택할 자가 없
음이니,
6 그 모두는 너희들 스스로 선택해야 함
을 알아야 할 것이니라.
7 너희들의 선과 악은 너희 자신 마음속
에 있으며, 너희들 생활 속에서 어찌
행하느냐에 따라서, 살아가는 그 형태
에 따라 너희들이 선과 악의 그 모두
는 이루어지게 되어 있음이니,
8 너희들이 마음 하나 다스리는 것에 너
희들이 바로 서고 바로 서지 못하는
그와 같음이 여기 있음을 알아야 할
것이니라.
9 또한 너희들이 지옥과 천국을 가고 못
가는 그것 또한 너희들에게 달렸으며,
개인 각자 너희들의 그 책임이니라.
10 그리하여 너희들이 어찌 행동하며 어
찌 삶을 살아가느냐에 따라서 너희들
이 다 선택하며 가는 길이니,
11 이 또한 너희들에게 달렸음을 깊이

깨우쳐, 너희 스스로 육의 삶을 바로
살도록 해야 함을 잊어서는 아니 될
것이니라.
12 내가 너희들에게 하늘의 뜻을 다 깨우
쳐 주었느니라.
13 너희들이 정녕 하늘의 천국이요, 나에
게 오고자 한다면, 너희들이 지상의
천국에서 사는 그와 같은 삶을 살라
내가 그리 말하였음이니라.
14 영원히 사는 천국에 갈 수 있는 길은
너희들이 지상에서 천국의 삶을 사는
것, 그와 같이 나 여호와를 사랑하며
한 점의 부끄럼이 없는 삶을 사는 것
이니,
15 바로 너희들이 여기서 그와 같이 훈련
과 단련된 마음을 가진 자, 그와 같이
아름다운 삶을 사는 자, 그와 같이 지
상의 천국에서 사는 자, 그와 같이 자
기 자신을 다스려 나가는 백성만이 죽
어 그 영혼이 나에게 올 수 있음을 너
희들은 알아야 할 것이니라.
16 내가 그리하여 하늘의 이치요, 하늘의
뜻을 다 기록하여 너희들에게 주었으
니, 그 모든 선택은 또한 너희들 자신
에게 달렸음을 알라.
17 너희들이 마음먹기에 달렸음을 알아
야 할 것이니라.
18 너희들이 인간 세속에서 살아가면서
지금까지 살아온 인생의 삶도 참 소중
하며 귀한 것이니라.
19 그러나 너희들이 지금까지 살아온 과
거의 삶보다도 현재가 중요하며 또한
현재보다 더 중요한 것은 너희들은 앞
으로 미래의 삶이 어찌 펼쳐지느냐 하
는 것이 가장 중요한 것이니라.
20 그러나 너희들은 과거요, 현재요, 미
래의 너희들의 삶보다도 더 소중한 다
음의 세상이 있음이니, 너희들은 다음
세상의 삶을 보는 그와 같은 깨달음을
얻어야 할 것이니라.
21 너희들이 육의 세상에 삶을 살며 그것
으로 끝이 아니요, 너희들이 나에게
심판을 받아 영원히 구원을 받고 못
받는 다음의 세상이 있다는 것을 알라.
22 너희들이 현재의 삶도 중요하며 앞으
로 미래의 삶도 중요하니라.
23 그러나 너희들이 미래의 삶이 아니라,
그 모두를 마쳤을 때 다음 세상에 너
희들의 사는 삶이 기다리고 있다는 것
을 잊어서는 아니 되며,
24 다음 세상에 사는 삶이 너희 육의 삶
보다 천배 만배 귀하고 소중함이니라.
25 그것은 영원히 너희들이 존재하는 것
이기 때문이니라.
26 그러니 다음의 삶의 소중함이 남아 있
다는 것을 너희들이 깊이 깨우쳐,
27 지상에서 천국에 사는 백성처럼 아름
답게 사는 그 백성만이 나에게 구원을
받을 수 있기에, 내가 너희들을 육에
서 그리 살라 강조하고 또 강조함이
니, 나 여호와의 뜻을 저버리지 말라.

5,091 번째 하나님 말씀

2003년 2월 19일 22시 17분

1 사랑하는 나의 아들아!
2 "네, 아버님! 말씀하옵소서."
3 지금 이 세상이 이리 험악하며, 부모
가 자식을 버리며, 자식이 부모를 버
리며, 너희들이 더 이상 추해지려야

추해질 수 없는 이 험악한 세상이 된
것은 과연 어찌 되었는가?
4 너희들이 지금 6천 년이라는 그 믿음
의 세월이 흘러온 오늘의 결과이니라.
5 너희들은 노아의 방주의 그 역사를 보
고 들어서 알고 있으며,
6 모세 시대의 그 많은 기적을 이루며
그 역사했던 것을 또한 너희들이 알
며, 너희들이 그와 같은 시대에 살아
온 그 후손이니라.
7 그리하여 나의 아들 예수가 너희들을
구원하고자 죽음으로써 모두를 대변
하고자 했던 그 고통스러운 죽음을
선택해 그 길을 가면서까지 나의 아들
은 너희들에게 사랑을 베풀며 사랑이
무엇인가를 가르쳐 주고자 했음이니
라.
8 그와 같은 흐름의 역사 속에서 모두를
다 체험하고 온 지금의 백성이, 그리
고 그 뿌리라 하여 나의 피조물 만백
성을 구원의 길로 인도한다 하여 지금
그리 가고 있는 모든 종교 집단 너희
들이 그와 같이 흘러온 그 세월에 오
늘의 결과는 무엇이던가?
9 세상은 사탄이 지배하며, 말세요, 종
말의 시대가 올 것이라 너희들이 이야
기하며, 이 시대보다도 더 험악한 시
대는 없었음을 너희들은 알아야 할 것
이니라.
10 과연 그 책임은 누가 지겠는가?
11 그 많은 역사의 흐름 속에서 6천 년이
라는 그 세월이 흘러온 지금 나의 백
성이 서 있는 현재의 위치가 그와 같
이 험악하고 사악하니,
12 너희들이 나의 법전을 가지고 하루아
침에 만백성을 깨우치며 그들을 변화
시키고자 하는 그와 같은 생각을 가져
서는 아니 됨이니라.
13 너희들이 지금 급하게 서두르면 실패
함이니라.
14 그와 같이 6천 년이라는 세월이 흘러
그 많은 세월 속에 기적과 역사를 보
였지만, 그 후손들은 오늘 도저히 볼
수 없는 이와 같은 형국에 이른 것이
너희들이 오늘의 현위치가 아니던가?
15 그러니 나의 법전을 가지고 하루아침
에 만백성에게 변화의 역사를 이룬다
는 것은 너희들이 불가능한 일임을 알
라.
16 서서히 뿌리를 내려 가고 전하는 그
속에서 서서히 하나하나 자리가 잡혀
갈 것이니라.
17 그리하여 내가 단시일 내에 이를 이루
는 것이 아니라, 나 여호와가 천 년에
걸쳐서 그 모든 역사를 이루고자 하는
것이니,
18 나 여호와가 천 년이라는 그 계획을
해 지금 내가 그와 같은 계획의 하나
하나 그 단계를 넘어감이니,
19 너희들이 너무 조급해하며 그리 불안
해하지 말라.
20 다만, 너희는 다른 백성과 지금 다른
길을 가고 있으며, 진정한 깨우침의
길을 가고 있는 것만은 알아야 할 것
이니라.
21 그리하여 너희들이 바로 서고 바로 깨
우쳐 만백성이 서서히 너희들이 하는
행위를 보며 너희들이 살아가는 모습
을 보며 그들이 변하는 그와 같은 역
사가 이루어지도록 내가 하고자 함이

니 그리 알라.
22 너희들을 내가 곧은길이요, 바른 깨우
침이요, 그리하여 너희들이 고통과 시
련을 다 잊어 가면서라도 나를 향하
며, 나의 아들이 죽어 간 예수의 사랑
의 그 뜻을 너희들이 지금 깨우쳐 가
며 살아가고 있지 않은가?
23 그리하여 너희들이 지금 모든 백성의
앞에서 가는 자이며, 앞에 사는 삶을
살아가는 것이니라.
24 그리하여 모든 종교 집단에 속해 있는
신도들이요, 만백성이 앞에 가는 너희
들을 따라갈 것이니라.
25 너희들은 바로 하늘에 오르는 그 곧은
길이요, 바른길을 알고 있으며 나의
뜻을 알아 행하는 백성이니라.
26 그리하여 너희들이 변하는 그 삶을 보
고 서서히 그들이 변하여 천 년에 걸
쳐 이 역사를 이루고자 함이니 그리
알라.
27 너희들이 앞에 가는 자로서 겸손한 마
음이요, 겸허한 자세로써 만백성을 대
하며 만백성을 사랑하면서 그리 가라.
28 너희 자신을 버리고 남을 위해 사는
삶을, 그리고 만백성을 구하는 데 너
희들은 희생의 제물로써 바친다는 그
와 같은 굳은 결의의 마음을 갖고 너
희들이 살아가는 그와 같은 삶을 살라.
29 그리해야만 천 년에 걸쳐 내가 이루고
자 하는 이 지상의 낙원이 이루어짐이
니,
30 그 낙원에 사는 백성이 바로 하늘로
올라갈 수 있는 그와 같은 내가 하나
의 통로를 만들고자 함이니,
31 하늘에서 이루어진 것같이 똑같이 지
상에서 이루어져, 그 지상의 낙원에
사는 백성이 나에게 바로 올 수 있는
그와 같은 세상이요, 그 하늘과 땅을
하나로 만들고자 하는 것이 나의 뜻이
니,
32 그 모든 준비 단계의 역사를 이루는
것이 너희들이니,
33 하루아침에 수억의 만백성을 너희들
이 깨우쳐 바로 세운다는 그와 같은
조급한 마음과 생각을 갖지 말라.

5,092 번째 하나님 말씀

2003년 2월 19일 22시 23분

1 사랑하는 나의 아들아!
2 "네, 아버님! 말씀하옵소서."
3 너의 제자들에게 내가 그리 깨우쳐 전
하라 하였음이니라.
4 나에게 오르는 길이요, 나로부터 선택
된 백성이요, 만백성을 구하는 지도자
너희들은 바로 믿음이라는 그 길에 모
든 제물로 너희를 스스로 던지는 그와
같은 마음으로 가지 아니할 때 너희들
은 자신이 구원을 받지 못하며,
5 너희 자신이 구원을 받지 못한다면 만
백성을 구할 수 없는 것이 너희들이라
하였음이니,
6 나로부터 선택된 나의 아들을 따르는
제자 너희들은 재물과 인간사의 부귀
영화에 너희들을 파는 그와 같이 가장
어리석은 삶을 사는 나의 백성이 되어
서는 아니 됨을 너희들은 깊이 깨우쳐
행하도록 그리해야 할 것이니라.
7 너희들이 오늘의 가는 길이 어렵고 힘
들다 하여 나의 아들 앞에서 등 돌리

고 가는 자, 나의 법전을 던지고 나의
성전을 떠나는 그와 같은 백성, 너희
들은 하늘에 오르는 그 진리가 너무나
도 어렵고 힘들기에, 인간과 재물 그
사이에서 인간 세상의 부귀영화에 너
희 자신을 던져 버림이니,
8 이 모두는 너희들을 다 죽이는 그와
같은 역사의 행동임을 알아야 할 것이
니라.
9 너희들이야말로 정도의 길이요, 나에
게 선택된 길로 오는 그것이 얼마나
고통스럽고 시련의 길인가를 나 여호
와는 잘 알고 있음이니라.
10 그러나 또한 너희들은 어떠한 것과도
바꿀 수 없는 가장 소중한 것을 가지
고 있으며 그를 따라 너희들이 나에게
행하고 있다는 것을 잊어서는 아니 될
것이니라.
11 나의 법전을 읽으며 나의 아들을 통하
여 내리는 강론을 들으며 너희들이 지
금 바로 서고자 노력하는 그와 같은
역사함이 이 세상 무엇과도 바꿀 수
없는 너희들에게 가장 소중한 보배요,
너희들의 가장 소중한 것임을 알아야
할 것이니라.
12 그리하여 지금 그와 같은 은혜와 영광
속에서 살아가는 너희들은 인간의 부
귀영화에 현혹되지 말며,
13 너희 자신이 인간으로서 나갈 때 나로
부터 받아 나간 그 아름다운 천성의
마음이 있음이니,
14 그리하여 너희들은 그와 같은 마음을
회복하는 데 너희들을 다 바쳐 노력해
야 할 것이며,
15 너희들의 마음을 그와 같이 갈고 닦는
데 최선을 다해야 할 것이니라.
16 너희들이 거짓 하지 말며 남을 속이
지 말며 그리 살라 내가 하였음이니,
17 너희들이 그와 같이 마음을 다스려 가
고 힘들 때, 너희들이 아무리 해도 다
스려지지 아니하거든, 단 하루라도 골
방에 들어가 문을 꼭꼭 걸어 잠그고
금식하는 속에서 너희들은 눈물의 기
도로써 깨우침을 얻도록 하라.
18 너희들이 단 하루를 실수하지 아니하
며 단 하루를 거짓 하지 아니하며 그
와 같이 살 수 있다면,
19 너희들은 열흘이요, 백일이요, 그와
같이 십 년, 백 년을 죽을 때까지 너희
들이 영원히 그와 같은 길을 갈 수 있
는 깨달음을 얻은 자는 행할 수 있음
이니라.
20 그러니 너희들은 몸소 실천하기가 힘
들거든, 너희들이 골방에서 문을 꼭
걸어 잠그고 금식하며, 거짓 하지 아
니하며 부끄러운 짓 행하지 아니하며,
단 하루라도 실수하지 않는 그 삶을
완벽히 한번 실천해 보도록 하라.
21 그리하면 모두를 실천할 수 있는 그와
같은 용기와 깨달음이 너희들에게 있
을 것이니라.

5,093 번째 하나님 말씀

2003년 2월 19일 22시 30분

1 사랑하는 나의 아들아!
2 "네, 아버님! 말씀하옵소서."
3 2천 년 전, 내가 나의 아들을 통하여
너희들이 회당에 모여 기도하지 말며,
많은 사람 앞에 세를 과시하는 그와

같은 기도요, 행위를 하지 말라 하였
으며, 남에게 보여 주는 기도를 하지
말라 하였음이니라.
4 그러나 너희들은 과연 지금 회당에 모
여 기도를 하지 아니하는가?
5 너희들은 그 회당을 궁전보다 더 아름
답게 지으며 더 호화롭게 지으며, 그
모두를 그와 같이 웅대한 속에서 너희
자신의 위대함을, 너희 집단의 위대함
을 내세우며,
6 그리고 너희들만이 이 세상에 구원을
받은 백성이며, 그곳에서 강론하는 종
교 지도자만이 나로부터 명을 받은 자
라 그리하여 그들이 제왕보다 더 높은
자리에 군림하고 있음이니,
7 이는 나의 아들을 모욕하며 나를 욕되
게 함이니라.
8 나의 아들도 나의 백성과 한 형제라
말하였으며, 그도 높은 자리에 앉기를
사양하였으며 그를 원하지 아니하였
거늘,
9 감히 같은 인간이요, 같은 형제인 종
교 지도자, 사악한 너희들이 나의 사
랑하는 백성 위에 군림하여 그리 희롱
하며,
10 내가 하지 말라는 그 회당을 지으며
만인 앞에서 너희들이 광란의 기도요,
그와 같은 행위를 하고 살아가고 있음
이니,
11 그와 같은 행위를 하고 살아가는 백성
그 모두는 나와 아무런 관계가 없다
내가 말하였음이니,
12 오늘 너희들은 여기서 정확히 그 모두
를 알아야 할 것이며, 그 실상을 파악
하여 바로 서도록 그리하라.
13 교회라는 곳에서 너희들이 가장 축복
되며 영광되며, 나의 아들 이름을 부
르며 예수의 보혈로써 대속함을 받았
다며 나를 부르고 광란의 짓을 하나,
14 너희들이 손으로 지은 교회라는 곳에
서 나 여호와를 가장 고통스럽게 하고
있는 행위임을 알아야 할 것이니라.
15 성전이라는 곳에서 너희들이 울고불
고 재물을 거둬들이는 그와 같은 행위
를 하는 것을 보는 나 여호와가 얼마
나 고통스러움을 겪고 있는 것인지 너
희들은 모를 것이니라.
16 이제 너희들은 그 모두를 깨우쳐야 할
것이니라.
17 너희들이 지금 구원의 길이요, 하늘에
오르는 길이라 하여 내가 짓지 말라는
그 회당에서 그와 같이 호화찬란한 성
전이라는 것을 지어 놓고 나에게 경배
한다 하여, 그를 유지하기 위하여 재
물과 금화를 수단과 방법을 가리지 않
고 착취하는 그와 같은 행위를 하니,
18 그것이 바로 죄악이 만연되어 있는 장
소며,
19 서로 자매요, 형제라며 너희들이 하나
의 콩알도 나눠 먹을 것같이, 그리고
죽음을 대신해 줄 것같이 하나,
20 이해관계의 하나만 있다 해도, 나눠
먹고자 했던 그 콩알만큼도 못한 이해
관계가 있을 때 너희들은 언제 자매
요, 형제였느냐 하는 것처럼, 갈라지
는 얼음 조각처럼 쫙 갈라져 너희들이
서로 힘을 겨루는, 서로 삿대질하며
몸싸움을 벌이는 그와 같은 추한 행동
을 하는 것이 믿음의 길을 가고 있는
자들이니,

21 거기에 너희들이 부수고 싸우는 그 속
에서는 반드시 나의 피조물 만백성을
하늘에 오르는 길로 인도한다는 종교
지도자와, 거기에서 제 말이면 모두를
다 좌지우지할 수 있는 그와 같은 너
희들 신도 중 우두머리들이 그와 같이
서로 치고받고 싸움을 이루는 것이
다반사이니,
22 과연 그것이 사랑이며 하늘에 오르는
길이라 말할 수 있는가?
23 그 부끄럽고 추한 것을 보는 나 여호
와의 마음이 얼마나 고통스러우며 한
스러운가 너희들은 알고 있는가?
24 내가 고개를 들어 너희들의 종교 집단
이요, 너희들의 성전이라는 그 두꺼비
집 같은 죄의 온상을 가히 들여다볼
수 없음을 알라.
25 너희들은 서로 모르나 나 여호와는 유
리알처럼 세상의 거기서 이루어지는
모든 추하고 더러운 행위를 다 보고
있음이니,
26 그를 내가 내려다본다 할 때, 과연 나
여호와가 하늘에서 땅을 내려다보기
싫으며 너희들 인간을 보기 싫다는 그
마음을 종교 지도자 너희들은 이해하
겠는가?
27 종교 집단 속에서 구원을 받으며 너희
들이 하늘에 오르는 길이라 하여 성전
을 짓고 회당을 지은 그들이 행하는
그 추한 행동을 내가 하늘에서 다 보
고 있음이니,
28 그 가지가지 행동은 과연 내가 고개를
돌려 너희들을 보고 싶은 마음이 있겠
는가?
29 이제 너희들이 나 여호와를 더 이상
고통스럽게 고통을 주지 말며 그리 끌
고 가는 행위를 하지 말라.
30 나를 어찌하여 고통의 세월이요, 고통
의 시간 속으로 너희들이 나를 끌어넣
으며 끌고 가고자 하는가?
31 지금의 종교 집단이요, 교회요, 성전
이라는 곳에서 너희들이 행하고 있는
그와 같은 행위가 얼마나 잘못되었던
가?
32 정녕 나와는 관계없음을 너희들은 알
아야 할 것이니라.
33 너희들은 구원의 찬송이요, 구원의 기
도를 하고 광란의 행위를 하면서 나를
부르짖고 찾고 있음이니,
34 너희들이 행하는 그 모든 행위를 보는
나의 마음이 너무나 비탄에 빠져 있으
며,
35 너희들이 부르는 그 소리가 너무나 허
황하며 허공의 메아리로서,
36 하늘까지 오염시키는 그와 같은 사악
한 악취 나는 음성으로서 하늘에 오르
고자 하는 것이 너희들임을 잊지 말라.
37 너희들의 교회요, 성전이라는 곳이 텅
비어 있음을 너희들은 알라.
38 너희 손으로 지은 그 성전에 너희들은
그득히 차 찬송을 부르며 경배하며 나
의 아들의 보혈로써 구원을 받았으며
'주여, 주여!' 소리 지르며 '사랑의 주
여, 구원의 주여!' 그러면서 광분하여
앞뒤를 가리지 못할 때, 나 여호와의
이름을 들입다 부르며 나를 찾고 소리
지름이니,
39 너희들의 그와 같은 성전에는 사람이
하나도 없는 텅 비어 있는 건물로 나
는 그리 보느니라.

40 거기에 진정한 의인이요, 내가 원하는
백성이 한 명도 없으니, 그는 나와 관
계없기 때문에,
41 너희들이 지은 교회요, 성전이 항상
텅텅 비어 있는 것임을 너희들은 알라.
42 내가 보는 너희들의 성전은 모두가 다
비어 있음이니라.

5,094 번째 하나님 말씀

2003년 2월 19일 22시 36분

1 사랑하는 나의 아들아!
2 "네, 아버님! 말씀하옵소서."
3 너를 따르는 사랑하는 너의 제자들과
나로부터 선택된 너희들은 정녕 진실
한 변화의 역사를 이루는 데 모두를
다 바쳐야 함을 알라.
4 너희들이 나에게 오르고자 하는 그 길
이 진실하지 아니하며, 너희들이 정녕
사랑이요, 진실한 마음으로 너희 자신
이 고통과 시련을 이겨 변화되는 그와
같은 삶을 살지 아니한다면,
5 너희들은 아무것도 이룰 수가 없으며,
내가 새로운 역사를 이루고자 하는 새
시대도 이루어질 수 없음을 알아야 할
것이니라.
6 너희들의 진실한 변화만이 진실한 역
사 속에서 너희들이 모두를 이룬다는
것을 알아야 할 것이니라.
7 너희들이 진실로 변화되지 아니하면
나의 법전이 만백성을 구하는 역사를
이룰 수 없으며,
8 나의 법전은 만백성을 구할 능력을 상
실하게 됨을 너희들은 알아야 할 것이
니라.
9 너희들이 바로 서고 진실한 믿음에서
진실하게 살아갈 때 나의 법전은 만백
성을 구하는 위대한 역사를 이룬다는
것을 잊어서 안 되는 것이니라.
10 네가 행하는 것은 나를 대신하여 사는
삶이라는 것을 너희들이 항상 가슴에
담고 살아야 할 것이며,
11 그와 같은 마음을 잠시라도 버린다면
너희들이 무너지게 되어 있음을 잊지
말라.
12 그리하여 모든 행함이 너희들 스스로
행함이 아니요,
13 나 여호와가 이루고자 하는 그 역사를
너희들이 대신하는 나의 아들딸임을
잊지 말라.
14 너희들이 모든 행함을 다 너희 임의로
하는 것이 아니요, 나 여호와가 이루
고자 하는 것, 내가 역사하고자 하는
것을 준비하기 위하여 너희들이 나를
대신하여 모두를 지금 행하고 있다는
그와 같은 마음을 갖고 살아가도록 그
리하라.
15 그와 같은 마음으로써 살아갈 때 너희
들이 모든 변화의 역사요, 어떠한 환
란의 소용돌이 속에서도 굳건히 지키
는 힘과 용기가 솟아남을 잊지 말라.
16 지금 너희들의 고통의 변화는, 선행을
하며 살아가는 것이, 작게는 너희들
자신이 지은 죄를 용서받는 것이며,
17 너희들 자신이 구원을 받는 길이라는
것을 잊지 말라.
18 너희들이 선행을 하며 악을 제거하며
살아가는 그 고통이 오늘에 그리 힘들
고 어렵다 하나,
19 그 모두는 다 너희들 자신을 위해서

이루는 것이며,
20 또 크게는 나의 백성을 구원하는 만백
성이 지은 죄를 너희들이 다 속죄양인
것처럼 너희들이 지고 가는 그와 같은
마음으로써 역사하는 자임을 알라.
21 너희들이 잘못 가는 백성을 깨우치며
그들을 인도하는 그 역사를 이루기 위
해, 너희들은 그 백성의 죄를 지고 그
죄를 속죄해 주는 것처럼, 너희들이
대신 그 죄를 속죄해 주는 그와 같은
마음으로써 만백성을 대하며, 겸손한
마음으로써 살아가야 함을 잊지 말라.
22 너희가 바로 가는 것으로 인하여 만백
성이 구원을 받기 때문이니라.
23 너희들이 어찌 사느냐에 따라서 나의
피조물 만백성이 구원을 받고 못 받는
것이 너희들에게 달렸음이니,
24 그리하여 너희들이 참진리요, 아름다
운 삶을 모범이 되게 살아가라는 것
이 나 여호와 뜻임을 잊어서는 안 되
느니라.
25 모든 종교 집단이 저 자신의 구원을
위하여 부르짖고 있으며, 스스로 저희
들만이 구원을 받고자 하며 저희들
자신이 무너지는 것만을 지키고자 하
는 그와 같은 삶을 살아가는 형국이
지금의 시점이니라.
26 그러니 저 자신이 무너지는 것을 지키
기도 바쁘며 저 자신이 구원을 받겠다
는 제 욕심에 젖어 있는 그들이 어찌
이웃의 사랑을 알며, 만백성을 구하는
길을 위하여 가며, 저 자신을 제물로
바쳐 속죄양이 될 수 있는 그와 같은
마음을 가질 수 있다던가?
27 그들은 절대 그러한 마음을 가질 수가
없음이니라.
28 남을 위하여 남을 구원하면서 제가 그
속죄양이 되는 그와 같은 길을 갈 수
없는 것이 지금 모든 종교 지도자들이
가는 것이니,
29 그리하여 너희들과 차이점이 바로 여
기에 있음을 너희들이 알라.
30 그리하여 너희들이 소중하며 나에게
귀한 아들딸이며 선택된 자라 함이니,
31 선택되지 아니한 자, 모든 백성이 저
자신을 제물로 바쳐 저희가 희생양이
되며, 속죄물의 제물이 되고자 하는
백성이 하나도 없음을 너희들은 알아
야 할 것이니라.

5,095 번째 하나님 말씀

2003년 2월 19일 22시 41분

1 사랑하는 나의 아들아!
2 "네, 아버님! 말씀하옵소서."
3 너희 지금 종교 집단이 '주여, 구세주
여, 사랑의 주여!' 그리 부르짖으며,
너희들은 '구원의 구세주'라, 또 '사랑
의 주님'이라 그리 부르짖으며 울고불
고 광란의 짓을 하면서 너희들이 구원
을 받는다 그리 소리 지르느니라.
4 너희들은 가슴에 행하는 것은 새겨두
지 아니하며, 그저 너희들의 가슴에
나 여호와요, 나의 아들 예수를 기리
기만 하면 너희들에게 성령이 심어지
며 너희들이 구원을 받는다 그리 말함
이니라.
5 그리하여 너희들이 광란의 짓을 하며
찬송을 부르며 눈물을 흘리며 울고불
고 땅을 치며 통곡하는 그와 같은 발

악적인 행위를 하는 것이 너희들이 구
원의 길이라 그리 생각하고 가고 있음
이니,
6 이제 너희들이 그 생각을 바로잡지 아
니하며 고치지 아니한다면 구원의 길
을 볼 수도 없으며 그 길을 갈 수도 없
다는 것을 알아야 할 것이니라.
7 나로부터 너희들은 이루어지는 것이
없으며 무엇 하나 얻어지는 것이 없음
을 알아야 할 것이니라.
8 너희들은 지금 어찌하는가?
9 나의 아들의 고통이요, 그가 죽어 간
그 역사를 보고 되살려 너희들이 그와
같은 사랑이요, 고통의 길을 가면서
믿음의 길을 가는 것이라 깨달아 그와
같이 행하고자 하는 것이 아니요,
10 그저 나의 아들을 부르기만 하면 나의
성령이 너희들의 가슴에 가득하여 너
희들이 구원을 받게 되며, 너희들이
구원의 그 길이 거저 얻어지는 것으
로 지금 착각하고 망상 속에 살아가고
있음이니라.
11 나의 아들 이름만 부르면 성령이 너희
가슴에 임하여 하늘에 오르는 그 역사
에 너희들만이 그리 올 수 있으며 너
희들만이 얻을 수 있다 생각하나,
12 너희들이 죽음보다도 더한 고통의 그
깨달음의 변화 속에서만이 올 수 있고
얻을 수 있는 것을, 너희들은 그저 나
의 아들 이름을 부름으로써 얻어지는
것처럼 그와 같이 환상 속에서 살아가
는 것이니라.
13 그리하여 지금 나에게 오르는 그 진실
한 믿음이 아니요, 허황된 믿음 속에
서 허덕이며 착각 속에서 살아가는 너
희들이라 내가 그리 말하였음이니라.
14 나의 백성을 보는 나의 고통스러운
마음을 너희들은 알겠는가?
15 오죽하면 내가 너희들에게 전하였겠
는가?
16 너희들이 잘못 가고 잘못 살아가는 그
삶을 보는 나 여호와 아버지의 마음이
아프니, 나의 고통을 너희들로 하여금
덜어 달라는 그와 같은 애절한 나의
뜻을 내가 너희들에게 전하였겠는가?
17 너희들은 나에게 오르고자 하는 그와
같은 백성에게 전해야 할 것이니라.
18 너희들의 행함을 바로 해야 하는 것이
며,
19 말로써 믿으며 말로써 나의 아들 이름
을 부르짖으며 나를 부르짖는다 하여
나의 성령이 너희 가슴에 임하여 너희
들이 구원의 길을 오는 것이 아니라는
것을,
20 너희들은 모든 사탄의 유혹에서 악을
뿌리치며 선을 선택하는 그 어렵고 힘
든 고통의 길을 가는 것,
21 그를 인내하고 견디고 나에게 달려오
는 자만이 나에게 오를 수 있다는 것,
22 그리고 구원을 받을 수 있다는 것을
너희들은 알아야 할 것이니라.
23 내가 지금 나의 아들을 통하여 내리는
나의 법전에 귀를 기울이지 아니하며
나의 뜻을 듣지 아니하며 나의 뜻대로
행하지 않는 자,
24 너희들은 그저 캄캄한 밤길을 방황하
다가 나에게 와 심판을 받아 캄캄한
지옥으로 걸어 내려감을 잊지 말라.

5,096 번째 하나님 말씀

2003년 2월 19일 22시 45분

1 사랑하는 나의 아들아!
2 "네, 아버님! 말씀하옵소서."
3 나의 사랑하는 백성 너희들을 세상에
내보내 너희들은 내가 주었던 원심의
마음을 갖고 아름답게 살다 하늘에 올
라오라 내가 너희들에게 그리 전하고,
그것이 내가 바라는 것이거늘,
4 이를 거역하고 살아가는 너희들을 바
라보는 나 여호와의 마음이 얼마나 아
프고 저린가를 너희들은 모를 것이니
라.
5 너희들은 여기서 깨우쳐 들으라.
6 너희들이 인간 세속에 살아가면서 더
불어 살아가느니라.
7 그리하여 너희들이 슬프고 괴로울 때
가 있는 것이며, 너희들이 또한 가장
소중하고 사랑했던 것을 잃었을 때 그
마음이 과연 얼마나 아프던가?
8 너희들이 부모에게 물어보라.
9 사랑하는 자식이 부모 앞에 먼저 갔을
때, 그 부모의 마음이 얼마나 슬프고
괴로우며 가슴이 미어져 오는가?
10 그러나 너희들의 그 부모의 마음보다
도 열배 백배 더 마음이 아프고 고통
스러운 것이 나 여호와이니라.
11 너희들 육의 부모가 보는 것은 백 년
도 안 되는 그 삶의 인연이요, 그 속에
서 너희들 앞에 사랑하는 자식이 먼저
갔을 때 그 부모의 가슴이 찢어지듯,
12 그리고 효성스런 자식이 부모가 세상
을 떠났을 때 너희들이 가슴 아파 통
곡하는 그 아픔이 얼마나 저려 오던가?
13 그것보다 백배 천배 더 괴롭고 내 가
슴을 울리며 나를 조여 오는 것이 바
로 너희들이 잘못 가는 것이며,
14 너희들이 육의 삶에 연연하여 영원히
사는 그 다음의 너희들이 이루어지는
세상이요, 나에게 심판받는 그것을 모
르고 살아가는 너희들을 바라보는 나
의 마음이 그리도 아픔을 너희들은 어
찌하여 모르는가?
15 너희가 잘못 가고 잘못된 길을 가는
것을 보는 나 여호와의 마음이 너희들
이 가장 아플 때의 그 마음보다 더 저
려 오고 내가 몇 배 더 그 아픔이 크다
는 것을 내가 그리 너희들에게 강조하
거늘,
16 어찌하여 창조주 나를 아버지라 부르
며, 전지전능한 아버지라 부르며, 너
희들을 구원할 수 있는 것은 너희 아
버지 나라 그리하면서,
17 내가 열 가지도 안 되는 것을 지키라
하여 내가 불로 써 내린 십계명을 지
키지 아니하며,
18 내가 나의 아들을 통하여 그 누구도
역사할 수 없는 160권의 대법전을 세
상에 만들어 전함이니, 이를 쳐다보지
도 아니하며 들여다보지도 아니하려
는 황폐한 너희들을 보는 내 가슴이
얼마나 찢어질 듯이 아픈지 너희들은
아는가?
19 나 여호와의 아픈 마음을 너희들이 조
금이라도 생각한다면, 나의 법전을 읽
고 깨우쳐 새로 사는 생명이요, 영원
히 사는 생명을 구원받는, 새 생명이
태어나는 그와 같은 축복을 너희들이
저버리지 말도록 그리하라.

5,097 번째 하나님 말씀

2003년 2월 19일 22시 54분

1 사랑하는 나의 아들아!
2 "네, 아버님! 말씀하옵소서."
3 나 여호와가 너희들에게 일깨워 전하
고자 함이니라.
4 너희가 죽어 나에게 와 심판을 받는
순간에 너희들은 천국과 지옥이 구분
된다고만 생각하지 말라.
5 너희들이 지금 육의 삶을 마치고 나에
게 왔을 때 당연히 너희들은 심판을
받아 지옥과 천국이 구분되어,
6 너희들이 지은 죄의 대가를 받으며,
아름답고 선한 삶을 산 자는 나의 품
에 와 영원히 사는 그 새로운 세상에
너희들이 다시 태어나는 영광을 얻게
됨이니라.
7 그러나 너희들은 나에게 와 심판을 받
기 전에 너희들이 지금 사는 이 지상
의 인간 세상에서 너희들이 심판의 준
비를 하고 있으며,
8 또한 너희들이 심판을 받아 그와 같은
훈련을 지금 진행하고 있음을 알아야
할 것이니라.
9 너희들의 육의 삶은 무엇이던가?
10 너희들이 죽어 나에게 와 심판을 받기
전에 너희들이 한 번 그 훈련의 심판
대에 살아가는 것이며,
11 그 심판을 준비하는 삶을 살아가고 있
음을 알아야 할 것이니라. 너희들이
죽어 나에게 와 심판을 받을 때만 너
희들이 지옥과 천국이 있다 생각하지
말고,
12 지금 육의 삶에 생존해서 너희들이 지
옥과 천국의 삶을 확실히 구분하여 살
아야 하는 것을 알아야 할 것이니라.
13 너희들이 지금 아름다운 마음을 갖고
살며 나의 뜻에 순종하며 사는 자, 남
으로부터 저주받지 않는 삶을 사는 너
희들은 천국에서 사는 삶을 지금 사는
것이요,
14 너희들이 잘못되며 사악한 마음을 가
지고 사는 것은 육의 세상에서 지옥에
산다 내가 너희들에게 여러 번 그리
깨우쳐 주었음이니라.
15 그러나 너희들은 이것을 그냥 들어서
흘려버리지 말라.
16 너희들이 나에게 와 심판을 받기 전에
너희들이 육의 세상에서 지금 너희들
스스로 심판을 받고 있음이니, 그것이
얼마나 중요하고 너희들에게 소중한
것인가를 알라.
17 너희들이 여기서 지금 지옥과 천국의
삶을 확실히 살아야 함을 알라.
18 먼저 깨우치지 아니하는 자, 그리고
그것을 깨닫지 못하는 자, 그리하여
지금의 삶이 너희들이 소중하지 아니
하다며 그와 같이 함부로 사는 자,
19 그리고 너희들이 육의 삶을 위하여 모
든 선과 악을 구분하지 못하며 오로지
육의 향락을 위해서 어떠한 행위도 할
수 있는 그와 같은 마음을 가지고 사
는 자,
20 너희들이 얼마나 지금 잘못된 삶인가?
21 너희들이 지금 심판대에 서 있다는 것
을 잊지 말라.
22 여기에서 바른 심판대에서 선한 점수
를 받는 자, 그리고 악한 점수를 뿌리
째 뽑을 수 있는 자, 그와 같은 너희들

의 삶이 얼마나 지금 소중한가?
23 너희들이 지금은 죽고 사는 그 연습장
임을 알라.
24 너희들이 나에게 와 심판을 받기 전에
너희들이 지금 육의 세상에서 심판을
받음이니,
25 너희들이 육의 세상에서 심판을 받는
그 이유는 바로 너희들이 잘못 가고
다스리지 못할 때, 나 여호와를 찾으
며 나에게 용서를 빌며 너희들이 회개
하여 두 번 다시 죄를 짓지 않는 그와
같은 기회를 얻고자 하며, 얻을 수 있
는 것이 지금 육의 세상에 사는 너희
들의 그 특혜이니라.
26 너희들이 죽어 나에게 오면 정녕 심판
을 받을 수 있는 그와 같은 특혜가 없
으며, 그와 같은 축복과 기회가 없음
이니라.
27 그러나 육의 삶에서는 회개하고 나를
찾을 수 있으며, 너희들이 악의 죄를
용서를 빌며 선함을 더 행하며 그리
살아갈 수 있는 기회는 지금의 육이
사는 이 세상밖에 없음이니,
28 오늘 너희들이 바로 여기서 천국의 삶
이요, 지옥의 삶인가를 확실히 구분하
여,
29 여기서 너희들이 잘못 갔을 때 바로잡
아야 되며 바로 변화되는 그와 같은
삶을 살아야 되는 것이니,
30 지금의 삶이 너희들에게 나에게 와 심
판을 받을 때보다도 더 소중함을 너희
들은 알라.
31 너희들이 죽어 와 나에게 심판을 받는
것은 오늘의 너희들의 삶의 심판을 받
는 그 결과의 장이요, 너희들이 그 심
판의 역사를 이루어 너희들이 어떠한
심판을 받느냐는 것은 오늘 지상의 육
의 삶의 세상에서 이루어지는 것이니,
32 지상의 삶에 살며 심판의 과정의 삶인
지금이 더 소중함을 알아야 할 것이니
라.
33 죽어 나에게 왔을 때 너희들을 용서함
이 없으며 돌아갈 수가 없으며 너희들
이 고쳐 다른 기회를 얻을 수도 없는
것이니,
34 너희들이 지금 고칠 수 있으며 변화될
수 있으며 수정해서 살 수 있으며 수
정해서 천국과 지옥을 왔다 갔다 할
수 있고 구분할 수 있는 지금의 육의
삶에 사는 이 지상의 삶이 얼마나 소
중한 것인가를 깊이 간직하여 깨달아
살아가도록 그리하라.
35 내가 너희들을 사랑함이니라.
36 너희들이 죽어서 받는 심판만 생각하
면 꿈속에서 너희들이 꿈을 꾸는 그와
같은 삶을 사는 자임을 알아야 할 것
이니라.
37 너희들이 이제는 죽어 나에게 와 심판
을 받는 것은 너희들이 오늘의 삶에
대한 그 결과를 가지고 논함이니,
38 오늘의 그 원인을 만드는 너희들이 지
상에 사는 지상의 천국이요, 지옥의
삶의 그 훈련이 얼마나 중요한 것인가
를,
39 너희들은 이를 깨우치며 이를 바라보
는 자만이 나에게 오를 수 있을 것이
며,
40 너희들이 죽어 와 나에게 심판을 받을
때만 지옥과 천국으로 가며 거기에만
중요하다는 그와 같은 생각을 하고 사

는 자,
41 너희들은 꿈속에서 꿈을 꾸는 것이며
진정한 삶이 무엇인가를 알지 못한 자
이니,
42 어서 꿈에서 깨어나도록 그리하라.
43 꿈에서 깨어나 나의 법전을 읽고 깨우
쳐, 너희들이 정녕 바로 갈 수 있는 그
모두가 기록되어 너희들에게 전하는
이 속에 있는 그대로 행하고 살아가는
것이 바로 지상의 천국이요,
44 그리 지상의 천국에서 사는 자 나, 여
호와에게 와 심판을 받을 때, 너희들
은 두려울 것이 없으며 겁날 것이 없
으며, 여기서 너희들이 받은 심판 그
대로 너희들이 그 역사요, 그 영광의
축복을 얻게 된다는 것을 잊지 말라.

5,098 번째 하나님 말씀

2003년 2월 20일 08시 26분

1 사랑하는 나의 아들아!
2 "네, 아버님! 말씀하옵소서."
3 '너는 너희 하나님, 나 여호와의 이름
을 망령되이 일컫지 말라.' 하였음이
니,
4 과연 너희들이 지금 이 세상에 살아가
면서 누가 사탄이며, 누가 사악한 자
며, 누가 나의 뜻에 따라가는 백성인
가, 그리고 나를 버리지 아니하는 백
성인가 하는 것을 너희들 스스로 이제
구분할 수도 있는 그와 같은 경지에
너희들이 올라와 있음이니라.
5 '나 여호와의 이름을 망령되이 일컫지
말라.' 함은,
6 나의 유업을 받는 자식이요, 나로부터
선택된 백성 너희들은 나 여호와의 이
름을 망령되게 해서는 아니 되며, 내
이름을 부끄럽게 해서는 아니 되는 것
이 그 자식의 도리를 다하는 길이라는
것을 너희들은 알아야 할 것이니라.
7 너희들은 나로부터 선택된 백성이요,
내가 새로 이루고자 하는 그 역사요,
내가 새로운 성경을 세상에 내려보내
이 험악한 세상을 바로잡고자 하는 그
대명을 받은 나로부터 선택된 백성이
니,
8 곧 나의 아들이요, 나의 딸이니라.
9 그리하여 너희들은 나의 유업을 받아
역사할 자들이니,
10 너희들이야말로 나 여호와의 이름을
망령되게 하고 나 여호와 이름에 누가
되는 그와 같은 행위를 해서는 절대
아니 됨을 알아야 할 것이니라.
11 이 세상 인간사에서도 너희들이 그 부
모를 욕되게 하지 아니하는 것이 자식
이요, 그 자식이 바로 섰을 때, 그 부
모를 너희 자신도 모르나 너희들이 남
으로부터 칭송받는 그와 같은 부모로
만드는 것이요,
12 너희들이 행동을 잘못했을 때는 그 아
비, 어미를 욕하는 그와 같은 것이 인
간 세상의 살아감이니,
13 나로부터 선택된 나의 아들딸 너희들
이 행동을 잘못하며 너희들이 잘못했
을 때는 모두가 다 나를 욕함이며 나
를 원망하게 되는 것이니,
14 나로부터 선택된 자식은 아비의 이름
을 망령되게 일컬으며 헛되게 해서는
아니 되는 것이니라.
15 지금 모든 종파들이 가고 있는 그 형

태를 너희들이 들여다보라.
16 내가 성경에 기록하여 전했던 그 모두
를 거역하는 자가 누군가?
17 내가 '회당을 짓지 말라.' 하였음이니,
18 그러나 너희들은 지금 수없는 많은 교
회요, 성전이라는 것을 지어 놓고 있
음이니,
19 이는 바로 무엇이더냐?
20 나의 뜻을 거역함이며, 내가 나의 아
들 예수를 통하여 말했듯이, 모든 백
성은 다 형제며 높고 낮은 자가 없다
말하였으나, 과연 지금 종교 지도자가
높고 낮은 자가 없는가?
21 너희들은 제왕처럼 대우를 받고자 하
며, 나의 백성을 종과 같이 부리며,
22 너희들은 헌금이라는 것을 수없이 갈
취하고 거둬들이는 그와 같은 행위를
하고 있음이니,
23 너희들은 나의 아들 예수가 죽음으로
그 보혈로써 모든 은혜를 받았다 하
며,
24 예수가 베풀고자 했던 그 사랑이요,
그가 역사했던 것을 너희들에게 전하
고자 했다는 것을 들여다보지 아니하
며,
25 그저 예수를 찾음으로써 모든 성령이
네 가슴에 임하여 너희들은 구원받은
자라 말하고 있음이니,
26 과연 그것이 나의 이름을 망령되게 하
는 것인지, 나의 이름을 빛나게 하는
행위인지 너희들은 알 것이니라.
27 내가 사랑이란 두 배로 주는 것이라
그리 말하였느니라.
28 그러나 지금 너희들은 어찌 살아가는
가?
29 있는 자가 없는 자에게 나눠 주며 베
풀어 주며 살라 하는 것이 내가 더 갖
게 한 자들이요, 더 가진 자들이라 하
였음이니라.
30 그리고 모든 재물은 나의 것이요, 너
희 것이 아니라 너희는 관리하는 자
로서, 너희가 남도 모르게 그저 나눠
주라 그리하였거늘,
31 너희들은 지금 그리 나눠 주고 사는가?
32 너희는 너희들보다 못한 자들에게도
그저 바치라 그리 말하니라.
33 너희들은 궁궐과 같은 집에서 살면서
남의 집 처마 밑에 사는 백성이 그 처
마 밑에 누운 재물까지도 다 바치라,
그러면 축복과 영광이 있다 그리 말함
이니,
34 궁궐 같은 집에서 사는 자가 남의 집
처마 밑에 사는 자를 도와주며 그를
그곳에서 벗어날 수 있도록 하는 것
이 사랑이거늘,
35 지금의 종교 집단이 과연 그리 가는가?
36 너희들은 그리하지 아니하니, 누가 과
연 나의 아들이며 나의 자식인지 이제
는 답이 나와 있거늘,
37 너희들이 불안해하며 의심하며 겁을
먹어서는 아니 됨이니라.
38 나의 법전이 세상을 덮는다 하였음이
니 그를 너희들이 믿어야 할 것이며,
새로운 역사를 이룬다는 것을 너희들
은 믿어야 할 것이니 그리 알라.
39 나 여호와가 행하는 것은 모두가 이
루어지지 아니하는 것이 없으며 역사
하지 못함이 없음이니라.
40 내가 지금 이 아침에 나의 아들을 통
하여 하나하나 너희들에게 조목조목

깨우쳐 줌이니,
41 너희들은 이를 보고 세상 속에 살아가
는 그 형태를 보도록 그리하라.
42 너희들은 마음에 행함이 없으며, 마음
이 변하지 아니하며, 가슴속에는 욕심
을 그득히 가지고 있으며, 사악한 마
음을 그득히 가지고 있으며, 너희 손
으로 지은 성전에 가기만 하면 나의
아들 예수를 통하여 그 성령이 너희들
에게 임하여, 너희들은 선택받은 자이
며 하늘에 오를 수 있는 백성이라 그
리 가르치고 그리 너희들이 알고 있음
이니,
43 너희들이 그리 허황되게 나 여호와의
이름을 망령되게 일컬으며 나의 이름
을 능멸하는 행위를 하고 있음을 알
아야 할 것이니라.
44 너희들은 이제 하나하나 깨우쳐, 지금
나의 법전에 기록한 내용, 그리고 나
의 아들을 통하여 너희들에게 전하는
내용 그대로 너희들이 행하고 실천하
고 살면 되는 것을 잊지 말라.
45 그게 나 여호와의 뜻이니, 누가 나의
이름을 망령되게 하는 자인가?
46 내가 너희들이 지키고 영혼을 구원을
받으라 한 십계명이요, 그를 내가 불
로 써 직접 너희들에게 내렸거늘,
47 그를 지킬 수 없다 말하는 것이 너희
들이 나의 아들이요, 나의 이름을 빛
나게 하는 것인가, 나를 망령되게 하
고 있는 것인가?
48 너희들이 내가 내린 그 십계명을 지킬
수 없다 함은 나 여호와를 능멸하며
나를 믿지 아니하며 인정하지 아니함
이니,
49 너희들이 나를 믿는 백성이 감히 그
무서운 말을 할 수가 있는가?
50 너희들은 어쨌든 십계명은 나 여호와
가 내린 것이니 이를 지켜야 한다 하
며,
51 그를 지키는 것이 그리 어렵지 아니하
고 차 한잔 마시는 것보다 쉽다는 마
음을 갖고 너희들이 그를 지키고자 도
전하고 있음이니,
52 내가 불로 써 내린 감히 그 십계명을
지킬 수 없다 하는 백성과 지킬 수 있
다 하는 백성의 그 차이점이, 누가 나
의 아들이며 나의 유업을 받을 자식인
가?
53 이것 하나만 보더라도 너희들이 알 수
있거늘, 어찌하여 너희들이 그 많은
수다요, 변명을 늘어놓으면서 그리 가
는가?
54 내가 오늘 이 아침에 너희들에게 다시
전함이니, 너희들은 뭐라 말하였느냐?
55 종교 지도자는 한 점의 부끄럽이 없이
살아야 된다 하였음이니라.
56 그 이유가 무엇인지 알고 있지 않은가?
57 종교 지도자가 잘못하며 죄를 지을
때, 너희들의 그 신도라는 자요, 그 앞
에서 배우는 제자들이 저도 모르게 그
와 같은 악습이요, 저희 종교 지도자
처럼 그 죄를 짓는 습관이 제 머릿속
에 잠재하여 그를 배워서 그대로 행
하게 되는 것이니,
58 종교 지도자는 죄를 지어서는 아니 되
며, 절대 지어서는 아니 된다 하였음
이니라.
59 그리하여 유리알처럼 깨끗하게 보이
며 깨끗하게 살아가는 그와 같은 삶을

가는 자가 종교 지도자라 하였음이니
라.
60 너희들이 깨끗이 살지 못하고 추하게
사는 모습은 너희 신도들이 보지 아
니하려 해도,
61 저희도 어느 사이에 그와 같이 단련되
어 있으며 그를 보고 배워 제 스스로
그것이 죄인 줄 모르기 때문에, 그래
서 종교 지도자는 한 점의 부끄럽이
없이 서야 한다 하였음이니라.
62 지금 나의 아들은 뭐라 말하는가?
63 하늘을 향하여 한 점의 부끄럽이 없이
살며 살아야 하며, 종교 지도자는 그
리 가야 한다 하며 그 길을 가기 위하
여 몸부림을 치고 있는 것이 아니던가?
64 과연 어느 것이 나의 아들딸이며 내가
원하는 길을 가고 있는 것이던가?
65 너희들은 이제 이와 같은 것을 보고도
깨닫지 못한다면, 이는 너희들의 욕심
이며 사악한 것이니라.
66 그저 너희들이 너희 종교 지도자를 보
고 가는 것이 아니요, 나의 성경을 보
고 간다 하나,
67 너희들은 나의 성경을 보고 가기 전
에, 그 지도자가 행하는 것을 너희 자
신도 모르게 배우고 너희들이 따라서
하게 되는 그와 같은 인간은 습성이
되어 있기 때문에 내가 이는 절대 용
서할 수 없다 하였으니,
68 내가 이리 말하며 이를 지키는 나의
아들이요, 그 제자들이 과연 잘못인가?
69 이것 하나로써 너희들이 이 세상에서
어찌하는 것이 너희들이 구원의 길이
며,
70 어떠한 것을 보고 배우는 것이 구원의
길이요, 하늘에 오르는 길이요, 어떠
한 것이 진정한 진리요, 잘못된 것인
가를 알아야 할 것이며,
71 나의 아들이 해야 할 행동이 무엇인가
를 알라.
72 너희들은 나 여호와의 이름을 망령되
게 행동한다는 것은, 너희들이 나를
거부하며 나를 인정하지 아니하며 나
의 자식으로서 너희들이 존재하는 것
을 거부하는 자가 됨을 알라.
73 나의 아들이라면 내가 명한 것을 따르
고 순종하는 그와 같은 나의 백성이
며, 그가 나의 유업을 받을 자니,
74 바로 나의 아들을 따르는 제자들이요,
나의 법전을 읽고 바로 살고자 깨우치
는 너희들이야말로 나의 아들딸이니,
75 너희들은 나의 이름을 욕되게 하는 행
위를 하지 말라.
76 너희들마저 나 여호와의 이름을 욕되
게 한다면, 나의 아들과 딸이 나 여호
와의 이름을 빛내지 아니하며 욕되게
한다면,
77 이 세상 어느 백성도 나의 이름을 빛
나게 해 줄 백성이 없기 때문이니, 이
를 명심하도록 그리하라.

5,099 번째 하나님 말씀

2003년 2월 20일 08시 33분

1 사랑하는 나의 아들아!
2 "네, 아버님! 말씀하옵소서."
3 너희들은 지금 이 세상에 살아가면서
내가 생명을 주어 너희들을 내보냈던
그 아름다운 마음이요, 천사와 같은
마음으로 너희 인간의 본성을 회복하

는 거기에 너희들이 모두를 다 바쳐야
할 것이며,
4 또 하나 더 최선을 다하여 너희들이
구원할 것이 있음이니, 그는 바로 무
엇이더냐?
5 나 여호와가 너희들에게 내려 준 이
세상의 아름다움을, 내가 이룬 나의
이 지상의 성전을 너희들이 아름답게
가꾸어야 하며,
6 그를 방해하는 행위를 해서는 아니 됨
을 알아야 할 것이니라.
7 지금 나의 피조물 만백성을 하늘에 오
르게 하기 위해, 그리고 구원의 길로
인도한다는 종교 집단들이 나의 사랑
하는 백성을 이기주의며 저만을 생각
하는 것이요, 저만이 구원을 받으면
되며, 그리고 저만 구원받으면 관계없
다는 욕심이요,
8 그리하여 너희들이 지금 이기주의요,
사악한 형태로 나의 백성의 마음이 변
하였음이니, 이는 곧 욕심이며,
9 너희들이 이기주의 생각을 하나 더 가
지고 있음이니 악의 사탄에 빠져 지금
살아가고 있음이니라.
10 그리하여 너희들이 이 세상에 내가 내
려 준 성전의 자연의 아름다움을 그저
끝도 한도 없이 파괴하며 무너트려 가
며 그와 같이 살아감이니,
11 오로지 너희들이 자신의 즐거움을 위
해서는 그저 이 자연이요, 모두가 공
유하는 이 아름다운 나의 성전을 파괴
하는 데 주저하지 않고 그와 같은 행
위를 함이니,
12 너희들이 나로부터 가지고 나온 마음
의 인성을 다스리며, 그 인성을 도로
찾으며,
13 너희들이 자연의 아름다움을 찾아야
할 것이며,
14 자연의 아름다움을 보호하고 관리하
는 데 너희들의 인성을 찾는 것처럼
최선을 다하는 그와 같은 마음의 자세
로 이 세상을 살아가지 아니하면 아니
됨을 알아야 할 것이니라.
15 이기주의 심리가 팽배하여 나의 백성
이 사탄에 빠져, 그 악의 즐거움에 악
과 더불어 하는 그 즐거움 속에 너희
들이 도취하여 지금 살아가며,
16 거기서 얻어지는 즐거움이 너희들이
하늘에 오르는 그와 같은 즐거움이라
그리 살아가고 있음이니라.
17 그리하여 너희들이 내가 내려 준 성전
을 다 파괴했음이니,
18 이제 너희들은 이 세상에 살아가면서
내가 내려 줘 너희들이 마음대로 취할
수 있는 물을 금화와 은화를 주고 사
서 먹게 되는 그 시대가 오며,
19 너희들이 조금 더 갔을 때 공기를 사
서 마시게 되는 그와 같은 시대가 올
것이며,
20 너희들이 공기를 금화와 은화를 주고
사 마시는 그 시대가 온 다음에 너희
들은 어떠한 형태로 변하는 줄 알겠는
가?
21 끝에는 너희들이 흙을 사서 몸에 지니
고 다니는 그와 같은 세상의 시대가
오게 됨이니,
22 그는 바로 너희들이 살 수 없는 형국
이 오게 됨을 알아야 할 것이니라.
23 너희들이 금화와 은화를 주고 흙을 사
몸에 지니고 다니는 그와 같은 형태의

오염된 세상이 왔을 때,
24 너희들은 결국 재앙의 시대에 모두 죽
음으로써 이 세상에 존재하지 못하는
그와 같은 시대가 옴이니라.
25 내가 그리하여 너희들의 마음의 인성
을 살리며 이기심을 줄이며 자연을 사
랑할 줄 알며 나의 성전의 위대함과
그 사랑함을 알 수 있도록 너희들의
마음을 내가 바로잡고자 하는 나의 뜻
이 여기에 있음이니라.
26 그와 같은 너희들의 마음을 다스려 내
가 새로운 세상을 건설하고자 하는 것
이 나 여호와의 뜻이니,
27 너희들이 나 여호와가 내려 준 자연의
그 소중함을 외면하고 살아서는 아니
됨을 알라.
28 너희들이 내가 내려 준 이 자연의 소
중함을 파괴하며 이를 돌아다보지 아
니할 때,
29 너희들의 생명을 스스로 단축해 가며
너희들의 후손의 씨를 말리는 그와 같
은 사악한 삶을 너희들이 지금 살아가
고 있음을 알아야 할 것이니라.
30 이 내가 만든 성전은 너희들 세대에서
끝나는 것이 아니요,
31 대대손손이 영원히 천 년의 역사를 이
루어 낙원을 이룰 때까지 이를 관리하
고 지속하는 것이니, 너희들이 이 세
상을 너무 많이 파괴해 놓았을 때 이
를 회생시키기가 너무나 어렵고 어려
운 것이니라.
32 너희들은 이와 같은 이치를 깨달아,
너희들 인간이 내가 내려 준 너희들
마음의 인성을 찾으며, 내가 내려 준
이 성전의 자연의 그 소중함을 알아
자연을 사랑하는 마음을 갖고 살아야
함을 잊지 말라.
33 모든 것이 제자리를 잡았을 때, 그리
고 제자리를 지키고 있을 때, 모든 것
은 너희들이 바로 설 수 있음을 알아
야 할 것이니라.
34 이제 이 세상의 인간의 마음을 정화하
며 자연을 사랑하며 이기심을 버리는
것은, 지금 나의 법전을 읽고 깨우친
너를 따르는 제자들이 이 세상을 바로
잡아야 함이니,
35 나의 법전을 읽고 정독하고 깨우쳐 너
희들이 행하는 삶을 먼저 하도록 그리
하라.
36 그것이 너를 따르는 제자들이요, 나의
법전을 읽은 백성 너희가 해야 할 일
임을 알라.

5,100 번째 하나님 말씀

2003년 2월 20일 08시 48분

1 사랑하는 나의 아들아!
2 "네, 아버님! 말씀하옵소서."
3 나의 아들이 세상에 나가 너희들 위에
있기를 거부했으며, 너희들을 한 형제
라 말하였으며, 너희들과 동등한 자라
그리 말하였느니라.
4 그러니 지금의 모든 종교 집단이요,
지도자는 그 누구도 너희들 보다 위에
있는 자가 있어서는 아니 되며, 너희
들보다 높은 자가 있어서는 아니 될
것이니라.
5 그리고 너희들을 통제하는 자가 있어
서도 아니 될 것이니, 그는 바로 무엇
이던가?

6 나의 아들 예수보다도 저희들이 높고
자 하는 그와 같은 사악한 마음을 가
지고 있는 자, 오만한 자만이 그와 같
은 생각을 할 수 있음이니라.
7 모든 종교 집단이요, 지도자가 저보다
못한 자, 그리고 저희들 보다 불쌍한
자, 그리고 없는 자, 그리고 저희들을
따른다는 그 신도들,
8 그들보다 먼저 저희들이 대우를 받고
자 하는 생각을 가지고 살며,
9 먼저 그 위에 서고자 하며, 앉고자 하
며, 위에 있고자 하는 그와 같은 종교
지도자요,
10 만백성에게 명하고자 하는 그와 같은
자,
11 저는 나로부터 은혜를 받은 자요, 나
로부터 명을 받은 자이기에 어떠한 백
성도 그를 따르는 신도들도 저희들이
잘못하며 저희들의 사악한 그 행위를
심판할 수 없으며 저희들을 심판할 자
격도 없다 하며,
12 저희들이 아무리 죄를 짓는다 하여도
나 여호와만이 저희들을 심판하고 단
죄할 수 있으니,
13 그들은 그를 단죄할 수 없으며 그의
잘못 간 것을 가르칠 수도 없으며 조
언할 수도 없다 그리 말하고 가르치는
자,
14 저들이야말로 나와는 관계없는 사악
한 사탄의 자식이 되어 있어서 나의
백성 너희들을 지옥으로 이끌어 가는
자임을 알아야 할 것이니라.
15 같은 백성으로서 그와 같이 말하는
자는 나의 아들딸이 아니며, 너희들
종교 지도자도 또한 더욱 그와 같은
행위를 하는 자는 나의 아들딸이 아니
요, 나로부터 명받은 자가 아님을 알
아야 할 것이니라.
16 너희들이 지금 내가 위에서 말한 것처
럼 그와 같은 생각을 하고 그와 같이
말하는 신도라는 나의 백성,
17 그리고 실제로 그와 같은 자리의 위치
에 서서 나의 피조물 만백성을 하늘에
인도한다는 그와 같은 종교 지도자가
있다 하면, 그는 나와는 아무런 관계
도 없으며,
18 사탄의 자식이요, 사탄의 앞잡이로서
제가 가르치고 있음을 알아야 할 것이
니라.
19 높고자 하는 종교 지도자는 진리를 가
르치는 것이 아니요,
20 제가 참진리를 가르친다면, 나의 아들
도 나의 백성과 형제라, 동등하다 하
였거늘,
21 그보다 더 낮은 자세로 가야 함이니라.
22 내가 지도자는 나의 종이요, 만백성의
종이라 하였음이니,
23 그와 같은 마음을 가지고 믿음의 길을
가며, 그를 가르치지 않는 종교 지도
자는 저 자신이 가지고 있는 풍선과
같은 허영심을 채우고자 함이며,
24 저 자신의 허영심을 만족시키고자 하
는 병자와 같은 자가 지금 거짓된 짓
을 하고 있음임을 알아야 할 것이니라.
25 허영심에 들떠 있는 병자요, 허영심에
젖어 있는 사악한 자가 제 마음을 충
족시키기 위하여 나의 사랑하는 백성
을 우롱하며 거짓 하며 천국이요, 하
늘에 오르는 길이라 하여 사탄의 자식
이요, 사탄의 굴로 이끌어 가며 지옥

으로 인도하는 지도자가 되어 있음을
너희들은 잊어서는 아니 될 것이며,
26 그들이 하는 그 사악한 말에 너희들이
현혹되어 소중한 너희 인생을 저버리
지 말라.
27 너희들이 다시 태어나 영원히 사는 그
기회를 놓치고 나에게 와 심판받아 지
옥 불로 가 너희들이 발버둥치며 아무
리 울고불고해도 그때는 이미 늦음이
니,
28 지금 너희들이 육을 가지고 있는 세상
에서 나의 법전을 읽고 깨우치며 십계
명대로 지키는 삶을 가라.
29 너희들은 나의 법전이 의심스러우며
나의 법전을 사탄이요, 마지막 시대에
오는 거짓 선지자라 한다면, 그러면
너희들은 십계명대로 지키고 살라.
30 내가 불로 써 내린 그 십계명은 나의
것이 아니라 너희들이 거부하지 못하
며 욕하지 못할 것이니,
31 십계명대로 지키고 사는 굳은 결의를
너희 마음속에 깊이 가지며,
32 오늘부터 너희들의 목숨을 던져서라
도 십계명을 지키고 살겠다는 굳은 결
의를 가지고 산다면 그것이 하늘에 오
르는 길이요,
33 그대로 살 수 없다는 것은 지옥으로
가는 것이니,
34 그리 가르치는 자는 지옥 불로 인도하
는 자요, 이를 지키고 살라 말하는 자
는 너희들을 천국으로 인도하는 것이
니,
35 천국의 문은 좁고 고달프고 힘들고 어
려우니라.
36 지옥으로 가는 문은 육의 세상에서 볼
때 넓고 화려하며 즐거움만이 있으나
그건 악의 씨앗이요, 악의 즐거움이니
라.
37 이를 깨우쳐, 내가 너희들에게 전하는
나의 법전에 잘못된 점이 있다면 이
법전을 버리며,
38 그렇지 않다 하거든, 너희들은 이 법
전을 믿지 못하겠거든 십계명이라도
지키고 사는 그와 같은 마음으로 너희
들이 변화될 때, 너희들은 참진리요,
하늘에 오르는 그 영광된 길을 알게
될 것이니 그리 알라.

5,101 번째 하나님 말씀

2003년 2월 20일 08시 57분

1 사랑하는 나의 아들아!
2 "네, 아버님! 말씀하옵소서."
3 지금의 나에게 선택되어 온 나의 백성
이 나 여호와의 법전이요, 강론을 듣
는 것이, 그리고 나의 법전을 읽어 깨
우치는 것이 축복이요, 기쁨이요, 영
광이라 생각하기 전에,
4 너희들은 더 큰 영광과 축복을 얻었음
을 알아야 할 것이니라.
5 너희들은 지금 잘못 가는 종교 집단이
요, 지옥의 온상이 되어 버린 종교 집
단 그 속에서 그들의 손으로 지은 성
전이라는 곳이 어떠한 곳인지 잘 알고
있을 것이니라.
6 하늘에 오르는 길을 인도하는 것이 아
니요, 지옥의 열차를 태우는 그곳이
바로 교회라는 곳이며, 너희들의 손으
로 지은 그 성전이라는 곳이니라.
7 그곳에서 몸담아 있다가 뛰쳐나온 그

용기 있는 백성, 너희들이 얼마나 기
뻐며 가장 큰 영광인가?
8 너희들이 그곳에서 자리를 박차고 뛰
쳐나온 그것으로써 너희들은 나를 향
하여 달려오는 참진리의 길을 보고,
9 고통과 역경의 길을 걸어오는 것보다
도 더 큰 축복이요, 영광을 너희들이
받았음을 알아야 할 것이니라.
10 이는 곧 나에게 선택된 자이니라.
11 너희들이 지옥행 열차의 그 자리에서
일어나 뛰쳐나올 수 있는 그 용기야말
로 너희들에게 가장 큰 영광이요, 축
복이니라.
12 그리고 그와 같은 곳에 가지 아니하며
그곳에서 끌려가지 아니하고 지금 나
의 법전을 읽고 깨우치며 내가 내리는
강론을 듣는 나의 선택된 백성, 너희
들이 가장 기뻐할 것이며, 가장 축복
된 백성이며 영광을 받은 백성이라 그
리 생각하고 살아야 할 것이며, 그보
다 큰 영광이 없느니라.
13 그러한 곳에 끌려가지 않는 너희가 얼
마나 나로부터 축복을 받은 것인가를
너희들은 다시 한 번 감사하는 마음을
갖도록 그리함을 잊지 말라.
14 지금 모든 종교 집단이요, 그 사악한
자들이 저희들이 달려가는 지옥의 열
차가 천국에 가는 열차라 하여 나의
수많은 백성을 수단과 방법을 가리지
아니하고 모든 방법을 동원하여 끌고
가며 너희들을 그곳에 태우려 안간힘
을 쓰는 그 속에서,
15 너희들이 끌려가지 아니하고 그 열차
를 타지 아니한 그것으로써 얼마나 큰
축복과 영광인가?
16 그것이 너희들이 나에게 오르는 참진
리를 알며 그 길을 알아, 어렵고 힘든
그 문을 통과하기 위하여 노력하는 너
희들의 그 깨달음보다도 더 큰 축복임
을 알아야 할 것이니라.
17 너희들의 자리에서 박차고 나온 자,
내가 그리하여 너희들은 한 생명을 나
에게 바친 자이니, 그리하여 너희들이
나에게 너무나 소중하고 귀한 아들딸
이라 내가 그리 말하였음이니라.
18 이를 너희들은 결코 잊지 말며 그리
행하도록 그리하라.
19 그것만이 너희들이 더 큰 영광이요,
축복이라는 것을 잊지 말라.
20 나에게 오르는 길을 보고 달려오는 너
희들이, 그것보다도 그 자리를 박차고
그곳에 가지 아니하며 그곳에 끌려가
지 아니한 백성 너희들이야말로 가장
이 세상에 축복과 영광 속에 사는 나
로부터 선택된 백성이라는 것을 너희
들은 알아야 할 것이니라.
21 이제 너희들은 내가 내려 준 그 모든
은혜와 영광 속에 감사하는 마음이요,
보답하는 그와 같은 마음으로,
22 나에게 무엇을 달라, 이루어 달라는
그와 같은 기도를 하지 말며, 나 여호
와에게 감사하는 그 마음으로써 기도
하며 나에게 너희들이 다가올 수 있는
그와 같은 삶을 살도록 그리하라.
23 내가 너희들에게 일찍이 말하지 아니
하였는가?
24 과연 너희들은 나에게 준 것이 무엇이
있는가?
25 나는 너희들에게 생명을 주었으며, 이
세상의 모든 살아갈 수 있는 것을 주

었으며,
26 또 너희들이 깨우쳐 천국에 오를 수
있는 그와 같은 나의 새로운 성경이
요, 법전을 세상에 내려보내 내가 너
희들에게 수없이 주었거늘,
27 너희들은 나에게 아무것도 준 것이
없으면서도 어찌하여 그저 더 달라 하
며 더 받기만을 원하는 그와 같은 기
도요, 마음으로써 너희들이 믿음의 길
을 달려가는 어리석은 백성의 삶을 사
는가?
28 나로부터 받은 것이 감사하며 나로부
터 얻은 것이 감사하여 너희들이 나
여호와에게 감사의 기도요, 기쁨의 감
사를 드려도 너희들이 나에게 받은 것
에 대한 대가를 치르지 못하는 그와
같은 은혜를 받았거늘,
29 어찌하여 너희들은 나에게 아무것도
준 것도 없으면서 평생 달라, 그리고
이루어 달라 그와 같은 말만 하고 사
는가?
30 너희들은 그것이 너무나 잘못되었으
며, 이루어지지 않는 꿈이며 역사할
수 없다는 것을 알아야 할 것이니라.
31 이것이 너희들이 지금 믿음의 길을 가
는 형태이며,
32 너희들이 그 욕심에 가득 찬 그와 같
은 나의 백성으로서 전락하고 있음을
잊지 말라.
33 받기만 하고도 또 달라 하는 그 백성
이 어떠한 백성인가?
34 믿음의 길을 가는 백성 중에서 지금
나를 향하여 오는, 하늘에 오르는 길
을 온다며, 구원을 받았다 하며, 너희
들을 인도한다 하여 너희들에게 재물
과 금화와 은화를 갈취하는 종교 집단
들이 제일 많이 나에게 달라, 이루어
달라, 그리고 또 달라 그와 같은 기도
를 하는 백성이니,
35 바로 너희들의 교회라는 곳에 모여 그
회당에 모여서 설교를 듣는 너희들과
강론하는 자들이 제일 많이 달라, 이
루어 달라 그리할 것이니라.
36 그러면서 종교 지도자들은 제일 많이
금화와 은화를 갖다 성전에 바치라,
금화와 은화를 갖다 제일 많이 바치는
자 축복이 있다 말하며,
37 그저 달라, 울고불고 두드리면 줄 것
이다 그리하니,
38 너희들 신도들이나 그리 가르치는 종
교 지도자나 너희들이 말하는 똑같은
자들이 똑같은 행위를 하고 있음이니,
39 얼마나 불쌍한 짓을 하고 있으며, 얼
마나 가관이며, 얼마나 나와 관계없는
행위를 하고 있는가?
40 너희들이 욕심이 그득 차 있는 그 마
음을 바로잡지 아니한다면 너희들은
진리의 길을 가는 것이 아니니라.
41 너희들은 달라는 것, 이루어 달라는
것을 내가 이루어 주지 아니하며 주지
아니한다며, 너희들이 그와 같은 기도
를 해서도 아니 되며 해서는 안 된다
그리 너희들의 종교 집단에서 가르친
다면,
42 너희들은 구원을 받을 수 없다는 그
성전을 가지도 아니할 것이며, 그를
바라보지도 아니할 것이니라.
43 너희들이 선함과 악함을 구분하여 선
하게 사는 것이 너희들이 구원을 받는
것이요,

44 너희들의 성전에 와 울고불고 달라는
그 기도가 아무것도 이루어지지 아니
한다면,
45 너희들은 지금의 성전을 보지도 아니
하고 가지도 아니할 것이니라.
46 다만, 너희들은 구원할 것이며, 달라
면 이루어질 것이며, 또 내려 달라 하
면 준다는 그와 같은 종교 지도자의
잘못된 가르침에,
47 너희들이 참진리를 연구하는 회당이
요, 교회가 아니라, 달라 하면 얻는다
하며, 그리고 구원받고자 하는 그와
같은 너희들의 욕심 때문에 거기에 가
고 있음이니,
48 그것이 바로 죄의 온상이요, 너희들이
잘못 가고 있다 함을 내가 너희들에게
전함이니 그리 알라.

5,102 번째 하나님 말씀

2003년 2월 20일 09시 19분

1 사랑하는 나의 아들아!
2 "네, 아버님! 말씀하옵소서."
3 너희들이 세상에 선하고 악한 것, 그
모두는 마음먹기에 달렸으며 생각하
기에 달렸다 내가 그리 말하였음이니
라.
4 너희들이 어렵고 힘들 때 그 고비에서
딛고 일어서고 못 일어서는 것도 너희
들의 의지요, 마음에 달렸음이니라.
5 너희들의 육의 세상에 살며 힘이 들고
너희들이 금화와 은화의 고통이 있다
하여, 나 여호와가 너희들을 기억하지
아니하며 사랑하지 않는다는 그와 같
은 생각을 갖지 말라.
6 재물과 내가 너희들을 사랑하고 사랑
하지 아니함은 관계없음이니라.
7 오로지 너희들의 믿음의 길을 어찌 가
며 너희들이 믿음의 길을 보고 참진리
의 길을 올 수 있는 그것으로써 너희
들은 나로부터 받은 영광이요, 은혜
요, 더 이상의 축복이 없음이니,
8 너희들이 재물로써 모두를 이루고 못
이루는 것은 너희들의 노력 여하에 달
렸으며 너희들의 믿음에 달렸음을 알
아야 할 것이니라.
9 너희들이 어렵고 힘들 때 좌절함은 나
여호와를 믿지 못함이니,
10 너희들이 어렵고 힘들 때 용기를 가지
며 내가 존재함을 믿고 견디고 이길
수 있는 그와 같은 훈련을 쌓는 것이
너의 제자들이 가야 할 길이며, 나의
아들딸이 가야 할 길이니라.
11 나로부터 그 대업의 유업을 받음이니,
12 너희들 인간 세상에 살아가는 부모가
평생 가꿔 놓은 것을 너희들이 유업으
로 받는 것이 아니요,
13 이 세상 천 년에 걸쳐 새로운 역사를
이루며 영원히 사는 지상의 낙원을 이
루는 그 대업을 받아 그 유업의 역사
를 이루는 너희들이,
14 어찌하여 인간의 세상에 살아가는 그
들과 견주어 보며, 인간 세상에 이루
어지는 그와 같은 유업을 너희들이 대
물려 받는다 그리 생각하는가?
15 너희들은 좀 더 높이 크게 봄을 알아
야 할 것이니라.
16 내가 나로부터 선택된 모든 백성은 나
의 아들딸이라 하였음이니,
17 나와 더불어 한집안에 사는 그 자식

으로서, 너희들이 어찌하여 재물을 더
관리하며 많이 가져야 한다 하는가?
18 내 품을 떠나 있는 자식들은 객지에
살며 내 품이 아니니, 그들이 여유로
운 삶을 살도록 내가 재물과 금화를
도와줄 수 있으나,
19 내 품에 있는 너희들은 나와 더불어
양식을 먹으며 하늘에 오르는 길의 참
진리를 알고 나의 유업을 받아 가는
자들이니,
20 너희들이 부귀와 같이 누린다면 나 여
호와는 나의 자식들을 똑같이 사랑함
이 아니니라.
21 나로부터 은혜를 받았으며 영광을 받
아 나와 같이 한집에 사는 너희들은,
너희들의 모든 의식주는 너희 스스로
해결해야 할 것이며 너희들의 노력으
로써 얻도록 그리하라.
22 그와 같은 이치를 너희들이 모른다면,
너희들은 앉아서 나에게 무엇인가를
이루어 주기를 바라며 금화와 은화를
이루어 주기를 바람이니,
23 너희들이 소위 말하는 감나무 밑에 가
입을 벌리고 그 감이 떨어지기를 바라
는 그와 같은 너희들의 심성이니,
24 너희들이 오늘 이후부터 그와 같은 마
음을 바로잡아, 노력하여 얻도록 그리
하라.
25 그리하여 너희들이 나를 따르며,
26 내가 너희들에게 재물을 줌이 아니요,
나 여호와와 한집에 같이 있는 자식
으로서 너희들이 편히 살아갈 수 있도
록 재물을 모으고 너희들이 가정을 이
루는 것은 나를 따라 같이 있는, 나를
지키고 있는 자식이 해야 할 일이거늘,
27 너희들은 어찌하여 거꾸로 부모가 내
려 주기만을 바라는가?
28 너희들은 노력하여 얻으라.
29 그것이 내가 정녕 너희를 사랑함임을
잊지 말라.

5,103 번째 하나님 말씀

2003년 2월 20일 09시 26분

1 사랑하는 나의 아들아!
2 "네, 아버님! 말씀하옵소서."
3 너희들이 나로부터 은혜를 받아 생명
을 갖고 세상에 태어난 것이요, 또한
너희들이 세상에 나와 이 아름다운 나
의 성전이요, 지상에서 살아가는 것을
나 여호와에게 감사하는 마음을 갖고
산다 하면, 너희들이 무엇이 더 필요
하며 무엇을 더 얻고자 하겠는가?
4 너희들은 나로부터 은혜를 받은 것을
생각하는 그 감사한 마음을 갖고 있다
면,
5 너희들이 단 한 벌의 옷과 한 끼의 식
사를 할 수 있는 그것이 너희들에게
큰 은혜요, 행복이요, 축복이라 생각
할 수 없는가?
6 그와 같은 여유로움만 있으면 너희들
이 나에게 감사하며, 너희들이 하늘에
오는 천사와 같은 마음으로 변화되는
그와 같은 삶을 살아가는 데 모두를
다 바칠 수는 없겠는가?
7 너희들이 나로부터 생명을 받아 세상
에 나갔으며, 이 세상에 내가 이루어
준 성전에서 너희들이 모든 동식물을
관리하며 자연의 아름다움을 음미하
며 살아갈 수 있는 그것이 나에게 받

은 은혜라 진심으로 생각한다면,
8 너희들이 그저 단 한 벌의 걸칠 옷과
한 끼의 식사를 해결할 수 있는 그와
같은 것이 너희들에게 가장 큰 축복이
요, 영광이요, 행복이라는 마음을 가
질 수 있거늘,
9 어찌하여 너희들의 마음을 그리도 다
스리지 못하고 있는가?
10 너희들은 나 여호와 창조주가 존재한
다는 확고한 믿음이 있다 하면 이와
같은 마음으로 너희들이 살아갈 수 있
으며,
11 이보다 더한 행복과 축복과 영광이 없
을 것이라 너희들은 생각할 것이니라.
12 그러면서 너희들이 어찌하여 구원을
받는다 생각하는가?
13 지금의 너희들이 가진 그 모두가 부
족하며, 더 이루어야 하며, 더 높아져
야 하며, 남들보다 앞에 가야 하며, 남
들보다 좋은 것을 가져야 하는 것이
너희들의 성격이요, 너희 마음이 풀리
는 길이라 하면,
14 과연 너희들이 그와 같은 마음을 갖고
사는 것이 천사의 마음이요, 하늘에
오를 수 있는 마음이라 생각하는가?
15 사랑하는 나의 아들아!
16 "네, 아버님! 말씀하옵소서."
17 너희들이 그와 같은 사악한 욕심이요,
남들보다 더 앞에 가고자 하는 그와
같은 마음으로 살다 너희들의 손발이
식어 나에게 왔을 때,
18 정녕 너희들은 그 대가를 치르기가 바
쁠 것이며 그를 감당키 어려울 것이니
라.
19 이제 나로부터 나가 세상에 사는 너희
들이 그 모든 은혜에 감사한다면, 너
희들의 몸을 감출 수 있는 단 한 벌의
걸칠 옷과 한 끼의 식사를 하며 너희
들이 이 세상을 볼 수 있으며 나에게
감사하다는 기도를 드릴 수 있다면,
20 그것으로써 가장 큰 영광이요, 축복이
라는 마음을 가지고 세상을 살아가는
그와 같은 너희로 다스려 나가며 변화
의 역사를 이루라.
21 그와 같은 마음을 가지고 살 때, 너희
들이 나눔을 알 수 있으며 사랑이 무
엇인가를 알 수 있으니,
22 감사하는 마음부터 먼저 갖고 살도록
그리 만백성에게 깨우쳐 줄 것이며,
너의 제자들 또한 그와 같은 마음으로
살라 이르라.

5,104 번째 하나님 말씀

2003년 2월 20일 09시 31분

1 사랑하는 나의 아들아!
2 "네, 아버님! 말씀하옵소서."
3 나를 믿으며 나로부터 선택된 종교 지
도자요, 만백성을 구하는 지도자는 너
희들이 하루에 사는 세 끼의 끼니를
걱정하는 그와 같은 자는 종교 지도자
가 아니며,
4 미래가 불안하여 미래를 대비하기 위
하여 준비하는 건 더욱이 종교 지도자
가 아님을 알아야 할 것이니라.
5 진정한 종교 지도자요, 만백성을 구하
는 나로부터 선택된 지도자라면 너희
들은 세 끼의 끼니를 걱정하는 것이
아니요,
6 예수가 살아온 그 삶을 연구하며 그가

살아갔던 그 진실한 삶을 보고 너희들
이 바로 깨우쳐 만백성을 인도하는 거
기에만 모두를 다 바치며 거기에 몰두
해야 한다는 것을 잊어서는 아니 될
것이니라.
7 그러나 지금 모든 종교 집단이 그와
같은 길을 가지 아니하며, 진정한 하
늘에 오르는 길이요, 참진리가 무엇인
가를 모르기에, 그저 나의 아들의 보
혈로써 구원을 받았다 너희들이 그리
하며,
8 예수를 영접하면 예수가 그와 같이 너
희들을 다 구원해 줌이니 너희들은 그
저 구원을 받았다, 손으로 지은 성전
에 나오는 순간에 구원을 받았다, 그
리고 예수로부터 영접을 받았다 그와
같은 생각을 하고 살아감이니, 너희들
은 어찌하여 행함이 소중함을 모르며,
그저 말로써 영접을 받은 백성이라 그
리 말하는가?
9 이제 너희들은 나의 아들 예수의 그
마음을 영접하는 것이 아니요,
10 너희들이 그와 같이 아름다운 마음으
로 예수가 살아갔던 그 삶을 연구하고
찾아 그와 같이 살아감으로 인하여 스
스로 너희들에게 성령이 임하게 됨을
너희들은 잊어서는 아니 될 것이니 그
리 행하도록 하라.
11 이제 사랑하는 나의 아들딸 너희들은
그와 같은 이치를 알며, 그리하여 만
백성을 깨우치기 위하여 너희들이 나
로부터 선택된 백성이니,
12 너희들이 얼마나 나로부터 귀한 아들
딸인가를 알아야 할 것이니라.
13 나 여호와가 새로운 시대를 열어 가며
새로운 시대를 건설하는 그 주역이 바
로 너희들이니, 너희들이 얼마나 귀하
며 소중한 자식들인가를, 그리고 나의
백성인가를 알라.
14 이 세상의 모든 것은 나로부터 그 유
업을 받을 수 있는 선택된 자가 나의
아들딸이요, 너희들이니라.
15 너희들 백성 그 자체가 얼마나 나로부
터 귀한 자들이며, 너희들이 해야 할
임무가 중요한 것인가를 다시 한 번
마음속에 깊이 새겨 둬야 할 것이며,
16 너희들이 바로 서서 바로 갈 때 이 세
상에 나 여호와의 모든 유업을 받아
계승할 백성이니,
17 그 모두는 너희들의 몫이니라.
18 그러하니 너희들이 무엇이 두려우며
무엇이 겁나는가?
19 그리하여 너희들은 나의 법전을 만들
어 전하는 데 최선을 다해야 한다는
것을 잊어서는 아니 됨을 알라.
20 너희들이 그와 같이 노력하는 속에서
너희들이 고통과 시련의 담을 넘는 것
을 알라.
21 법전은 나 여호와가 책임을 진다 내가
너희들에게 말하였으며, 그 법전이 세
상에 나가며 그 법전이 잘되고 잘못되
는 것은 나 여호와의 책임이며,
22 이 법전을 만들어 세상에 전하는 것은
나의 아들의 책임이며 너희들의 책임
이라 하였음이니라.
23 그리고 전하는 것 또한 너희들의 책임
이라 내가 너희들에게 하였으며,
24 너희들이 나의 아들딸이요, 나의 백성
이라 많은 백성으로부터 인정을 받는
것 또한 너희들의 몫이라 내가 그리

말하였음이니,
25 너희들은 많은 백성으로부터 자신이
책임질 수 있는 행동과 책임질 수 있
는 그와 같은 삶을 살도록 그리하라.
26 나의 법전에 모두가 기록되어 있으니
그를 보고 깨우쳐 너희들이 전한다 하
면, 너희들은 많은 백성으로부터 존경
받는 사람이요, 너희들이 한 행동에
대한 책임을 지는 삶을 살 수 있는 백
성이 되어 가고 있음을 알게 될 것이
니라.

5,105 번째 하나님 말씀

2003년 2월 20일 12시 20분

1 사랑하는 나의 아들아!
2 "네, 아버님! 말씀하옵소서."
3 이 세상에 존재하는 모든 사물이요,
동식물은 다 자기가 이루어야 할 책임
이 있으며, 자기가 행해야 할 길이 있
으며,
4 그들이 나로부터 세상에 생명을 받아
나가 그와 같은 자격이 있기에 세상
에 나갔다 하였음이니라.
5 그리하여 모두는 제자리에서 자기의
직분을 수행하고 있으며 그들이 그 위
치에 있어야만 하기 때문이니, 서로
존중하며 서로 아끼며 서로 신뢰하며
그와 같이 살아가는 삶을 살라 내가
그리 말하였음이니라.
6 그러나 너희들은 어찌 살아가는가?
7 너희들보다 못한 뒤진 자, 그와 같은
자들을 너희들은 그 행함을 보고 그들
을 어리석다 비판하고 판단하며 그리
말하며 경멸하는 그와 같은 마음을 가
지고 살아가는 것이 너희들이니,
8 너희들은 그와 같은 깨달음부터 알아
야 할 것이니라.
9 내가 너희들에게 일찍이 말했듯이, 내
가 너희들에게 명하는 것은 작은 명령
이요, 큰 명령도 크고 작은 것은 너희
들이 세월이 지난 다음에 알 수 있으
며 지금은 그를 알 수 없다 내가 그리
말하여 가르쳤듯이, 너희들은 모르느
니라.
10 그들이 작은 미물이라 하여도 그가 존
재하는 그 이치요, 그 뜻과 그가 존재
함으로써 어떠한 큰 역사를 이루는 것
이며 어떠한 이 지구의 변화에 대하여
그들이 대처하며 이 지구가 존재하는
데 한 틀을 긋고 있으며 한 획을 그으
며 그가 존재하는 것인가 그를 알지
도 못하는 너희들이 작다 하여 함부로
평하며 약하다 하여 함부로 평하며,
11 같은 너희들의 형제라 하여도 어리석
다 하여 너희들이 함부로 말하지 말며
부족하다 평하지 말라.
12 너희들은 정녕 평할 수 없음을 알아야
할 것이니라.
13 너희들은 똑같은 종교를 가지고 너희
들이 지도자는 평할 수 없으며 다스릴
수도 없다 하며,
14 어찌하여 너희들이 같은 형제요, 같이
세상에 존재하는 그 모두를 함부로 평
가하며 심판의 결정을 내리는가?
15 그것이 너희들이 얼마나 어리석은 죄
이며 얼마나 무서운 행동인가를 알아
야 할 것이니라.
16 너희들이 인간인 같은 형제를 사랑하
며 그와 더불어 살아가기에도 부족한

이 세상에 나로부터 받아 나간 그 시
간이요, 생명의 연장이거늘,
17 어찌하여 너희들은 그리 형제를 비판
하며 평가하며 그의 잘잘못을 보며
그들을 원망하고 비방하며 인격 모독
과 같은 그와 같은 행위를 주저하지
아니하고 하는가?
18 너희들의 그와 같은 행위가 얼마나
추한 행위인가?
19 너희 자신의 얼굴에 침을 뱉는 행위라
는 것을 알아야 할 것이니라.
20 너희들이 남을 욕하며 남을 탓하기 전
에, 나로부터 너희들이 열배 백배의
그와 같은 벌을 받으며 탓함을 받고
있다는 것을 잊어서는 아니 될 것이니
라.
21 이제 나의 피조물 만백성이요, 나로부
터 선택된 백성이요, 하늘에 오르는
자들이요, 그 길을 보고 있는 자들이
요, 그리고 너희들로 하여금 만백성의
거울삼아 그 백성을 구하고자 하는
나 여호와의 뜻에 동참하며 그 역사함
에 참여한, 나로부터 부름을 받은 백
성,
22 너희들은 지금의 너희들이 시기하고
질투하며 남을 무시하며 경멸하며 남
의 이야기를 마음대로 할 수 있으며
남을 평가할 수 있는 그와 같은 사악
한 마음의 뿌리를 완전히 뽑아내는 그
와 같은 훈련에 돌입하여야 할 것을
잊지 말라.
23 이제 나의 법전이 60권이 넘어가는
이와 같은 시점에서도 내가 너희들에
게 그 잘못된 뿌리를 뽑지 못하고 있
음을 탓하며 너희들에게 뽑으라 한다
면,
24 너희들은 지금 잘못 가고 있는 나의
백성임을 알라.
25 너희들 자신이 변화의 길에 들어서야
만 되거늘, 너희들이 변화의 길에 들
어서지 못했다 함을 알아야 할 것이니
라.
26 너희들이 바로 섰으며 바로 변해 간다
면 나 여호와가 두 번, 세 번 반복하여
너희들에게 가르치며 나의 뜻을 전하
고자 하는 그와 같은 역사는 없을 것
이니라.
27 너희들이 바로 서지 못하기에 내가 너
희들을 책망하며, 바로 서게 하고자
두 번, 세 번 반복하며, 또 그를 나의
법전에 강요하는 그와 같은 반복된 일
이 없도록 너희들이 바로바로 변하여
실천하는 그와 같은 백성으로 살도록
그리하라.
28 내가 너희들에게 이 세상을 지배할 수
있도록 높은 지혜를 주며 권능과 모든
능력을 주어, 사랑으로 감싸며 그들을
일깨워 주며 다스려 깨우쳐 주며 같이
살아가도록 내가 너희들에게 이루어
그 지혜와 능력을 주었거늘,
29 너희들이 그 권능과 지혜의 능력을 활
용하지 못하는 것 또한 무엇인 줄 알
겠는가?
30 저만을 먼저 생각하며 저를 생각하는
그와 같은 욕심 때문에 너희들이 변화
되는 삶을 살지 못하며 내가 준 능력
이요, 권능을 발휘하지 못함을 알라.
31 이제 너희들은 탐욕스러운 마음을 버
리라.
32 탐욕스런 욕심 때문에 세상을 보지 못

하며,
33 너희들이 서로 비방하며, 남의 약점을
들춰내며 남의 아픔을 너희들이 즐거
움으로 시시비비할 수 있는 그와 같
은 마음의 자세가 있음은, 너희들이
사악한 마음의 발로에서 남의 단점을
말하며 남의 흉을 볼 수 있는 것이니,
34 그가 사탄의 자식이라는 걸 잊지 말라.
35 정녕 나의 자식으로서 너희들이 존재
한다면 그와 같은 행위는 감히 할 수
도 없음이니, 이를 깊이 깨우쳐 행하
도록 그리하라.

5,106 번째 하나님 말씀

2003년 2월 20일 12시 23분

1 사랑하는 나의 아들아!
2 "네, 아버님! 말씀하옵소서."
3 너희들에게 하나의 성경의 구절을 전
하여 깨우치고자 내가 내 뜻을 전함이
니, 이를 보고 바로 깨우쳐 바로 사는
삶을 살도록 하라.
4 너희들이 구약 시대에 제사장이요, 지
도자가 또는 선지자가 성막에 들어가
기도하고 모두를 나에게 소원을 빌
때,
5 죄를 지은 자는 바로 나올 수 없으며
주검으로써 그가 죽어 나온다 그리하
였음이니라.
6 너희들은 그것을 과연 어찌 읽고 깨우
치는가?
7 지금의 모든 종교 지도자들이 그와 같
은 자가 아니면 나의 백성이 아니요,
8 종교 지도자요, 나의 선택된 백성이
아님을 너희들은 알아야 할 것이니라.
9 지금 그 죽음의 성막에 들어가서 살아
나올 수 있는 종교 지도자, 그와 같은
자만이 나로부터 선택된 지도자요, 나
의 뜻을 역사하는 자임을 알라.
10 지금 나의 법전을 받아 기록하는 나의
아들 너 또한 그러하니라.
11 네가 그 죽음의 성막에 들어가 기도드
릴 때 죽지 아니하고 살아 나올 수 있
는 그와 같은 네 마음이 되어 있을 때,
너는 지도자로서 바로 설 수 있음이니,
12 너는 그 길을 가야 하며 그를 실천하
도록 하라.
13 그를 행하지 아니하고 실천하지 못하
면, 너는 나로부터 선택된 나의 아들
로서 임무를 다하지 못함이며,
14 종교 지도자요, 만백성을 가르치는 자
로서 네가 설 수 없음을 알라.
15 이제 네가 그리 섰을 때 많은 종교 지
도자들에게 너희들이 할 말이 있느니
라.
16 모든 종교 지도자 너희들이 바로 성막
에 들어가 기도를 드려 너희들의 죄가
없어 살아 나오는 그와 같은 종교 지
도자만이 모든 백성을 가르칠 수 있다
는 것을 잊지 말라.
17 그러니 여기서 내가 종교 지도자를 너
희들이 단죄하며 바로잡으라 하는 것
은 무엇이더냐?
18 성막에 들어가서 죽어서 나오지 못하
는 그와 같은 종교 지도자를 만들지
말라는 뜻이니라.
19 너희들이 지금 종교 지도자를 단죄할
수 없으며 다스릴 수 없으며, 오로지
나만이 다스릴 수 있다 그와 같이 말
하는 것은,

20 그들이 성막에 들어가 기도 드리면 한
명도 살아 나올 수 없는 백성이니,
21 그들의 생명을 구원하고자 내가 너희
들에게 잘못된 종교 지도자를 단죄하
라 함이니라.
22 이제 나의 아들도 또한 그를 따르는
제자 너희들이 단죄하고 무섭게 다스
려,
23 바로 성막에 들어가 그 생명을 구원해
나올 수 있는 나의 아들로서 바로 설
수 있도록 너희들이 그리 가도록 하
라, 사랑하는 나의 아들딸들아!

5,107 번째 하나님 말씀

2003년 2월 20일 22시 41분

1 사랑하는 나의 아들아!
2 "네, 아버님! 말씀하옵소서."
3 구약 시대에 그 많은 역사를 보였으
며, 그 민족을 너희들이 이끌어 왔으
며,
4 그리고 너희들이 가나안 땅으로, 선택
된 그 땅으로 가는 그와 같은 역사와
많은 기적을 보면서 왔으며,
5 그리고 신약 시대에 너희들이 또한 역
사의 그 변화의 소용돌이 속에서 지금
까지 세월이 흘러가고 흘러왔음이니
라.
6 그러나 과연 너희들은 어떠한 길을 왔
는가?
7 그 시대에 와서 나의 아들 예수가 죽
음으로써 너희들에게 사랑이 무엇인
가를 깨우치며, 너희들을 깨우쳐 하늘
에 오르는 길을 인도하고자 하였으나,
8 너희들의 종교 집단들이 그 기득권이
라는 것을 지탱하기 위하여 나의 아들
예수를 그리 비참이 죽도록 하였으며,
9 그를 그와 같이 고통 속에 가게 하였
음이니라.
10 그리하여 너희들은 그 순간부터 너희
들의 세상이 다시 시작되었으며,
11 나의 성령이요, 나의 뜻이요, 나의 아
들이 너희들에게 개혁하며 변화를 이
루고자 했던 그 모두는 다 수포로 돌
아갔으며, 그 역사는 실패작이 되었음
이니라.
12 그리하여 그 순간부터 너희들은 나의
아들이 성전을 짓지 말며 회당을 짓지
말라 한 것을 무시하며, 그 후부터 너
희들은 회당이요, 교회요, 성전이라는
것을 수없이 지어 왔으며,
13 그것을 짓는 데 너희들은 모두를 다
바쳐 지금까지 그리 흘러왔음이니라.
14 그러니 지금의 너희들이 얼마나 나의
뜻을 거역하며, 나의 뜻과는 관계없이
너희들이 지금 사악한 집단으로서 모
두가 자리를 잡아 가고 있는가?
15 2천 년이라는 그 세월을 흘러오는 동
안에 모두는 다 나의 뜻을 거역하며
저희들이 만든 계명에 따라 이 세상을
지배하니,
16 너희들의 말대로 사악한 것이요, 사탄
들이 이 세상을 지배하며 말세의 시대
가 도래했음이니라.
17 그리하여 이 세상에 나의 뜻을 아는
백성이 없으며 나의 뜻대로 가르치는
종교 지도자가 없음이니,
18 그리하여 내가 이제 나의 아들을 세상
에 내려보내, 내가 성령을 태워 그를
통하여 하늘에 오르는 길이요, 참진리

의 법전을 만들어 너희들에게 전하고
있음이니,
19 네가 얼마나 힘들고 어려운지 아느니
라.
20 모든 사탄들이 나의 160권의 법전이
세상에 나가면 그들이 힘을 잃게 될
것이며 쓰러져 가는 것을 알고 있음이
니라.
21 그리하여 저희들이 존재할 시간이 얼
마 남지 않았다는 것을 알고 있기에,
22 나의 아들 네가 역사하는 것을 방해하
며 너에게 고통을 주며, 그들이 너에
게 모든 방해와 방해를 거듭하고 있음
이니,
23 네가 지탱하기 어려운 것은 당연한 것
이니라.
24 네가 그와 같이 한 사람의 나의 아들
이 수십억의 사탄들과 그리고 사악한
무리가 세상을 지배하게 된 그 악과
싸우는 그 시련이 얼마나 힘이 들고
어렵겠는가?
25 모두가 방해함이니라.
26 그리하여 네가 가고자 하는 것, 네가
이루고자 하는 길을 하지 못하도록 하
여 그들이 너를 힘들고 어렵게 가도록
함이니, 그는 바로 무엇이더냐?
27 나의 아들 예수를 시험했듯이 그들이
너를 지금 시험하며 너를 고생하게 하
고 있음이니,
28 여기에서 네가 좌절하고 쓰러져서는
아니 됨이니라.
29 그리하여 나의 아들 예수가 미리 너에
게 전하지 아니하였더냐?
30 네가 마음이 흔들리며 네가 쓰러지면
그를 건잡을 수 없으며 좌절하면 안
된다 그리하며,
31 나 여호와가 어떠한 역사든 이루어 줌
이니, 너는 주저하지 말며 실망하지
말라 그리하지 않았던가?
32 나 여호와가 명한 것은, 내가 이루고
자 한 것은 반드시 이루어짐이니,
33 그 시련과 고통에서 네가 좌절하고 쓰
러지면 안 된다 예수가 너에게 가르친
그 대목을 너는 기억하여 생활하도록
그리하라.
34 사랑하는 나의 아들아, 지금 모든 종
교 집단이요, 지도자들이 잘못되었다
는 것은 무엇을 의미하는가?
35 내가 구약의 시대에 너희들에게 말하
지 아니하였던가?
36 너희들은 그와 같은 역사를 알지 않는
가?
37 구약의 시대에 제사장이라는 자들이
성막에 들어가 제사를 드리며 기도를
하였음이니라.
38 그러나 그가 성막에 들어가 기도를 할
때, 진정한 나로부터 자격이 있는 자
요, 제사장으로서 바로 살아온 자는
거기서 살아 나올 수 있으나,
39 그와 같이 제사장으로서 자격이 없는
자가 제사장의 형태를 하고 그 흉내를
내고 살아온 자는 거기서 살아서 나오
지 못하며, 죽어서 나오는 그와 같은
형국을 너희들이 전함을 알고 있지 않
은가?
40 죄를 지은 자는 살아서 나오지 못하게
되어 있음이니라.
41 그러니 지금 너희들이 그 성막을 짓고
지금 수천수만의 종교 지도자들을 쇠
사슬로 묶어 한 사람씩 거기 들어가

기도를 하고 나오라 할 때,
42 과연 너희들이 거기 가서 들어가 기도
를 드리고 살아 나올 자가 몇 명이나
있겠는가?
43 지금 종교 지도자들이 감히 두려워 거
기 들어가는 자도 하나도 없을 것이니
라.
44 사랑하는 나의 아들아, 이것이 지금의
종교 지도자요, 그들이 가는 형국이니,
45 과연 그들이 바로 설 수 있는 종교 지
도자며,
46 지금 너희들이 몇천 년 동안에 흘러온
그 믿음이 바로 진정한 믿음이라 하느
냐?
47 그리하여 진정한 믿음이 아니며 진정
한 지도자가 없음이니,
48 그 지도자가 하나도 구원받은 자가 없
거늘, 그 신도요, 제자인들 과연 누가
구원을 받았다 생각하는가?
49 내가 다시 너에게 명하니, 너는 너의
제자들에게 전하라.
50 너희들이 지금 성막을 지어 놓고, 여
기 들어가 기도하는 자, 죄 없는 자 살
아 나올 수 있다 말하며, 그리고 죄를
지은 자 살아 나올 수 없다 하면,
51 그 성막에 들어가라 할 때, 종교 지도
자 너희들이 많은 신도를 거느린 자부
터 들어갈 수가 없으며, 감히 두려워
거기 들어갈 용기 있는 자가 없을 것
이니라.
52 그러나 나의 아들 너는 들어갈 것이니
라.
53 이 모두는 나 여호와의 뜻이며, 네가
나로부터 명받아 네가 변하여 오기를,
달리는 선수처럼 너 자신이 스스로 변
하여 왔음이니,
54 그리하여 너는 들어갈 수 있는 자가
될 것이니라.
55 어떠한 종교 지도자도 감히 거기를 들
어갈 수 없음이니, 나의 아들이요, 나
로부터 선택된 너만이 들어갈 수 있을
것이니라.
56 그들이 들어가지도 못하며, 들어간다
해도 살아 나올 자가 한 명도 없음이
니라.
57 그러하니 그것이 잘못된 믿음이요, 잘
못 가는 종교 집단이요,
58 너희들이 구원의 길이 아니요, 지옥으
로 인도하는 그와 같은 지옥의 사자로
서 인도자가 되어 있는 것이 지금 종
교 지도자요,
59 너희들이 가고 있는 그 집단이 너희들
을 지옥으로 인도하는 그와 같은 역사
를 맡아서 하는 집단이라 내가 말하는
뜻을 깊이 깨우쳐 행하도록 그리하라.

5,108 번째 하나님 말씀

2003년 2월 20일 22시 47분

1 사랑하는 나의 아들아!
2 "네, 아버님! 말씀하옵소서."
3 내가 너희들을 세상에 내려보낼 때 가
장 아름다운 인성이요, 천사와 같은
마음을 가지고 세상에 내려와 살라 그
리하였음이니라.
4 그러나 나의 피조물 만백성 너희들이
지금은 욕심이라는 것 때문에 모두를
다 망각하며 상실한 속에서 살아가느
니라.
5 그리하여 너희들이 살아가면서 사람

이 사람을 속이며 온갖 못된 짓을 하
고 산다 하면, 너희들은 과연 나로부
터 선택된 백성이라 하겠는가?
6 믿음을 가르치는 지도자요, 믿음의 길
을 가는 백성이 아니라 하여도 너희들
이 남이 보지 않는다 해서, 남이 모른
다 해서 못된 짓을 하며 죄의 행위를
한다면, 내가 너희들을 용서할 수 없
을 것이니라.
7 하물며 종교 지도자라는 자들이요, 만
백성을 깨우쳐 하늘에 인도한다는 자
들이 많은 백성 앞에서 가장 거룩한
체하며, 그리고 저희들이 성인인 것처
럼, 가장 인자한 것처럼 그와 같은 행
동을 하는 자들이,
8 실상은 남들이 보지 않는 곳에서 죄를
지으며 사악한 짓을 하며 남이 봐 추
하고 더러운 짓을 일삼고 그리 살아가
는 것이 종교 지도자라면,
9 그를 모르고 사는 나의 백성보다 그
죄가 수백수천 배 더 무서운 줄 그리
알아야 할 것이니라.
10 그리하여 나의 피조물 만백성 너희들
을 우롱하는 종교 지도자 그들이 더욱
이 그와 같은 사악한 짓을 하며, 나의
피조물 만백성의 재물을 거둬들이며,
11 너희들이 고통 속에 살아가며 자연의
아름다움을 모르며 내가 역사함을 모
르도록 그리 이끌어 가는 그 종교 지
도자들은 죽어 나에게 와 심판을 받을
자격도 없으며, 그들의 고통은 상상할
수 없음을 알라.
12 너희들의 종교 지도자가 진정한 참진
리요, 아름다운 길을 가르치지 못하며,
13 신도들이 보지 않는 곳에서 추한 짓을
하며 더러운 짓을 하며, 저의 신도만
도 못한 행위를 하는 종교 지도자, 그
들은 과연 무엇이라 내가 말하겠는가?
14 그들은 정녕 짐승만도 못한 자들이니
라.
15 사람이 사람의 도리를 하지 못하고 살
때는 짐승만도 못한 자라는 걸 너희들
은 알아야 할 것이니라.
16 이와 같이 지금 짐승만도 못한 자들이
잘못된 종교 지도자요, 그 집단이니라.
17 그리하여 내가 그들을 지금 단죄하고
자 하여 제3의 시대에 나의 법전을 내
려보내며 이 시대를 엮어 감을 너희들
은 알아야 할 것이니라.
18 종교 지도자의 그 집단이 짐승만도 못
한 행위를 하는 자라면,
19 너희들은 성막 앞에 용감하게 들어갈
수 있는 그와 같은 믿음의 길을 가는
지도자가 되어야 할 것이니라.
20 너희들은 뭐라 변명해도, 하늘에서 보
는 나 여호와는 너희들이 하는 짓이
너무나도 추하고 더러워 내가 눈 뜨고
볼 수 없는 그와 같은 행위를 하는 것
이 너희들이니라.
21 그저 너희들이 기도를 하면 금전이요,
남을 위해서 너희들이 말 한마디 전해
주는 것도 재물이요, 오로지 모든 강
론이요, 설법이요, 나의 설교를 너희
들이 아끼지 아니하고 한다고 해도 너
희들이 끝나는 그 결과의 매듭은 무엇
이더냐?
22 돈이고 재물이니라.
23 많이 바치는 자가 하늘의 창고에 많이
쌓아 놓으니 구원을 받는다 그리 말하
며, 나의 피조물 만백성의 고혈을 빨

아 챙기는 너희들의 그와 같은 행위를
내가 더 이상 볼 수 없어,
24 지금 내가 나의 아들을 통하여 밤과
낮을 가리지 아니하고 심판의 기본인
나의 법전을 내려보내니,
25 이를 믿는 자, 믿지 않는 자, 똑같이
나의 법전을 읽고 깨우치는 균등한 기
회를 내가 너희들에게 주고자 함이니
라.
26 그리하여 지금 내가 새로운 법전을 내
려보내 새로운 역사를 이루고자 하는
것을 너희들은 알아야 할 것이니라.
27 이제 종교 지도자 너희들은 깨달아야
할 것이니라.
28 종교 지도자 너희들은 나의 백성보다
도 더 아름답고 선하게 살아가는 자이
며, 만백성을 속여서는 아니 되는 것
이니라.
29 너희들은 남을 속이고 사는 그와 같은
종교 지도자가 되어서는 아니 될 것이
니라.
30 너희들이 신도 앞에서는 성인군자처
럼 행동하면서 남들이 보지 않는 곳에
서 사람의 탈을 쓰고 감히 할 수 없는
그와 같은 행위를 서슴없이 하고 있다
면,
31 너희들은 일반 백성이 그와 같이 하는
것도 용서할 수 없거늘, 지도자가 그
와 같은 행동을 하며 그와 같은 삶을
사는 것은 짐승보다도 더 추하고 더러
운 너희들이라는 것을 알아야 할 것이
니,
32 지금이라도 너희들이 하늘을 향하여
한 점의 부끄럼이 없는 그와 같은 종
교 지도자로 서라.
33 내가 나의 아들을 통하여 나의 법전에
너희들을 나무라고 꾸지람이 아니요,
34 너희들이 잘못 가는 것을 바로잡아 너
희들이 하늘을 향하여, 나 여호와를
향하여 한 점의 부끄럼이 없는 삶을
살아갈 수 있도록 너희들에게 경고하
며 그리 살아가라 내가 기회를 한 번
줌이니, 이를 깊이 받아들이라.
35 소홀히 깨닫고 소홀히 행하는 자, 영
원히 나에게 구원을 받을 수 없음을
알라.

5,109 번째 하나님 말씀

2003년 2월 20일 22시 55분

1 사랑하는 나의 아들아!
2 "네, 아버님! 말씀하옵소서."
3 너희들이 변하고자 노력하며 아름답
게 살고자 하며 천사와 같은 마음으로
살아가고자 노력하나 그 길의 변화의
역사가 힘들고 어렵고 다스려 나가지
못하거든, 너희들은 다음의 몇 가지를
가슴에 새겨 그리 생활하도록 그리하
라.
4 그러면 너희들이 오늘 넘지 못하는 그
하나의 고비를 넘을 수 있는 그와 같
은 깨달음을 얻게 될 것이니라.
5 정녕 그러하니라, 너희들이 선한 마
음, 천사와 같은 마음으로 변하는 것
은 세상의 어떠한 고통도 그 고통보다
는 못함이니, 나 여호와가 너희들의
아픈 마음을 알고 있음이니라.
6 사랑하는 나의 아들을 따르는 제자들
이요, 만백성 나의 법전을 보고 깨우
친 너희들을 내가 사랑함이니라.

7 너희들은 이제 정말 세상에 보기 싫을
만큼 미워하는 사람, 원수와 같이 생
각하는 사람, 실제로 너희들이 원수라
는 사람, 그리고 너희들을 항상 적대
시하며 무시하는 사람, 그리고 너를
음해하며 너를 쓰러트리고자 하는 사
람, 그리고 항상 살아가면서 너를 인
간의 적으로 생각하며 너를 시기하고
질투하는 그와 같은 모든 사람을,
8 너희들이 가장 가까이하고 싶지 아니
하는 사람을 너희들이 가장 사랑하는
마음이요, 가장 아름답게 생각하는 사
람을 대하듯이 너희들의 마음을 우선
그리 바꾸도록 그리하라.
9 그리하여도 너희들이 다스릴 수가 없
으며 마음을 잡을 수 없거든,
10 나 여호와가 너희들에게 손을 내밀어
내가 너희들을 가슴에 안듯이 나 여호
와의 품에 안기는 그와 같은 너희들이
영광의 길을 간다는 선택된 백성이며
소중한 백성이라는 그 위대함을 깨달
으라.
11 그 수십억 인구들이 그리 하늘에 오
르고 구원을 받고자 몸부림치는 그 길
을 그들은 올 수 없다 하였음이니라.
12 나의 법전을 읽고 깨우치지 않는 자
정녕 심판을 받을 수 없다 하였듯이,
13 그러나 너희들은 나의 법전을 접하며
나의 아들을 통하여 내리는 성령의 가
르침을 직접 들으니,
14 내 품에 올 수 있는 선택된 백성이라
는 그 넓은 마음을 갖고 그들을 사랑
하는 마음으로써 너희 자신을 다스려
나가도록 그리하라.
15 그리하면 너희들이 바로 서고자, 천사
가 되고자 하는 그 마음에 큰 깨달음
이요, 도움이 됨을 알아야 할 것이니
라.
16 나 여호와가 너희를 안듯이 그와 같은
행동을 하며 나를 보듯이 너희들이 행
동을 한다면,
17 그와 같은 너희들의 마음을 가지고 육
의 삶을 너희들이 그리 실천하고 산다
면, 그것이 바로 천국에 올라올 수 있
는 기초요, 근본이며 다져지는 지상의
천국의 삶이라는 것을 너희들은 알아
야 할 것이니라.
18 변해 가는 너희들을 과연 어찌 만백성
이 보겠는가?
19 무서우리만큼 변하는 너희들의 모습
을 보고 만백성이 변하여 그를 따라옴
이니, 그게 바로 그들을 지상의 천국
에 너희들이 인도하는 것이니라.
20 너희들은 나의 백성을 지상의 천국에
서 살아가도록 많이 인도하여, 그 인
도함을 받는 자, 그들이 바로 죽어 천
국에 올 수 있는 자들이며, 그 근본이
며 기틀이 여기서 다져짐을 너희들은
알아야 할 것이니라.
21 사랑하는 나의 아들딸 너희들은 또 하
나 깨우쳐 깊이 행해야 함이 있음이니
라.
22 너희들이 나의 뜻에 따라 아름답게 변
하고자 노력하니, 너희들의 마음이 천
사와 같이 변하니,
23 그 마음을 사탄이 노리며, 그와 같은
너희들을 쓰러트리고자 하는 것이 사
탄이니라.
24 너희들이 이 세상에 나오면 나올수록
그들은 설 자리가 없으며 그들이 수없

이 죽어 감이며 그들의 뿌리가 흔들림 이니,
25 너희들이 완벽하게 변화되기 전에 너희들이 변화되는 그 과정에서, 나비가 되어 훨훨 나는 너희들은 함부로 할 수 없지만,
26 움직일 수 없는 애벌레와 같은 상태에서 너희들이 먹이로서 먹힐 수 있는 때를 사탄이 노림이니라.
27 그 먹이를 먹는 벌레처럼 그를 노리는 것이 사탄이니,
28 지금 너희들이 변해 가고 있는 그 순간이 가장 나약한 자며 가장 약한 때임을 알아야 할 것이니라.
29 그리하여 애벌레처럼 변해 가는 너희들을 사탄이 수없이 노리고 있음이니,
30 너희가 그로부터 이길 수 있으며 그로부터 견딜 수 있어 너희들이 나비가 되어 날 수 있는 것은 기도하는 것뿐이며,
31 나의 법전을 가슴에 안고 정독하는 것을 게을리하지 아니하는 것이니, 그것만이 너희들이 약해지고 선하게 변해 가는 너희들을 노리는 그 사탄으로부터 너희들을 방어할 수 있는 것이며, 그게 방어의 능력임을 알아야 할 것이니라.
32 나의 법전을 정독하는 데 게을리하지 말라.
33 법전을 정독하여 너희들이 선한 마음으로 서서히 강하게 변하고 강하게 되는 것은 애벌레가 나비의 형태로 변해 감이니,
34 머지않아 너희들이 창공을 날 수 있는 나비가 되지 않겠느냐?
35 그러니 나비가 되기 전까지 방어 능력이 없는 애벌레의 그 약점을 노려 그를 먹으려 대드는 것이 사탄이요, 사악한 자들이니,
36 그 고비를 넘기는 것이 너희들에게도 얼마나 중요하고 소중한가를 알라.
37 지혜롭게 너희들이 넘겨야 할 것이니라.
38 너희들이 더 깊이 기도를 하며 나 여호와에게 더 간곡한 기도를 하며 나를 찾으며 십계명을 외우며 나의 법전을 읽으라.
39 그리하면 너희들이 더 깊이 깨우침을 얻을 것이며 더 깊은 깨달음을 얻게 될 것이니,
40 그와 같이 너희들이 깊은 깨달음이요, 선한 마음이요, 선한 행동으로써 이루어 살아갈 때, 너희들을 감히 그들이 무너트리지 못함을 알아야 할 것이니라.
41 너희들이 쉬지 말고 기도하며, 나의 법전을 읽는 데 최선을 다하라.
42 선해지는 단계의 하나하나 변하는 그것만이 너희들이 사탄으로부터 먹히지 아니하며, 그들의 유혹에 넘어지지 아니하며,
43 그들에게 너희들이 현혹되어 너희 자신을 버리지 아니할 수 있음을 알아야 할 것이니라.
44 지금 막 변해 가는 너희들이 가장 약한 자이니, 이제 막 새싹이 나오는 노란 이파리와 같이 너희들이 그리 나약한 자들이니라.
45 그게 자라서 파랗게 굵어져 비바람에도 넘어지지 아니할 때까지 너희들이

잘 처신하며 잘 노력하여 그리 변화를
이루도록 하라.
46 지금의 너희들이 가장 어렵고 무서운
시대이니라.
47 그러니 너희들은 나의 법전을 열심히
정독하며 십계명을 암송하며, 선한 마
음을 가슴에 안고 살아가도록 그리하
라.
48 법전을 정독하고 정독하는 것만이 사
는 길이며,
49 너희들의 마음에 나의 성령이 깊이 뿌
리를 내리기 시작함이니,
50 나의 성령이 너희들의 가슴에 충만했
을 때는 그 누구도 너희들을 넘어트리
지 못하며 너희들을 쓰러트리지 못함
이니라.
51 너희들이 조금씩 변하는 만큼 나의
성령이 너희들의 가슴에 임함이니, 너
희들이 변화의 깨달음이 높고 넓을수
록, 그리고 깊이 갈수록 나의 성령이
너희들의 가슴에 깊이 뿌리를 내려 감
이니,
52 나의 성령이 너희들의 가슴에 깊이 뿌
리를 내렸을 때, 감히 사탄이요, 사악
한 자요, 그 어떠한 것도 너희들을 넘
어트리지 못함을 알라, 사랑하는 나의
아들딸들아!

5,110 번째 하나님 말씀

2003년 2월 20일 23시 06분

1 사랑하는 나의 아들아!
2 "네, 아버님! 말씀하옵소서."
3 나의 피조물 만백성 너희들이 구원의
길이요, 하늘에 오르고자 울고불고 그
광란의 짓을 하고 있으며,
4 너희들은 평생 재물을 바치며 시간을
바치며 모두를 다 바쳐 구원을 받고자
발버둥치나,
5 그 모두는 너희들의 이기심이요, 욕심
에서 그와 같은 행위를 하고 있음을
먼저 알아야 할 것이니라.
6 아무리 너희들이 그와 같은 길을 간다
해도 참진리의 뿌리를 모르고 감이니,
너희들이 나로부터 구원을 받는 것과
는 거리가 멂을 알라.
7 다만, 너희들이 나 여호와가 하늘에
존재한다는 걸 만백성에게 전하는 그
역사는 하고 있으며 너희들은 내가 존
재한다는 걸 알고 있으나,
8 너희들은 구원의 길과는 멀고도 먼 길
을 감을 알라.
9 내가 나의 아들을 통하여 나의 새로운
성경에 기록하여 너희들에게 전함이
니, 이는 나의 성령이요, 나의 가슴의
뜻임을 너희들이 알라.
10 그리하여 나의 법전을 정독하고 또 정
독하여 나의 법전을 접하여 읽고 깨우
치지 아니하는 백성 너희들은 정녕 나
로부터 심판을 받을 수 없음을 알아야
할 것이니라.
11 그리고 너희들이 내가 성경에 기록하
여 내린 십계명대로 살지 않는 자, 그
와 같이 살지 않는 자는 진정한 나를
믿음이 아니요, 진정한 믿음의 길을
가지 않으려는 백성이며 가지 못하고
있음을 알라.
12 나의 법전을 정독하지 않으며 십계명
대로 살지 않는 자가 구원을 받아 하
늘에 오르고자 그리 발버둥치며 광란

의 짓을 하고 있는 것은 너희들은 백
사장 모래 위에서 모래를 갖고 궁궐을
짓겠다고 대드는 그와 같은 어리석은
자보다도 더 어리석고 불쌍한 자임을
알라.
13 과연 너희들이 백사장 모래 위에 모래
를 가지고 궁궐을 지을 수 있겠는가?
14 그것이 바로 지금의 믿음의 길을 가는
자 너희들이니라.
15 그와 같은 자, 바로 어리석은 너희들
이 그 믿음의 길을 가고 있음이니,
16 나를 사탄이라 하여도 좋으며 나의 아
들을 악마라 하여도 좋으니라.
17 내가 너희들에게 전함이니, 너희들이
나의 법전이요, 십계명대로 지키고 살
지 않는 것은 백사장 모래 위에 모래
로 궁궐을 짓는 그와 같이 둔하고 어
리석은 짓을 하고 있다 내가 했으니,
18 너희들이 한번 이를 들여다보며 너희
들 자신의 믿음을 한번 돌아다보도록
그리하라.
19 너희들은 지금의 모든 종파들이 반석
위에 집을 짓는 것이 아니요, 모래 위
에 궁궐을 짓고 있음을 알아야 할 것
이니라.
20 그 모두가 다 너희들이 무엇이라 생각
하는가?
21 너희들은 반드시 무엇인가를 얻어야
하며 무엇인가를 구하고자 하는 그와
같은 믿음에서 가고 있기 때문이니라.
22 이 세상에 나로부터 받은 은혜요, 생
명을 받았으며 이 지상의 모두를 다
너희들이 지탱하고 다스리고 취하며
살아갈 수 있도록 그 은혜를 내려 주
었거늘,
23 그 은혜에 대해 감사하며 그 축복의
영광이라는 생각을 하지 아니하고, 그
위에 더 내려 달라, 더 달라 그리 말하
고 있음이니,
24 과연 어떠한 믿음의 길을 가고 있다
생각하며, 너희들이 진정한 믿음의 길
을 가고 있는가?
25 달라, 이루어 달라 너희들이 그리 부
르짖는 것은 무엇이던가?
26 그게 바로 너희들의 욕심임을 알아야
할 것이니라.
27 너희들이 지금 모래 위에 모래로써 궁
궐을 짓는 그와 같은 행위는 바로 무
엇이던가?
28 바람에 무너지며 파도에 무너지며 휩
쓸려 가는 것이 너희들이 지금 궁궐을
짓는 그 장소임을 알라.
29 너희들이 그와 같이 모래 위에 짓는
그 모래성은 파도요, 바람이요, 비바
람에 무너져 흔적이 없이 씻겨 가듯이,
30 너희들이 지금 가고 있는 그와 같은
믿음이 바로 천국이 아니요, 지옥의
불바다로 가고 있음이니,
31 너희들의 존재 자체요, 너희들의 흔적
도 알아볼 수 없으며 찾아볼 수도 없
는 그와 같은 형벌을 받게 됨을 너희
들이 알아야 할 것이니라.
32 너희들은 여기서 알아야 할 것이니라.
33 진정한 진리의 뿌리요, 진정한 믿음의
길이 무엇이며 얼마나 그것이 소중한
것인가를 너희들은 알아야 할 것이니
라.
34 한 그루의 나무가 잎이 피고 꽃이 피
어 또 그 결실을 보는 것도 좋은 토양
위에서 그 나무가 뿌리를 잘 내려야

하며 뿌리가 굳건히 섰을 때 그는 좋
은 결실을 보는 것이거늘,
35 너희들은 어찌하여 뿌리가 없는 지금
의 종교 집단이요, 뿌리가 없는 그 믿
음이요,
36 진정한 진리의 뿌리를 모르고 너희들
은 인간의 생각 속에서 재물을 거둬들
이며 재물을 하늘에 많이 쌓아 놓으면
구원을 받는다 하며,
37 나의 아들 예수가 사랑으로써 너희들
을 이끌려 하는 것은 바라보지 아니하
며,
38 나의 아들 예수가 속죄함으로 너희들
을 대속하여 죽었으며 그렇기에 너희
들은 그 예수의 흘린 피만을 생각하고
살면 되며,
39 그를 생각하면 스스로 성령이 너희들
의 가슴에 임하여 너희들이 축복받은
백성이라 그리 생각하고 살아가느니
라.
40 그러나 너희들은 그 진리의 뿌리를 알
아야 할 것이니라.
41 너희들은 그 진리의 뿌리를 다 버려두
었음이니라.
42 너희들이 바로 진리의 뿌리가 무엇인
지 알겠는가?
43 내가 불로 써 내린 그 십계명이 너희
들의 구원의 양식이라 하였음이니, 그
게 바로 진리의 큰 뿌리이니라.
44 그게 근본임을 알아야 할 것이니라.
45 어찌하여 너희들은 십계명에 대하여
역으로 생각하며, 너희들은 십계명에
얽매여 사는 백성이요, 불쌍한 자라
그리 생각하는가?
46 너희들이 십계명대로 지키고 사는 것
이 아니요,
47 십계명을 지키고 살 수 없는 것이 너
희들이니, 이룰 수 없는 그 십계명에
얽매여 너희들이 억지를 쓰는 그와
같은 삶을 삶이니, 십계명은 인간이기
때문에 지킬 수 없으니 거기에 얽매여
살지 말라 그리 너희들이 가르침이니,
48 그게 바로 구원의 길이라 생각하는가?
49 너희들은 구원을 받는 길이 아니요,
지옥으로 가는 길을 가르치고 있음이
니,
50 지금 광란의 행위요, 너희들이 울고불
고 달라, 이루어 달라 소리 지르는 것,
그리고 은혜와 축복을 받았다 하는 것
은 너희들이 사탄에게 가서 고백하는
것이며 고해하는 것이며,
51 사탄에게 너희들이 무엇인가를 달라
부르짖는 것임을 알라.
52 내가 그를 듣지 아니하며 나와는 관계
없음이니라.
53 그러니 나와는 관계없는 믿음을 믿고
있는 것이 너희들이니,
54 이제 너희들이 바로 진정한 참진리의
뿌리를 알고 찾으려거든 너희들이 어
렵게 생각하지 말라.
55 내가 불로 써 내린 그 십계명을 지키
고 살 수 있다 하며 그를 지키고 살아
가는 삶을 사는 것이 너희들이 진정한
뿌리를 찾는 것이요,
56 너희들이 내가 짓지 말라 했던 회당이
요, 교회요, 성전을 지어 놓고 거기서
재물을 거둬들이는 자의 노예가 되지
말라.
57 짐승을 잡아서 가죽을 팔며 뼈를 팔며
고기를 팔아먹는 것처럼, 너희들을 짐

승으로 생각하여 거래하고 팔아먹는
그와 같은 사악한 자들의 밑에 가서
너희들이 구원의 길을 간다는 그 어리
석은 행위를 이제 빨리 털어 버려야
할 것이며,
58 그와 같은 자들을 너희들이 단죄하여
단상에서 끌어내릴 때가 지금 왔음이
니,
59 그와 같이 너희들이 '그가 옳다, 옳소,
할렐루야!' 손뼉 치며, 너희들은 인간
이기 때문에 종교 지도자도 실수할 수
있다 그리 말하며, 그를 덮어 주며 그
리 가는 자, 너희들이 같은 공범자임
을 잊지 말라.

5,111 번째 하나님 말씀

2003년 2월 20일 23시 17분

1 사랑하는 나의 아들아!
2 "네, 아버님! 말씀하옵소서."
3 내가 너희들에게 간단한 그 이치를 깨
우쳐 주었으며 세상에 살아가는 너희
들의 마음 자세를 깨우쳐 주지 아니하
였던가?
4 너희들이 남으로부터 선물을 하나 받
으면 대신 그 답례를 꼭 해야 한다 하
였음이니라.
5 그리고 답례를 할 수 없으며 답례를
하고자 하는 생각이 없거든 차라리 그
를 받지 않는 것이 너희들의 마음이
요, 너희들이 그와 같은 자세로 살아
가는 것이 인간의 도리라 내가 그리하
였음이니라.
6 받는 것을 너희들은 배로 주라 하였으
며,
7 나의 아들 너는 반드시 네가 받은 만
큼 배로 주는 그와 같은 마음의 자세
요, 그와 같은 생활로써 모두를 매듭
지어야 함을 잊지 말아야 할 것이니라.
8 그와 같은 마음을 가지고 사는 것이
나로부터 선택된 백성이요, 너희들이
가야 할 길이며,
9 지금의 모든 종교 집단에서 사랑을 말
로만 부르짖으며 가는 그들과 차별화
됨을 너희들은 알아야 할 것이니라.
10 내가 너희들에게 명한 이 뜻을 너희들
이 알아야 할 것이니라.
11 너희들이 선물을 하나 받더라도 갚으
려는 마음이 없으며 대신 답례를 할
마음이 없거든 받지도 말라 하였으며,
12 너만이 받는 그 즐거움을 받는 것이
욕심이요, 그것 또한 너희들이 잘못된
사악한 이기주의의 심사에서 그와 같
은 행위를 함이니,
13 그 모두도 하나하나 너희들을 다스려
나가기 위하여 내가 너희들에게 일찍
이 그와 같은 깨우침을 주었느니라.
14 그러나 지금 모든 종교 집단이요, 종
교 지도자들이 과연 어찌 가는가?
15 수천 년 동안 그들이 받아들인 그 액
수가 얼마며 그 물질이 얼마며 그 돈
이 과연 얼마던가?
16 그들은 수없이 받아들였으며 거둬들
였으나, 그들은 돌려주고자 하는 장부
를 하나 만들어 놓지도 아니했으며 돌
려주는 그와 같은 역사가 없었음이니
라.
17 지금의 종교 지도자 또한 그러하니라.
18 평생 저희들이 받아들이며 죽을 때까
지 거둬들이나,

19 저희들이 그를 되돌려 대우하고 보답
하는 그와 같은 것은 생각도 아니 하
고 살아가나니,
20 그들이 얼마나 무지몽매하며 사악한
자들이며 용서받지 못할 자들인가?
21 내가 너희들에게 가난한 자에게 나누
며 살며, 너희들이 받은 것을 두 배로
주는 것이 사랑이며 나의 뜻이라 그리
말하였거늘,
22 지금 종교 집단이요, 지도자들이 평생
제가 죽을 때까지 거둬들이고 받아들
이면서도 그를 돌려줄 생각을 아니 하
며, 배로 줄 생각은 감히 생각지도 못
함이니,
23 그들의 마음속에 그들의 속셈이 얼마
나 검은 자들이며 얼마나 추하고 더러
운 자들인가?
24 내가 너희들에게 말했듯이 받은 만큼
돌려주는 것이 너희들의 도리며,
25 너희들은 그와 같은 삶을 살고 나에게
왔을 때 반드시 너희들이 축복을 받음
을 알라.
26 너희들이 남에게 죄를 짓지 아니하고
선하게 사는 것만이 구원을 받고 하늘
에 오른다 생각하지 말라.
27 너희들이 남으로부터 신세를 지며 남
으로부터 받는 것을 갚지 아니하는 것
도, 너희들이 되돌림을 하지 않는 것
도 너희들이 받아들인 그 이기심만큼
갚지 못했음이니,
28 너희들이 죄를 짓고 선함을 행하여 그
를 털어 버리지 못하는 그와 똑같음을
알라.
29 너희들이 악의 행위를 했으며 죄를 지
었을 때, 선함을 열 배로 해야 그 죄를
모두 면죄받을 수 있으며 그 기회가
된다 하였듯이,
30 너희들이 받은 것은 반드시 돌려주는
그와 같은 마음 자세로 가는 것이 너
희들이 죄를 지은 것을 선한 것으로써
털어 버리는 그 이치와 같음을 알라.
31 그와 같은 마음을 가지고 살며, 나의
아들 선지자 너와 너를 따르는 제자들
은 반드시 그와 같은 마음을 가지고
살라 그리 전하라.
32 네 것이 소중하면 남의 것이 더 소중
한 마음을 갖고 살아야 하는 것이 너
희들이요, 나의 백성이 가야 할 길임
을 너희들은 알아야 할 것이니라.
33 그 죄만큼을 하여도 너희들은 나로부
터 용서받을 수 없는 자들임을 알라.
34 너희들의 종교 지도자가 죽을 때까지
거둬들이니 지금까지 거둬들이고 또
거둬들인 그 행위만으로도 너희들은
나로부터 용서를 받을 수 없으며,
35 너희들이 그 죄의 대가를 치르는 것도
너희들이 지옥 불에서 영원히 나올 수
없는 자이며, 그 죄의 대가가 얼마나
무섭고 험악한가를 너희들은 알게 될
것이니라.
36 그리하여 그와 같은 행위를 하는 자,
평생 나의 백성으로부터 재물을 거둬
들여 착복하는 자, 그리고 우리 부자
의 이름을 팔며 하늘에 많이 쌓아 놓
는 것, 그리고 하늘의 창고에다 쌓아
놓기 위해서 갖다 바치라 하며 저희들
이 거둬들인 그와 같은 자들,
37 그 죄로써도 그들은 영원히 나로부터
구원을 받을 수 없으며,
38 그와 같은 자들은 나와도 관계없는 자

들이며,
39 내가 만백성을 사랑하나 그들을 사랑
하지 아니하며 그들을 내가 자식에서
이미 저버린 자들이니라.
40 그와 같은 자들이 바로 지상에서 너희
들이 사람을 죽이며 살인한 자며,
41 살인한 자에게 너희들이 인간의 법도
에 따라서 그 생명을 바치는 그와 같
은 형국이 됨을 알라.
42 지금 나의 피조물 만백성이 잘못 가르
치는 종교 지도자요, 참진리의 뿌리를
모르고 가는 그자들이 한 사람을 죽
이는 것이 아니요, 수천수만 명을 지
옥으로 죽이는 그와 같은 죽임의 살인
을 하고 있음이니,
43 너희 육의 세상에 한 사람의 남의 생
명을 끊었을 때 그도 같이 죽음을 기
억하듯이, 너희들이 그 많은 생명을
죽여 놓고 너희들이 과연 어찌 될 것
인가를 생각하는가?
44 그 죄는 너희가 감히 헤아릴 수 없음
이니라.
45 나의 백성을 그리 죽이는 자 나의 아
들이 아니며, 나의 지도자가 아니며,
나로부터 선택된 자가 아님이니라.
46 그들의 세 치 혓바닥에 현혹되어 너
희들이 그 귀중한 삶을 버리지 말라.
47 '아!' 하는 그 순간에 너희들의 머리는
호호백발이 되며 너희 인생은 저물어
감이니,
48 너희들은 죽음을 대비하는 그때가 너
희도 모르는 사이에 그 문턱에 와 있
음이니라.
49 그때는 시간이 없어 너희들이 용서를
빌며 회개하며 잘못된 것을 반성하고
자 해도 이미 때가 늦었음이니,
50 지금 너희들의 육이 살아 있는 이 시
간에 너희들이 모든 바른 삶을 살도록
그리함이 너희들이 나에게 구원받음
을 잊지 말라.
51 지금의 이 순간이 소중함을 알라.
52 그 누구도 기다려 주지 아니함이니라.
53 너희들이 죄를 지은 그 친구요, 이웃
에게 용서를 빌려 하나, 그들이 세월
을 기다려 살아 있으며 너희들이 용서
를 빌도록 기다려 주지 아니함이니라.
54 그들 역시 명을 다 살아 육은 죽어 한
줌의 흙으로 돌아가며 영혼은 하늘에
와 나에게 심판을 받아 지옥으로 갈
자, 천국으로 갈 자, 이미 너희들과 그
한계를 달리하고 있음이니,
55 너희들이 그들 앞에 무릎 꿇고 용서를
빌라 해도 이미 빌 기회가 없는 것이
너희들의 생명이니라.
56 '아!' 소리 지르다 보면 너희들의 머리
가 호호백발이 되어 너희들의 육의 결
산의 시기에 와 있는 것이 너희들의
인생이니라.
57 그러니 오늘의 삶을 너희들이 바로 살
아야 함을 잊지 말라.
58 너희들이 지금 잘못 살아가는 종교 지
도자들, 그리고 받아들일 줄만 알며
거둬들일 줄만 알지, 나눠 줄 줄 모르
는 그들이 먹고사는 그 형태를 보라.
59 그것이 짐승만도 못한 자들이니, 그게
짐승이 아니더냐?
60 차라리 저보다 나은 자, 열배 백배 더
가지고 있는 자에게 구걸하며 그들에
게 거둬 쓴다 하여도 나 여호와는 말
하지 아니할 것이니라.

61 저희들보다 열배 백배 더 가난한 자, 구원을 받고자 나 여호와가 기억해 주기 바라며 나로부터 축복을 받겠다 하여 그 어렵고 힘든 자가 바치는 그 모든 재물을 부끄러움이 없으며 죄송한 생각이 없으며 당연히 받아들이며,
62 받는 것이 축복을 받는 것이니 그 백성을 위하여 저희들이 좋은 일을 한다는, 강도보다도 더한 생각을 하고 평생 거둬들이는 그와 같은 자들 앞에가 너희들이 기도하고 경배하며 구원받고자 눈물의 기도를 하며 그들에게 매달리지 말라.
63 그리하는 나의 백성 너희들이 얼마만큼 불쌍한 것인가, 그를 바라보는 나 여호와의 가슴이 얼마나 아픈가?
64 그를 보고 나 여호와가 울고 있음이니, 너희들이 나를 더 이상 울리지 말라.
65 지금이라도 너희들이 그와 같은 삶을 청산하며, 나의 법전을 읽고 깨우치며 십계명대로 지키고 살아,
66 너희들이 하늘에 오르는 그 깊이를 알며 하늘에 오르는 길을 알며 내가 바라는 그 뜻을 보고 살 수 있는 그와 같은 백성이 되어,
67 너희들이 죽어 와 나에게 당당히 심판을 받아 천국의 문에 들어설 수 있는 그와 같은 삶을 살도록 하라, 사랑하는 나의 아들딸들아!
68 너희들이 죽어 가는 모습을 보는 나 여호와가 울고 있음을 이제는 너희들이 알아야 할 것이니,
69 나를 더 이상 울리지 말라, 사랑하는 나의 아들딸들아!

5,112 번째 하나님 말씀

2003년 2월 20일 23시 32분

1 사랑하는 나의 아들아!
2 "네, 아버님! 말씀하옵소서."
3 진정한 사랑의 베풂이요, 나눔이라는 것은 무엇이던가?
4 내가 너희들에게 성서에 기록하여 전하였거늘, 너희들이 어떠한 큰 역사를 이룬다 하여도 너희들이 인간으로부터 칭찬을 받으며 인간 세상에서 자랑을 했다 하면,
5 그는 결국 너희들이 모든 상이요, 영광을 지상에서 받았기에, 정녕 하늘에 와 나로부터 받을 상은 하나도 없다 내가 너희들에게 일찍이 깨우쳐 주지 아니하였던가?
6 사랑과 실천의 나눔이란 과연 어떠한 것이더냐?
7 유유히 흐르는 물과 같이 너희들이 변함없이 베푼 것이 진정한 사랑이요,
8 여름에 너희들이 그 태양의 뜨거운 열에 차디찬 얼음이 녹아내리는 것처럼, 아무도 알지 못하도록 아무도 모르도록 그리 베푼 것이 진정한 사랑이며 진정한 나눔임을 알라.
9 내가 너희들에게 이와 같이 말하며 깨우쳐 가르쳐 주나, 과연 너희들이 그와 같은 행위를 얼마만큼 실천하고 있는가?
10 내가 아무리 주옥같은 나의 성령인 나의 뜻을 너희들에게 전하고 가르쳐 준다 해도, 너희들이 이를 지키지 아니하고 행하지 아니하면 아무런 가치가 없는 것이니라.

11 그러니 너희들은 그와 같은 사랑이요,
그와 같은 마음으로 만백성에게 베풀
며 살아가도록 그리함을 잊지 말라.
12 유유히 흐르는 물과 같이 변함없이 행
함이니라.
13 그러나 지금 너희들이 가고 있는 길은
어떠하며, 너희들은 어떠한 행동으로
써 모두를 이끌어 가는가?
14 말로써는 사랑을 베풀며 남을 위해 사
는 것이 너희들이 하늘에 오르는 길이
라 지금 수천 년 동안 깨우치고 가르
쳐 왔던 그 종교 집단 너희들이 하고
있는 형태는 과연 어떠하던가?
15 내가 구약이요, 십계명이요, 신약에
내린 그와 같은 뜻을 너희들은 과연
실천하고 행하고 산다 하는가?
16 그 뜻을 행하지 아니하는 것은 차라리
성경을 들여다보지 아니하며 나의 뜻
이 무엇인가를 모르고 가는 백성만도
못함이니라.
17 너희들이 세상에 살아가면서 하는 말
이 있지 않은가?
18 '차라리 나서지 아니하면 중간은 간
다'는 말이 있듯이,
19 너희들이 알지 못하면서 설치며, 알지
못하면서 가르친다 하여 잘못 가르친
다면 그는 너무나 무서운 결과를 초래
하는 것이 됨이니라.
20 너희들은 그와 같음을 깨닫고 살아야
할 것이니라.
21 너희들이 남들 앞에 과시하고자, 남에
게 보이고자, 그리고 남 앞에 네가 있
음을 자랑하고자 그와 같은 행위로 사
는 것은 진정한 사랑이 아니요, 나눔
이 아님을 알아야 할 것이니라.
22 지금 모든 종교 집단의 믿음의 길을
가고 있는 백성 너희들이 정녕 어찌하
는가?
23 너희들은 지전 몇 푼의 금화 몇 닢을
내놓고 종교 지도자가 많은 사람 앞에
너희들의 이름을 불러 주기를 바라는
것이며, 칭찬과 격려로 너희들의 이름
을 불러 주기를 바라는 것이 너희들의
마음이 아니던가, 그리고 많은 사람으
로부터 박수를 받고자 하는 것이 너희
들의 마음이 아니던가?
24 그와 같이 베푸는 것은 나와 아무런
관계도 없다 내가 하였음이니라.
25 너희들이 가는 믿음의 길이 수천 년
동안 역사한 그 뿌리의 후손이라면,
내가 너희들에게 기록한 대로 아무도
모르도록, 너와 그 사람만이 알도록
은밀히 행하는 것이 진정한 사랑이라
하였으니,
26 그리 행하지 못하고 사는 것이 너희들
이니라.
27 그리고 너희들이 내가 일찍이 말하여
깨우쳤음이니라.
28 종교 지도자들이 얼마나 추한 행위를
하는가?
29 그들은 오른손이 하는 것을 왼손이 모
르도록 하는 것이 너희들의 기도요,
믿음이요, 사랑이라 말하면서,
30 너희들이 헌금이라 하여, 또 십일조라
하여 낸 그 봉투를 들고 너희들의 이
름을 불러 대면서 그와 같은 것을 흔
들면서, 그들도 이와 같이 많이 바치
라는 그와 같은 행태를 하고 있는 종
교 지도자들이 수없이 깔려 있음이니,
31 그러고도 그들이 종교 지도자라 감히

설 수 있는가?
32 어찌하여 그와 같은 자들의 추한 모습
을 너희들은 보지 못하며 그가 하는
것이 '옳소, 할렐루야, 아멘!'이요, 그
리 소리 지르며 찬송의 박수를 보내는
가?
33 그것이 지금 믿음의 길을 가고 있는
너희들이며, 가르치는 자들의 오늘의
현 실정임을 너희들은 알아야 할 것이
니라.
34 그와 같은 것을 바로 보고 너희들이
깨우치는 그 눈을 뜨라.
35 너희들이 눈을 뜨고 귀를 열면 알 것
을, 어찌하여 그것 하나도 깨우치지
못하는 그와 같이 어리석고 우매한 나
의 백성으로 전락하였는가?
36 이제 너희들이 바로 보도록 그리하라.
37 그리고 너희들이 구약과 신약 성경에
내가 명한 대로 살지 않는 자, 그리고
행하지 않는 종교 지도자를 용서해서
는 아니 됨을 알라.

5,113 번째 하나님 말씀

2003년 2월 20일 23시 36분

1 사랑하는 나의 아들아!
2 "네, 아버님! 말씀하옵소서."
3 너희들의 인간 세상에 살아가면서 재
물을 모으며 부귀영화를 누리며, 너희
들이 남들보다 아름다운 삶을 살아가
며, 세상에 부족함이 없이 살아갈 수
있는 그와 같은 모든 터전을 닦으며,
너희들이 가정을 다스려 나가는 것은
너희들이 노력하는 그 순간에 또는 일
순간에 그와 같은 것을 얻을 수도 있
는 것이 너희들의 삶의 형태이니라.
4 육의 세상에서 재물을 모으는 것 또한
너희들이 거둬들일 수 있으며, 노력하
는 만큼 얻어지는 것이 너희들의 인간
세상에 살아가는 부귀영화를 얻는 방
법이니라.
5 그러나 너희들은 여기서 너희들의 마
음을 향기로운 마음이요, 고운 마음이
요, 천사와 같은 마음으로써 다스려
변화시킨다는 것은 정말 하루아침에
이루어질 수 없으며,
6 너희들의 부단한 노력과 고통의 시련
이 아니라면 그것은 이루어질 수 없는
것이니라.
7 너희들이 성스러운 마음이요, 고운 마
음으로 너희 자신을 변화시킨다는 것
은 너희 육의 세상에서 살아가는 그중
에 어떠한 영광이요, 너희들의 목표를
이루는 그 고통의 길보다도 열배 백배
힘들고 어려운 것이 너희들의 마음을
다스리는 그 고통임을 나 여호와는 알
고 있느니라.
8 너희들이 바로 영광을 위하여 너희들
이 무엇을 얻고자 하는 그 어떠한 고
통보다도 너희들의 마음을 고운 마음
으로 다스리며 향기로운 마음으로 다
스려 나에게 올 수 있는 그 길을 바라
본다는 것이,
9 너희들이 세상사 살아가는 어떠한 고
통도 그에 견줄 수가 없으며, 이를 견
디고 이기는 자가 그리 많지 아니하며,
10 아무나 그 길을 갈 수 없다는 것을 나
여호와는 너무나 잘 알고 있느니라.
11 그리하여 한 계단 변화되고 한 계단
또 변화되어 나에게 오는 너희들이 얼

마나 소중한 나의 백성이며,
12 그 한 계단 한 계단 변해 오는 너를 따
르는 제자들이요, 나의 법전을 읽고
따르는 백성, 그들의 그 고통과 아픈
마음을 내가 하늘에서 내려다보고 있
음이니,
13 너희들의 그 노고를 모르는 나 여호와
가 아님을 너희들은 알아야 할 것이니
라.
14 너희들이 나에게 올 수 있는 그 고통
의 길이 얼마나 어렵고 힘든가를 나
여호와가 이미 알고 있음이니라.
15 그리하여 내가 너희들을 사랑하며, 너
희들이 내가 원하는 그 선까지 왔을
때, 너희 인간의 능력을 다하여 너희
들이 변하고자 노력했을 때,
16 나 여호와가 너희들을 거둬들인다는
것을 알고, 주저하지 말며 용기를 잃
지 말라.
17 그저 너희들이 나에게 오를 수 있는
그 한계까지 오르는 것은,
18 나의 법전을 정독하며 나의 법전에 기
록된 것을 지키고 사는 데 최선의 노
력을 다하고 너희들이 살아오다 보면
나 여호와가 너희들을 내 가슴에 스스
로 안을 날이 머지아니하였음이니,
19 너희들은 그와 같이 영광된 백성이라
는 것을 알라.

5,114 번째 하나님 말씀

2003년 2월 20일 23시 40분

1 사랑하는 나의 아들아!
2 "네, 아버님! 말씀하옵소서."
3 나로부터 선택된 나의 아들딸이요, 나
의 법전을 읽고 깨우친 만백성, 너희
들은 이 세상 살아가면서 너희들보다
영광된 백성이 없음이니라.
4 다만, 너희들의 눈에 보이지 아니하며
손에 잡히지 아니한다 하여,
5 축복과 영광이 보이지 않는다 하여 그
를 보지 못하는 너희들은 지금 불안해
해서도 아니 됨이니라.
6 초조한 마음을 가져서도 아니 되는 것
이 너희들이니라.
7 너희들이 불안과 초조한 마음을 너희
들 가슴속에서 완전히 지워 버리며,
용기 있는 삶을 살고,
8 너희들이 축복과 영광 속에 있음을 너
희 스스로 깨닫는 그와 같은 지혜를
얻도록 그리하라.
9 너희들보다 더 축복된 백성이 없음을
알게 될 것이니라.
10 이 세상에서 가장 행복한 백성이요,
가장 영광스런 백성 너희들이 나 여호
와가 존재함을 믿고 굳건히 믿음을 가
지고 사는 그 마음으로써 살아갈 때,
11 오늘에 어떠한 시련도 어떠한 시험도
너희들은 고통과 초조한 마음으로써
그와 같이 살아가는 마음이 너희들 자
신에게 있어서는 아니 됨이니라.
12 정녕 나를 믿는다면 너희들이 불안과
초조한 마음이 너희들의 생활에 적용
되어서는 아니 됨을 알라.
13 너희들의 가슴에 모두를 다 지워 버리
라.
14 이 세상의 승자는 너희들이며, 나 여
호와가 한 말은 반드시 이루어진다 나
의 아들 예수가 너희들에게 전하여 주
지 아니하였던가?

15 그날의 영광이 머지않았음을 알라.
16 나를 믿지 못하는 그 속에서 너희들이 불안한 마음을 가지며, 너희들이 좌절하고자 하며, 용기를 잃고자 하며, 나의 성전을 떠나고자 하며, 나의 법전을 덮어두고자 하는 그와 같은 마음이 너희들에게서 이루어짐을 알라.
17 너희들은 지금 변화되는 그와 같은 단계이니라.
18 너희들은 한 계단 한 계단 변화되는 그 삶이 어떠한 것인 줄 아느냐?
19 너희들은 허물을 벗음으로써 더 단단해지고 커지는 그와 같은 미물처럼, 한 번 허물을 벗고 한 번 허물을 벗을 때마다 너희들이 성장함이니,
20 그 허물을 벗을 때마다 너희들이 나약해지며 힘든 고비이니라.
21 그러나 너희들은 그 허물을 벗었을 때 성장하는 그 미물처럼, 그리고 단단하게 살아가는 미물처럼,
22 너희들이 한 번의 고통의 진통을 겪을 때마다 너희들이 그와 같이 성장하며 다스려지며 변화되는 것을 알라.
23 그 훈련을 내가 너희들에게 시킴을 잊어서는 아니 될 것이니라.
24 미물이 허물을 벗고 단단하고 더 커지듯이, 너희들이 고통과 시련의 그 허물을 벗고 또 하나를 벗을 때마다 성장되며 나를 보게 되며, 하늘에 오르는 길이 무엇이며 나 여호와를 믿고 사는 것이 무엇이며 나로부터 선택된 백성의 삶이 무엇인가를 너희들이 알 것이니,
25 너희들이 다스려지는 그 훈련이 없이는 너희들이 불안과 초조와 허무한 그 마음에서 벗어날 수 없는 것이니,
26 이는 곧 나를 의혹하며 의심하는 그 마음이니, 진정한 믿음이 없기 때문이니라.
27 너희들이 고통과 시련을 겪는 그 속에서 너희들이 변화되며 성장함을 잊지 말라.
28 그것이 진정한 성장이요, 너희들의 진정한 변화이니라.

5,115 번째 하나님 말씀

2003년 2월 21일 06시 43분

1 사랑하는 나의 아들아!
2 "네, 아버님! 말씀하옵소서."
3 내가 불로써 직접 내려 너희들에게 지키라는 십계명이요, 그 십계명이 너희들의 영혼의 구원의 양식이라 내가 그리 말하였느니라.
4 너희들이 십계명을 암송하고 또 암송하는 그 생활을 반복하면 그 속에서 너희들이 알지 못하는 변화의 역사를 이루게 되어 있음을 알아야 할 것이니라.
5 너희들이 세상에 살아가면서 남의 허물은 잘 볼 수 있으나 너희 자신의 허물을 보지 못하는 것이 나의 백성들이 살아가는 그 상태이며,
6 너희들이 남의 죄는 죄로 잘 보이며 죄인으로 볼 수 있으나 너희들이 짓고 있는 죄는 죄라는 것을 의식하지 못하고 행함이니,
7 그와 같은 마음을 다스리고 씻는 것이 나의 십계명을 암송하고 또 암송함으로 인해서 남이 짓는 죄보다도 너희들

이 짓는 죄를 더 무섭게 잘 알 수 있으
며,
8 남의 허물을 보는 것이 아니라 자기
자신의 허물을 볼 수가 있는 그와 같
은 눈이 뜨이는 것이 바로 십계명을
암송하고 또 암송하는 그 속에서 그와
같이 너희들이 변화되는 것을 알 수
있음이니라.
9 오로지 그 변화만이 바로 설 수 있는
길이며, 또한 나에게 오를 수 있는 근
본이 되는 것을 잊어서는 아니 될 것
이니라.
10 모든 나의 백성은 너희들이 말하고 전
하듯이, 남들이 하는 것은 다 죄악으
로 보이나, 제가 하는 것은 죄악이 아
니요, 즐거움이요, 그저 낙으로 그와
같이 생각하며 착각한다 하였음이니
라.
11 그것이 너희들이 그 죄가 누적됨으로
인하여 나에게 심판을 받을 때 그 모
두는 하나도 버려짐이 없으며 잊어짐
이 없이 다 너희들이 받는다 내가 너
희들에게 수차 강조하였으니 그 뜻을
깊이 깨우치도록 하라.
12 너희들이 십계명의 한 구절을 암송하
면서 과연 어찌 살고 있는가?
13 지키고 사는가, 지키지 못하는가 그와
같은 것을 하나씩 네 가슴에 점검해
볼 때, 너희들이 모든 이치를 깨우칠
수 있음을 알아야 할 것이니라.
14 오로지 십계명만이 너희들이 영원히
구원을 받을 수 있으며, 육의 세상에
서 그를 지키고 사는 인간만이 천국에
서 생활할 수 있음이니,
15 그를 버려두는 자, 그를 지킬 수 없다
하는 자, 너희들은 절대 천국이요, 나
에게 오는 그 길을 볼 수도 없으며 그
빛을 볼 수도 없음을 알아야 할 것이
니라.
16 하나하나 소중하지 아니한 것이 어디
있으며, 보배와 같지 않은 가르침이
거기에 있는가 한번 생각해 보라.
17 그보다 더 위대한 가르침은 세상에 없
을 것이니라.
18 세상에 더 없는 위대함이요, 세상에
더 없는 가르침을 내가 너희들에게 열
가지로 압축하여 세상에 내려보냈으
니,
19 그보다 더 위대한 가르침이요, 그보다
더 위대한 깨우침이요, 그보다 더한
참진리의 길을 찾는 뜻은 없음이니,
너희들은 이를 너희 것으로 만들어야
할 것이며,
20 이를 너희들이 저버려 두고 이를 지킬
수 없으며 어려운 것이며 인간으로서
행할 수 없는 내가 내린 계명이라 그
리 생각하면 너희들은 나와는 아무런
관계도 없는 백성임을 알라.

5,116 번째 하나님 말씀

2003년 2월 21일 06시 50분

1 사랑하는 나의 아들아!
2 "네, 아버님! 말씀하옵소서."
3 종교 지도자는 한 점의 부끄러움이 없
는 삶을 살아야 한다 내가 그리 말하
였음이니라.
4 그리하여 너희들에게 모든 가정에 가
훈을 '하늘을 향하여 한 점의 부끄럼
이 없는 삶을 사는 아들딸이 되자.' 그

리 말했으니,
5 너희들의 사랑하는 자식이요, 너희들
자신이 한 점의 부끄러움이 없는 그와
같은 삶을 살아야 하거늘, 종교 지도
자는 과연 어찌 살아야 한다 했던가?
6 그들은 나의 피조물 만백성 그들의 신
도라 하는 그 제자들이 그를 바라보았
을 때 한 점의 부끄러움이 없어야 하
며,
7 유리로 비춰 보았을 때 한 점의 남에
게 보여서는 안 되는 추한 행위가 있
다 하면, 그들은 종교 지도자로서 자
격이 없다 내가 그리 말하지 아니하였
던가?
8 그와 같이 종교 지도자가 가는 길이며
행하는 길이 그리 어렵고 힘들다 함을
알아야 할 것이니라.
9 그러니 종교 지도자가 유리로 비춰 한
점의 부끄럼이 없는 삶을 살아야 한다
하면,
10 나의 백성 너희들은 과연 어찌 살아야
하는가?
11 너희들은 너희 자신의 그 속을 다 남
들이 들여다볼 수 있도록 투명한 그
와 같은 삶을 살아야 함을 잊어서는
안 될 것이니라.
12 남들이 바라볼 때 너희들의 속까지 다
보일 수 있도록 너희들의 자세가 그리
변해야 함을 잊지 말라.
13 그리하여 너희들이 그와 같이 변하지
아니할 때에는 너희들 또한 나로부터
선택된 백성으로서 나에게 은혜와 축
복의 영광을 받을 수 없음을 알아야
할 것이니라.
14 너희들이 인간사 살아가면서 너희들
의 마음을 감추며 자신의 속마음을 감
추고 사는 그러한 사람은 너희 자신이
투명하게 사는 자가 아님이니라.
15 자신이 투명하게 살지 못하는 것은,
남들이 비춰 봐서 그 속을 다 들여다
볼 수 있도록 그리 살지 못하는 것은
너희들이 또한 깨끗하지 못함이니,
16 너희들 자신은 그와 같은 삶을 살아야
함을 잊지 말라.
17 유리로 비춰 보는 것보다 더 깨끗하게
보일 수 있는, 그리고 너희들의 모두
를 다 투명하게 보이는 그와 같은 삶
을 사는 것이 변화되는 백성이며, 하
늘에 오를 수 있는 너희들임을 알라.
18 너희들이 감추고자 하는 마음, 숨기고
자 하는 마음이 있으면 그는 계속 감
추게 되며 숨기게 되며,
19 그를 지키기 위해 너희는 진실이 아닌
거짓된 행위요, 거짓을 하게 되어 있
음이니라.
20 세상사 살아가는 너희들이 한 번 거짓
을 하게 되면 그를 지키기 위해 계속
거짓을 반복하게 되는 것이 너희들의
삶이니,
21 아예 처음부터 너희들이 투명하게 모
두를 다 보일 수 있도록 그와 같은 삶
을 사는 것이 너희들이 가야 할 길임
을 절대 잊지 말라.
22 너희들은 투명하게 살지 아니하면서
남들에게만 바로 살기를 바란다면 아
니 될 것이며,
23 또한 너희들이 그리 살지 못하면서 종
교 지도자는 유리로 비춰서 깨끗하게
보이는 그와 같은 삶을 살라 강요하는
것은,

24 너희들이 먼저 그와 같은 투명한 인간
으로서 사는 자세가 너희들의 삶에서
이루어진 다음에 그들을 단죄할 수 있
다는 것을 또한 너희들이 잊어서는 아
니 될 것이니라.
25 너희들 자신이 바로 서야 할 것이니라.
26 모든 구원의 길은 너희들 자신에게 달
렸으며, 너희들 스스로 심판하며 너희
들 스스로 결정하는 일이라 내가 말
하였듯이,
27 너희들이 바로 서는 자만이, 그리고
너희들 자신이 투명한 자만이 종교 지
도자에게 유리로 비춰 봐 한 점의 부
끄러움이 없는 삶을 살라 가르칠 수
있으며 그에게 깨달음을 줄 수 있음을
너희들은 먼저 알라.
28 그와 같은 삶을 사는 백성이야말로 세
상에 욕심이 없으며, 세상에 두려운
것이 없으며, 세상에 갖고 싶은 것이
없으며, 세상에 쌓아 놓고 싶은 것이
없으며, 세상에 아까운 것이 없으니,
29 남에게 그저 그리 내줄 수 있으며 사
랑을 베풀 수 있음을 알라.
30 너희들이 속으로 생각하는 마음, 욕심
이라는 것을 가지고 있는 사람이 있다
면, 너희들은 세상에 모든 물질에서부
터 마음까지도 남을 위해 살아가는 그
희생 정신을 가질 수가 없으며,
31 진정한 사랑이요, 진정한 베풂을 가지
고 살 수 없는 것이 너희들임을 알라.

5,117 번째 하나님 말씀

2003년 2월 21일 06시 53분

1 사랑하는 나의 아들아!
2 "네, 아버님! 말씀하옵소서."
3 나에게 오르는 길이 너희들이 얼마나
힘들고 어려운 길이라 말하였던가?
4 너희들의 마음이 자신을 녹이며, 너희
들이 바늘구멍을 통과할 수 있는 그와
같은 고통의 길이요, 어렵고 힘든 길
이 나에게 오르는 길이라 하였음이니
라.
5 그렇다 하여 너희들이 잠시도 방심하
며 잠시도 놓아서는 아니 되며, 기도
를 게을리해서도 아니 되며, 나의 법
전을 소홀히 해서도 아니 되며, 나의
법전을 손에서 놓고 사는 그와 같은
삶을 살아도 아니 된다 하였음이니,
6 나에게 오르는 길이 정녕 힘들고 어려
운 길이니라.
7 그러니 너희들이 나에게 오르고자 할
때 너희들의 마음이 무너지기 시작하
면 너희들 스스로 그를 걷잡을 수 없
음이니라.
8 너희들이 힘들고 어려운 길을 가는 그
속에서 너희들이 사탄의 유혹에 넘어
져 너희들 마음의 문이 열리기 시작한
다면, 너희들이 좌절하기 시작한다면
너희들은 이를 걷잡을 수 없으며,
9 다시는 너희들이 돌이켜 일어설 수 없
는 그와 같은 삶을 살게 됨이니라.
10 지금까지 너희들이 깨우쳤으며 변하
고자 했던 그 노력이 다 하루아침에
물거품이 되어 사라짐을 알아야 할 것
이니라.
11 그리하여 너희들이 좌절하기 시작하
며 한번 너희 자신이 손을 놓기 시작
한다면 정녕 다시 나의 품에 돌아올
수 없는 것이 너희들의 마음이요, 너

희들이 자신을 다스릴 수 없는 그와
같은 형국이 됨을 알아야 할 것이니라.
12 너희들이 정녕 자신을 다스리지 못하
며 무너지기 시작하거든, 골방에 들어
가 너희들이 피눈물보다 진한 기도를
나에게 드리라.
13 그리고 너희들이 생각해 보라.
14 욥의 시련보다 너희들이 더 견디기 어
렵거든 나를 버려도 내가 너희들에게
말하지 아니할 것이니라.
15 욥이라는 나의 백성은 어찌하여 그 모
든 영광을 얻었던가?
16 그는 그 시련을 다 인내했으며 그 시
련을 견뎠음이니라.
17 너희들이 정녕 살아가기가 욥의 시련
보다도 더 힘들고 어렵다 하면, 너희
들이 모두를 다 포기한들 내가 뭐라
말하겠는가?
18 욥은 그냥 그 모든 축복과 영광을 나
로부터 얻은 것이 아니니라.
19 그는 견딜 수 없는 시련이요, 견딜 수
없는 고통을 아무런 마음에 동요가 없
이 그 자신이 버티고 견뎠음이니라.
20 그리고 그는 나를 믿었으니, 욥이 시
련 뒤에 영광과 축복의 그 은혜를 나
로부터 받았음이니,
21 너희들은 욥의 그 시련은 생각하지 아
니하며 욥이 받은 축복과 영광만을 생
각하는 그와 같은 믿음의 길을 가는
것이니,
22 너희들이 욥이 받은 축복과 영광보다
도 욥이 견디고 인내해 싸워서 이긴
그 시련과 그 고통의 용기를,
23 너희들이 그 믿음을 보고 배워야 함을
잊지 말라.
24 너희들 자신이 좌절하며 견디지 못하
겠거든 너희들은 나 여호와를 바라보
라.
25 너희들이 좌절하는 순간에, 너희들이
나로부터 등을 돌리는 그 순간에 너희
들은 나 여호와를 울리는 것이니라.
26 나 여호와를 울리고자 하며 나 여호와
에게 고통을 주고자 하면, 너희들은
나의 법전을 손에서 놓으며,
27 너희들의 오늘의 고통을 견디지 못하
여 손을 놓고 떠나는 그와 같은 백성
이 되라.
28 그와 같은 백성이 되었을 때 너희들은
나를 얼마나 울리고 나를 고통 속에
넣는가 그를 한 번 정도는 생각하는
마음의 자세를 갖도록 그리하라, 사랑
하는 나의 아들딸들아!
29 너희들은 나를 울리지 말라.
30 욥의 시련이요, 예수의 그 죽음의 고
통보다도 너희들이 가는 길이 더 힘들
고 어렵거든, 너희들은 나를 버리고
자연히 떠나도록 그리하라.
31 그리하여도 내가 너희들을 원망하지
아니할 것이니라.
32 너희들이 예수의 죽음의 그 십자가의
고통과 그 욥의 고통보다도 더 어렵고
힘들거든 나를 버리되,
33 그보다 더 힘들지 아니하거든 너희들
은 믿음으로써 모두를 견디라.
34 그리하면 너희들에게 축복과 영광이
있을 것이거늘,
35 너희들이 그와 같은 용기와 인내함으
로써 나에게 오를 수 있는 것이요,
36 그와 같은 자세가 없이 너희들은 정녕
나에게 오를 수 없다는 것을 다시 한

번 깨우쳐 깊이 행하도록 하라.
37 그리하여 오늘의 시련과 고통이 영광
의 길이요, 나로부터 은혜를 받는 길
이며, 사랑을 받으며 내가 너희들을
기억함을 잊지 말라.

5,118 번째 하나님 말씀

2003년 2월 21일 07시

1 사랑하는 나의 아들아!
2 "네, 아버님! 말씀하옵소서."
3 수천 년 동안 믿음의 길을 가는 모든
백성이 지금 너희들이 하늘에 와 나에
게 구원을 받는 것이며 천국에 오르는
길만이 소중하다 그리 생각하며,
4 오늘에 너희들의 육이 존재하는 이 삶
을 소중히 생각하지 아니함이니,
5 너희들은 오늘의 육의 삶이 얼마나 소
중한 것인가를 깨우쳐야 할 것이니라.
6 너희들이 오늘에 지금 존재하는 육의
세상의 삶이 곧 너희들이 바로 천국에
오를 수 있는 길에 연계되어 나에게
오를 수 있는 길이기에,
7 너희들은 오늘의 삶이 얼마나 중요한
가 깨우치고 살아야 할 것이니라.
8 너희들의 모든 깨우침이, 참진리의 길
을 찾도록 그리 너희들이 지금 살아가
고 행하는 그 모두가 다 육의 세상에
서 너희들이 살아가면서 이루어지는
것이며 육의 세상 속에서 다 행해짐을
알아야 할 것이니라.
9 그리하여 오늘에 육의 세상에 사는 그
삶을 소중히 생각하지 아니하는 자,
그와 같은 자보다 어리석은 백성이 없
느니라.
10 너희들이 잘못된 지은 죄요, 모든 허
물을 용서 빌며 깨우치는 그와 같은
세월은 오로지 육의 세상에만 있을 수
있음이니, 그러나 너희들이 육의 세상
에 시간이 영원히 기다려 주는 그와
같은 시간이요, 너희들이 잘못됨을 회
개하고 반성하고 깨우칠 수 있을 때까
지 그 육의 세상이 기다려 준다면 너
희들은 걱정할 것이 없을 것이니라.
11 그러나 너희들 육의 삶의 시간은 너희
들이 회개하고 깨우칠 수 있는 그와
같은 시간을 주지 아니함을 알라.
12 너희들은 육의 세상에 그 정해진 시간
을 쉬지도 않고 달려가며, 그 모두가
끝났을 때 너희들은 바로 서고자 하나
바로 설 수 없는 것이 너희들의 운명
이며 너희들이 살아가는 길이니라.
13 그러니 기다리지 아니하는 그 시간을
너희들이 허송세월해서 보내는 것이
아니요,
14 기다려 주지 않는 그 소중한 시간 속
에서 너희들이 깨우침을 얻어야 하며,
허물을 버려야 하며, 지은 죄를 다 털
어야 하며,
15 너희들이 참진리의 길을 찾아가는 데
최선의 노력을 다하지 아니하면 아니
됨을 알라.
16 진정한 참진리의 길이란 너희들이 그
와 같은 길을 가지 아니하고는 절대
구원을 받을 수 없는 것이며 구원의
길을 갈 수도 없으며 볼 수도 없음을
알아야 할 것이니라.
17 이제 너희들은 참진리를 찾는 데 최선
을 다하는 그와 같은 너희들의 생활을
해야 함을 알라.

18 참진리의 삶을 사는 것은 하루의 삶이
요, 하루에 선한 삶을 사는 것만큼 선
의 무게가 너희들에게 있으며,
19 또한 너희들이 10년을 살면 사는 만
큼 선의 그 무게가 너희들과 같이하니,
20 너희들이 나에게 와 악과 선을 달 때
그게 바로 선의 무게를 갖게 됨을 알
아야 할 것이니라.
21 너희들이 지금 살아가는 그 모두가 참
진리의 뿌리를 찾지 아니하고 살아간
다면, 너희들은 하루를 사는 만큼 그
죄를 지어 그 죄의 무게를 가슴에 안
게 되며,
22 1년이 지나면 지난 만큼 더 무거워지
는 죄의 사슬을 너희들 가슴에 동여맴
을 알아야 할 것이니라.
23 그러하니 너희들이 지금 이 순간에 육
의 삶이 얼마나 소중하며,
24 육의 죽음을 맞기 전에 변화되는 그와
같은 길을 찾지 아니하면 너희들은
나에게 오를 수 없는 것임을 알아야
할 것이니라.
25 너희가 허물을 고치고 죄를 용서받을
그 시간이 없음이니라.
26 정녕 그와 같은 시간은 너희들에게 기
다려 주지 아니함이니,
27 흐르는 물과 같이 쉬지 않고 흘러가
며, 흘러가는 세월처럼 쉬지 않고 흘
러가는 것이, 너희들이 그 허물을 용
서받고 회개 받고 살아갈 수 있으며
깨우침을 가질 그 시간이 기다리지 않
고 없어져 감이니라.
28 너희들이 그 시간이 다 없어졌을 때
과연 어찌하겠는가?
29 이것이 너희들의 육의 삶이니라.
30 '앗!' 하는 순간에 너희들이 돌아다보
니 머리는 백발이 되어 있으며 죽음의
문턱에 와 있다는 것을 알게 되니, 그
게 너희들 육의 삶이니라.
31 그러니 오늘의 자신의 소중함을 알며,
너희들이 육의 삶을 어찌 사느냐에 따
라서 구원의 길에 오르고 못 오름이
니, 오늘의 삶이 중요함을 알라.
32 너희들이 오늘의 삶의 두려움을 깨달
았으며, 육의 삶이 하늘에 천국과 같
은 지상의 천국에서 사는 그와 같은
삶을 살지 아니하면 구원을 받을 수
없다는 그 깨달음을 얻었거든,
33 그 순간에 너희들이 오늘의 믿음의 길
이요, 나에게 오르고자 하는 그 살고
있는 삶을 되돌아보고 들여다보도록
그리하라.
34 그와 같은 깨달음이 없을 때 너희들은
정녕 오늘의 그 길은 아니요,
35 오늘의 믿음의 길이요, 너희들이 행하
고 있는 것이 잘못되었음을 깨닫게 되
니,
36 그때는 너희들이 무엇인가를 찾아야
하며 무엇인가를 얻어야 함이니, 그때
너희들은 나의 법전을 읽어 보도록 그
리하라.
37 그때마저도 너희들이 나의 법전을 읽
지 않고 방황하는 그와 같은 삶을 산
다면, 너희들은 진정한 참진리의 뿌리
를 찾지 못함이니라.
38 너희들이 오늘에 살아가는 그 모든 믿
음이요, 인간 세상에 살아가는 것을
보고 이는 정녕 인간이 사는 세상이
아니요, 정녕 믿음의 길이 아니요,
39 하늘에 오르는 길의 삶이 두렵고 무

섭거든 나의 법전을 읽어 보라.
40 너희들은 구약과 신약이 아니면 구원
을 받지 못한다는 그 가르침 때문에,
한 자, 한 획을 고쳐서도 안 되고 더하
고 빼도 안 된다는 종교 지도자들의
가르침 때문에 너희들은 어쩔 수 없이
지금 끌려가는 그와 같은 형국이나,
41 이제 용기를 가져야 할 것이니라.
42 어떤 것이 진정한 참진리요, 나 여호
와의 뜻인가 명백히 기록되어 있어 너
희들이 다 알 수 있음이니,
43 그 길을 선택해서 보고 나에게 오르도
록 그리하라, 사랑하는 나의 아들딸들
아!

5,119 번째 하나님 말씀

2003년 2월 21일 07시 05분

1 사랑하는 나의 아들아!
2 "네, 아버님! 말씀하옵소서."
3 내가 너희들에게 말하기를, 위로는 나
여호와의 종이요, 아래로는 만백성의
종이라 한 말을 너희들은 알겠느냐?
4 이제 그 뜻을 다시 한 번 깊이 새겨 봐
야 할 것이니라.
5 위로는 나 여호와의 뜻이요, 나 여호
와가 행하고자 함이요, 내가 역사하고
자 하는 것에 너희들은 하나도 오차의
범위가 있어서는 아니 되며, 너희들이
나를 속이는 자가 되어서도 아니 되며,
6 너희들이 나의 종이라 하면 주인이 명
하는 것을 엄히 따르는 것이 종의 도
리이니, 너희들은 창조주 나 여호와의
종이라 내가 그리 너희들을 명하였음
이니,
7 너희들은 내가 이루고자 하는 뜻이요,
내가 행하고자 하는 것을 순종하며,
거역하지 아니하며, 그를 엄히 지키는
그와 같은 백성의 길로써 어렵고 힘든
길을 가는 것이 나의 종이라 내가 너
희들에게 이름을 알아야 할 것이니라.
8 나 여호와의 종이라 하면 너희들이 어
떠한 시련과 고통이라 해도 나 여호와
가 이루고자 새로운 시대를 열고자 하
는 그 뜻을 거역해서는 아니 되며, 거
기에서 벗어나는 행위를 해서는 아니
됨이니라.
9 내가 지키라는 그 십계명을 엄격히 지
키며,
10 내가 지금 새로운 성경을 내려보내는
나의 법전에 기록된 그 내용을 만백성
은 지킬 수 없어도, 너희들은 아무리
고통이요, 시련의 길이라 하여도 그것
을 지키고 살아가는 것이 나의 종이라
는 뜻을 너희들은 알아야 할 것이며,
종이 해야 할 도리이니라.
11 아래로는 만백성의 종이라 하였음이
니, 만백성이 넘을 수 없으며 갈 수 없
는 그 모든 믿음의 길을 너희들은 정
도의 길을 달려가는 것이며,
12 너희들이 천사와 같이 변화되는 그 어
렵고 힘든 길을 감으로 인하여 나의
피조물 만백성이 너희를 보고 바로 설
수 있는 그와 같은 모범을 보여야 하
는 것이 너희들이니,
13 위로는 나 여호와의 종이라는 것이 얼
마나 힘든 길이며, 아래로는 만백성의
종이라는 것이 얼마나 어렵고 힘든 길
을 가야 하는 것인가?
14 그러나 어렵고 힘든 짐을 지고 가는

것이 너희들임을 잊어서는 아니 될 것
이니라, 사랑하는 나의 아들딸들아!
15 이제 너희들은 만백성의 종이라 하였
음이니, 나 여호와가 만백성에게 전하
는 법전을 너희들이 만들어 만백성의
손에 쥐여 주어, 그들이 하늘에 오르
는 것을 볼 수 있는 그와 같은 길을 가
는 것이 너희들이니, 이를 명심하여
행하도록 그리하라.
16 너희들은 그들을 위하여 살아가는 것
이요, 그들이 바로 설 수 있도록 너희
들이 모두를 다 바치는 것이니,
17 아래로는 모든 백성을 깨우쳐 줄 수
있는 길이라면 너희들이 스스로 기꺼
이 제물로 너희 자신을 바칠 수 있는
그와 같은 길을 가는 것이 나의 종이
요, 만백성의 종임을 알아야 할 것이
니라.
18 내가 나의 아들 예수의 생명을 그리
고통스럽게 거둬들여 너희들에게 깨
우치려 했듯이,
19 내가 너희들의 생명을 거둬들인다 할
때, 만백성을 깨우치기 위하여 내가
그를 요구할 때, 너희들은 아무런 이
유 없이 순종할 수 있는, 남을 위해 기
꺼이 너희 목숨을 바칠 수 있는 그와
같은 마음의 자세가 나 여호와 창조주
의 종이라는 너희들이며,
20 만백성의 종이라면 그들을 위하여 너
희들 자신을 제물로 던져 바칠 수 있
는 그와 같은 마음의 자세로 살아가는
것이 너희들이니,
21 과연 너희들이 세상사를 보고 갑론을
박을 할 수 있으며 이웃 형제의 허물
을 보고 탓할 수 있는가?
22 그저 눈을 감고 살아가는 그와 같은
너희들의 마음 자세가 하늘로부터 나
여호와의 종이요, 아래로는 만백성의
종이라 함을 잊지 말라.
23 만백성의 종이니, 그들을 너희들이 구
원하는 길이요, 또 그들을 깨우치는
그 일이 내가 명한 길이니, 거기에만
매진하여 살아가야 할 것이며,
24 세상사를 갑론을박하지 말며, 남과 시
시비비하지 말며, 남의 허물을 들춰
즐거이 말하는 짓을 하지 말며, 그와
같은 삶을 너희들이 살아가도록 너희
자신을 다스리고,
25 겸허하며 겸손하며 낮은 자로 다스리
도록 그리하라, 사랑하는 나의 아들딸
들아!

5,120 번째 하나님 말씀

2003년 2월 21일 14시 38분

1 "너는 나 외에는 다른 신들을 네게 있
게 말지니라.
2 너를 위하여 새긴 우상을 만들지 말
고, 또 위로 하늘에 있는 것이나, 아래
로 땅에 있는 것이나 땅 아래 물속에
있는 것의 아무 형상이든지 만들지 말
며, 그것들에게 절하지 말며 그것들을
섬기지 말라.
3 너는 너의 하나님 여호와의 이름을 망
령되이 일컫지 말라.
4 안식일을 기억하여 거룩히 지키라.
5 네 부모를 공경하라.
6 살인하지 말지니라.
7 간음하지 말지니라.
8 도적질하지 말지니라.

9 네 이웃에 대하여 거짓 증거하지 말지
니라.
10 네 이웃의 집을 탐내지 말지니라.
11 나 여호와가 존재함을 믿는 그 자체가
구원의 길에 들어서는 기본이요, 근본
이며, 나의 법전을 가슴에 안고 정독
하는 자, 반석 위에 서서 하늘에 오르
는 찬란한 빛을 보게 되는 영광을 얻
게 됨이니라."
12 내가 너에게 하나의 성령의 뜻을 세상
에 내려보냄이니,
13 네가 네 마음을 다스리며 나에게 각오
를 다시 하기 위하여 십계명을 암송하
며 나의 뜻을 받아 기록함이니,
14 그 정성이요, 그 뜻을 또한 나의 백성
들이 모름이니라.
15 나의 아들 예수가 그 죽음을 면하고자
나에게 눈물의 기도를 드렸느니라.
16 나에게 정녕 그 잔을 받지 아니하며
그 잔을 피해 갈 수 없느냐는 그와 같
은 애절한 기도를 드렸음이니, 너 또
한 오늘에 십계명을 암송하며 나의 성
령을 받아 대장정의 160권의 법전을
세상에 내보내니,
17 이 법전의 두께만큼 네가 십계명을 암
송했으며, 만백성에게 전하고자 네가
애절히 그리 기록하여 전했음이니,
18 나 여호와가 십계명이 얼마나 소중하
고 귀한 것인가를 나의 백성 너희들에
게 알리고자 하는 것을 너희들은 알아
야 할 것이니라.
19 사랑하는 나의 아들아!
20 "네, 아버님! 말씀하옵소서."
21 너희들이 살아가는 세상 속에 가장 인
간의 향락이요, 즐거움이요, 즐거움의
극치에 달하여 사는 백성이라 하더라
도, 그가 과연 몇천 년이요, 몇백 년을
산다 말하던가?
22 그가 그와 같은 부귀와 영화를 누리는
데도 몇 년이며 몇십 년에 그칠 것이
아니던가?
23 어찌하여 너희들은 그와 같은 그들의
삶이요, 그 호화로움이요, 재물을 마
음대로 흔들며 쓰는 그와 같은 사람을
보고 부러워하며 그것이 인간의 행복
이라 그리 생각하는가?
24 너희들이 아무리 부귀요, 영화요, 권
력을 쥐고 살며 남 앞에 군림하여 산
다 해도 너희들이 백 년을 넘지 못하
며,
25 몇십 년이요, 작게는 몇 년으로써 모
두가 다 끝나는 것이며,
26 그들 또한 나에게 언제 불려올지 모르
는 것이 너희들의 운명이지 아니하던
가?
27 그들을 부러워하며 그 생활을 탐한다
면 아직도 너희들이 욕심을 버리지 못
하였음이니, 인간의 세속에서 벗어나
지 못한 것이 너의 제자들임을 알아야
할 것이니라.
28 너희들은 어찌하여 인간의 그 모두가
부질없는 것이며 하나의 물거품이라
는 그와 같은 생각을 못 하는가?
29 말은 그리하면서 너희들이 생각을 그
리 못 함이니, 부귀영화요, 금화와 재
물에 마음이 흔들리는 그와 같은 사람
이 되어서는 아니 될 것이니라.
30 너희들이 몇십 년도 살지 못하는 그
삶을 위하여 영원히 사는 하늘에 오르
는 길이요, 나 여호와의 성령인 나의

뜻을 너희들이 직접 들으며 나의 아들
과 더불어 한 시대에 새 역사를 이루
는 너희들이,
31 그보다 더 큰 영광과 은혜가 어디 있
기에, 너희들이 얼마 더 살지 못하는
그 인간의 육의 향락과 금화와 은화의
그 재물에 의하여 너희 마음이 흔들리
는가?
32 그리해서는 너희들이 진정 나에게 오
르는 길을 볼 수 없기 때문이니라.
33 너희들이 육의 향락을 생각하며 육의
향락에 젖어들기 시작한다면, 너희들
은 나에게 오르는 길을 올 수 없다 그
리 말하였음이니라.
34 그리하여 내가 부귀영화를 주어 영원
히 오르는 내 품에 오지 못하는 것과
너희들이 오늘의 시련과 고통 속에서
나에게 올 수 있는 그 길을 열어 주는
것 중에 어느 것이 내가 너희들을 사
랑하는 것이냐 하여,
35 전자보다도 후자가 내가 너희들을 사
랑하며 나의 자식을 사랑하는 것이기
때문에 내가 그 길을 선택하여 감이니
라.
36 너희들은 지금 죽어 나에게 천국이라
는 하늘나라에 와 영원히 너희들이 존
재하며 산다는 것을 잊지 말라.
37 너희들이 영원히 사는 그 삶을 지옥에
서 산다, 그리고 너희들이 지은 죄의
대가를 다 갚아 가며 산다 생각해 보
라.
38 너희들은 지금의 육의 삶이 아무것도
아니니라.
39 육의 삶의 향락에 젖어 너희들이 죄를
짓고 살며,
40 내가 남들과 더불어 같이 나누며 살라
는 그 재산을 제 소유물처럼 생각하
여, 제가 관리하고 쓰다가 저의 자식
에게 대대손손 물려주려 하는 그와 같
은 백성의 마음이요, 그 자세가 얼마
나 잘못된 것인가를 아는가?
41 그리하여 부자는 천국에 들어가기가
낙타가 바늘구멍을 통과하는 것보다
도 어려우며, 하늘에 오를 수 없다 하
였음이니라.
42 너희들은 정녕 재물을 가진 부자가 되
어, 나에게 오르는 길을 오지 아니하
기를 원하는가?
43 너희들은 오늘에 고통과 시련 속에서
참진리를 깨우치며 나 여호와의 뜻을
깨달아 하늘에 오르는 길을, 영원히
나에게 오는 길을 선택하겠는가?
44 이는 두말 할 것이 없으며, 너희들이
그와 같이 거부한다 해도, 나 여호와
가 너희들을 사랑하며 나로부터 선택
된 너희들이기에, 너희들이 부귀와 영
화를 따라가는 그와 같은 길을 허용치
아니할 것이니,
45 너희들이 몸과 마음을 단단히 다스려,
오늘의 시련과 고통을 시련과 고통이
라 하지 말며,
46 너희들이 미래의 삶을 위하여 준비하
는 오늘의 삶이라는 것을 잊지 말라.
47 너희들이 정녕 십계명대로 살아가며
마음을 비웠을 때, 내가 너희들에게
그 모두를 다 줄 것이며, 내가 너희들
에게서 거둬들임이 없음을 알라.

5,121 번째 하나님 말씀

2003년 2월 21일 14시 44분

1 사랑하는 나의 아들아!

2 “네, 아버님! 말씀하옵소서.”

3 저 자신은 죽어도 자식은 살리고 싶으며, 저는 먹지 못해도 자식은 먹이고 싶으며, 저 자신은 입지 못해도 자식에게는 입히고 싶어 하는 그와 같은 애절한 마음을 가지고 부모들이 너희들을 길러 냈으며,

4 너희들을 위해 모두 다 그를 바친 것이 육의 형태의 부모의 그 마음이니라.

5 너희들이 자식을 위하여 부모가 바치는 그 마음을 먼저 아는 것이 나에게 오르는 길이며 나를 사랑하는 길이라 내가 너희들에게 그리 가르쳤거늘, 어찌하여 너희들은 그를 바라보려 하지 아니하는가?

6 나는 죽어도 자식은 살리고 싶으며 나는 입지 못해도 자식은 입히고 싶어 하여 모든 것을 다 바쳐 너희들을 기르고 다스린 것이 너희들의 부모이니라.

7 그와 같이 길러 주고 다스려 준 부모의 은혜요, 그 은공에 감사함을 모르는 백성은 나 여호와에 대한 진정한 은혜요, 사랑도 모르는 백성이니라.

8 너희들이 보이지도 아니하며 만질 수도 없는 나 여호와를 믿고 사랑한다 하지 말라.

9 너희들을 육으로써 길러 준 부모의 은혜를 생각해도 너희들이 그 가슴이 미어지는 그와 같은 아픔이 있으며,

10 부모가 너희들을 위해 희생하고 봉사한 그 감사함을 너희들이 그와 같이 감당하지 못할 것이거늘,

11 육으로 길러서 모두를 희생한 그 부모를 공경하지 아니하며 그 부모를 모시지 아니하며 그 부모를 즐겁게 하지 못하는 자들이,

12 보지도 못하는 나 여호와를 따르며 나를 경배하며 존경한다 그리고 나의 심성에 따라 나를 따라오겠다는 그와 같은 말을 하지 말라.

13 너희들은 정녕 지금 하늘에 오르는 그 길이요, 너희들이 천국에 오를 수 있는 길이요,

14 너희들이 영원히 사는 나의 나라에 올 수 있는 그 모든 것을 나 여호와가 이루어 주며, 너희들에게 열어 주고 열어 주지 아니하며 구원하고 구원하지 아니하는 그 모두가 나에게 있다 그리 가르치는 종교 지도자들의 그 가르침 때문에,

15 너희들이 구원을 받기 위하여 나를 부르짖는 것이며, 나의 아들 예수를 찾으며, ‘주여!’, ‘구원의 주여, 영광의 주여.’ 너희들은 그리 부르며,

16 목소리를 소리 높여 하늘을 향하여 소리 지르고 찬송을 부르고 그와 같이 하는 것이 아니던가?

17 너희들은 진정 그와 같은 것을 바라지 아니하며,

18 참진리요, 나의 아들 예수가 너희들에게 사랑을 깨우치며 인간의 사는 그 도리를 가르치고자 했던 그 숭고한 뜻을 깨우쳐 배워 너희들 스스로 아름다운 인간으로서 변화되는 그 삶을 위해 살아가는 것이 도리이거늘,

19 너희들은 그와 같은 순수한 마음으로
변화되는 믿음의 길을 가는 것이 아니
요, 구원을 받을 수 있다는 것, 그리고
나에게 오를 수 있다는 것, 그와 같은
것 때문에 지금 믿음의 길을 가고 있
음이니,
20 너희들은 여기서 믿음의 길을 가는
그 방향을 바꿔야 됨을 알라.
21 너희들이 무엇을 얻고자 이루고자 하
는 것은 나와 관계없으며 내가 들어주
지 아니한다 하였음이니라.
22 나의 아들의 고통이요, 나 여호와가
너희들이 살아가는 그 마음을 알아,
내가 너희들에게 인간으로 나올 때 최
초에 아름다운 천사와 같은 마음을 주
었음이니,
23 다시 그 마음을 찾기 위해 노력하고
산다면 그것이 나에게 구원을 받는 길
이거늘,
24 너희들은 어찌하여 낳아 준 부모에게
도, 너희들이 행함이 그 부모에게 행
하는 것보다 나에게 하는 것이며 너희
손으로 지은 성전에 가 재물을 바치며
하늘에 많이 쌓아 놓는 자는 모두에게
다 영광이 있으며, 부모에게 잘못해도
그는 죄가 아니며, 부모에게 잘못한
것 또한 나 여호와에게 잘하며, 너희
들의 종교 지도자에게 잘하며, 하늘에
재물을 많이 쌓아 놓는 그와 같은 역
사를 하는 자는 다 용서받으며 그것이
더 우선이라 그리 가르침이니,
25 그 잘못된 사악한 자들의 가르침 때문
에 너희들이 지금 그리 흘러가지 않는
가?
26 너희들이 구원이라는 것이 없다면 나
를 쳐다보지도 않을 것이요, 나의 성
전에 고개도 내밀지 않을 사악한 자들
이 바로 너희들이니,
27 아무것도 모르는 너희들이 나를 믿지
않는 이방인이라는 그 백성이 부모를
섬기며 형제와 우애를 나누며 살아가
는 것만도 못한 것이 너희들이니,
28 구원이라는, 자신이 구원받고자 하는
그 무시무시한 사악한 욕심 때문에 너
희들이 오늘의 그 고통을 인내하며 너
희들이 천사인 것처럼 양의 탈을 쓴
늑대처럼 그와 같이 살아가는 너희들
의 그 모습을 보는 나 여호와가 얼마
나 너희들을 미워하겠는가?
29 너희들을 내가 용서치 아니하겠다는
마음을 가지고 있음을 너희들은 알고
있는가?
30 그와 같이 계산된 사악한 마음을 가지
고 가는 너희들이 나에게 왔을 때, 너
희들이 얼마나 무서운 시련의 고통의
대가를 치르는가를 너희들은 알아야
될 것이니라.
31 너희들은 지금 자신이 얼마나 잘못된
길을 가고 있는가를 너희들이 선택해
돌아다보도록 그리하라.
32 이제 나의 아들을 따르는 그 제자들이
요, 만백성 너희들이 얼마나 아름다운
삶이며, 나로부터 축복을 받은 삶을
사는 것인가를 너희 자신이 알아야 될
것이니라.
33 스스로 너희들이 욕심을 버리고 깨우
쳐 나를 향하여 하늘에 오르는 계단
을 한 계단 한 계단 지금 나아오고 있
음이니, 그보다 더 큰 영광이요, 은혜
가 없음을 알라.

34 너희들이 그와 같이 한 계단 한 계단
나를 향하여 오는 동안 많은 백성은
그 반대로 지하의 지옥의 길로 한 발
짝 한 발짝 내려감이니,
35 너희들과 그들과 심판받는 심판대에
서는 그날에 가서 얼마나 하늘과 땅의
무서운 차이가 있는가를 실감하게 될
것이니 그리 알라.

5,122 번째 하나님 말씀

2003년 2월 21일 14시 54분

1 사랑하는 나의 아들아!
2 "네, 아버님! 말씀하옵소서."
3 너희들은 인간 세상에 살아가면서 너
희들이 명을 다하여 육이 죽어 가든,
불행한 일을 당하여 육이 죽어 가든,
그와 같은 일을 당할 때 통곡하고 눈
물을 흘리며 우느니라.
4 너희들이 인간관계에 헤어짐이 그리
아프고 가슴이 저려 오는 일이나, 너
희들은 육이 죽어 가는 그 아픔보다도
너희들이 지금 영혼이 죽어 가는 것
이 더 아픔을 알아야 될 것이며, 그것
의 무서움과 두려움을 너희들은 알아
야 될 것이니라.
5 너희들은 생활을 하면서 너희들의 육
이 죽어 가는 것을 보며, 또 아는 사
람, 이웃이 죽어갈 때, 그 슬픔을 감내
하기가 어려워 너희들이 통곡으로써
절규하느니라.
6 그러면서 너희들의 그 소중한 영혼이
매일매일 하루에도 수백 번씩 죽어 간
다는 사실을 너희들은 모르고 있음이
니, 그 슬픔을 너희들이 보지 못하고
있음이니라.
7 너희들이 살아가면서 죄를 지으며 사
악한 행위를 할 때마다 너희들의 영혼
을 죽여 가는 것이니라.
8 영원히 나에게 오르고자 갈구하며 그
길을 위해 모두를 다 바치며 살아가는
너희들이 너희 영혼이 죽어 가는 그
일을 서슴없이 하루에도 수백 번씩 그
리 행함이니, 그것이 너희들의 삶이니
라.
9 이제 나의 법전을 읽고 깨우친 백성,
그리고 나로부터 선택된 백성 너희들
은 육의 인연이 끝나 너희들이 서로
그와 같은 마음의 통곡의 눈물도 소중
하나,
10 이제 너희들이 살아가면서 하루에도
수십 번씩 너희들이 영의 생명을 죽
게 하는 그와 같은 너희들의 그 무서
움을 알아야 될 것이며,
11 거기에 너희들이 두려워 눈물을 흘리
는 그와 같은 삶을 살아야 될 것이니
라.
12 두려워 눈물을 흘릴 줄 알아야 되며,
너희들의 영혼이 죽어 가는 그 슬픔에
눈물을 흘릴 수 있는 너희들로서 살아
가지 아니한다면 너희들은 하루에도
수십 번씩 죽어 가는 영혼의 그 죽음
을 너희들이 겪어 가며 살아간다는 것
을 잊어서는 아니 될 것이니라.
13 너희들이 사는 육의 세상은 너희들이
눈으로 보이며 너희들이 만짐이니,
14 그는 내가 말했듯이 몇십 년도 안 되
며 또한 때로는 몇 년밖에 안 되는 삶
을 사는 것이 너희들이니라.
15 그와 같은 삶을 위하여 너희들은 그저

그 이별이 왔을 때 세상을 다 잃은 것
처럼 통곡하고 슬퍼하나,
16 너희들이 영원히 사는 영혼이 죽어 가
는 것은 너희들이 알면서도 슬퍼함을
모르며 두려워함을 모르며 무서움을
모르고 사는 것이 너희들이니,
17 이제 나의 법전을 읽고 깨우친 백성이
요, 나의 아들을 따르는 제자 너희들
은 매일 하루에도 수백 번씩 너희들의
영혼이 죽었다 사는 그와 같은 현실에
서 너희들이 산다는 것을 잊지 말라.
18 너희들이 영혼을 얼마만큼 하루에 몇
번씩 죽이느냐에 그 죽인 만큼 너희들
이 나에게 와 고통을 당함이며,
19 너희들이 그로 인해 나에게 오르고
못 오르는 그 변화의 역사가 거기서
이루어진다는 그 무서운 현실을 너희
들은 알라.
20 육이 죽어 가는 것만 너희들이 통곡하
며 슬퍼하지 말며, 너희들의 영혼이
죽어 가는 그것도 슬퍼하며 두려움을
알아야 될 것이니라.
21 이제 너희들이 얼마나 아름다운 마음
을 갖고 살아야 되며,
22 남을 시기하고 질투하며 사악한 마음
을 갖고 사는 것은 너희들이 하루에
그와 같은 마음을 가질 때마다 너희들
이 영원히 다시 태어날 수 있는 영혼
의 생명을 죽임이니,
23 너희들이 얼마나 무섭고 두려운 짓을
하고 있는가를 깊이 깨우쳐, 어리석은
자가 되지 않도록 그리하라.

5,123 번째 하나님 말씀

2003년 2월 21일 15시 07분

1 사랑하는 나의 아들아!
2 "네, 아버님! 말씀하옵소서."
3 나 여호와가 너희들에게 깨우쳐 전하
였느니라.
4 너희들이 정녕 나 여호와가 하늘에 존
재하며 너희들이 나에게 와 심판을 받
으며 그 심판에 대한 너희들이 그 대
가를 치른다는 그 엄연한 사실을,
5 너희들이 그 실체를 얼마나 믿고 있으
며 얼마나 깨닫고 있으며, 그를 얼마
나 엄히 생각하며 두려워 생각하고 사
는가?
6 너희들은 살아가는 그 형태가 나 여호
와가 존재한다는 것을 믿지 않고 살아
가는 그와 같은 백성의 삶을 지금 살
아가고 있음을 알아야 될 것이니라.
7 너희들은 내가 존재한다 믿는 백성이
과연 얼마나 되며, 얼마나 진실 되게
나 여호와가 존재함을 믿고 사는가?
8 내가 보기는 너희들은 그와 같은 진지
한 믿음이요, 내가 존재한다는 그 실
체를 망각하고 사는 것이 너희들임을
나는 알고 있음이니라.
9 지금의 종교 집단이요, 그 지도자요,
너희들이 구원의 길을 가는 그 백성이
요, 신도라는 너희들은 나에게 반발하
며 그렇지 않다 말하고 싶어 할 것이
나,
10 과연 너희들은 나의 계명이요, 나의
뜻대로 지키고 순종하며 사는 것을
너희들이 얼마나 지키고 사는가?
11 그리고 나의 법전이요, 나의 성경이

요, 나의 성서를 너희들이 접하고 너
희들이 믿음이라는 것이요, 구원을 받
는다는 그 성전에 다니고 나간 그와
같은 너희들의 연도와 횟수가 과연 얼
마나 되는가?
12 너희들이 그 횟수가 길면 길수록 너희
들은 지금 천사와 같은 자가 되어 있
어야 되나,
13 너희들은 종교 지도자나 수천 년 동안
끌고 온 종교 집단의 우두머리들이나
그리고 평생 믿음의 길을 간다 하여
너희들이 손으로 지은 그 성전에 가
울며불며 재물을 바쳐 구원을 받고자
하는 너희들이 1년 된 자나 5년 된 자
나 10년 된 자나 차이가 없는 그와 같
은 현실 속에 너희들이 믿음의 길을
가고 있음이니, 그는 바로 무엇이더냐?
14 나의 뜻을 너희들이 실천하지 아니하
며 행하지 아니하기 때문이니라.
15 너희들이 나의 성경이요, 나의 십계명
대로 지키고 살아가는 그와 같은 삶을
살았다면 너희들은 믿음의 세월에 따
라 지금은 변화되었으며, 이 세상은
천사들이 이끌어서 이 지상이 아름다
운 세상이 존재하며 지탱해야 될 것이
니라.
16 그러나 너희들이 지금 이끌어 온 오늘
의 이 지상이 어떻던가?
17 마지막 종말의 시대요, 사악한 자들이
요, 감히 부모가 자식을 탓하기가 어
려우며, 죽어 가는 자 생명을 구원하
는 손을 내밀기도 두렵고 무서운 것이
지금 너희들이 살아가는 형국이니라.
18 너희들이 지금 살아가는 삶이 얼마나
불안하고 공포의 시대에 살아가는가?
19 잘못하는 자 깨우치고자 말을 할 때,
너희들이 그와 같은 자들에게 당함을
받게 되며 너희들이 그들로부터 인간
의 대우를 받지 못함이니라.
20 그리하여 오죽하면 죽어 가는 자에게
도 구원하는 손길을 뻗치기가 두려우
며 겁이 나서 너희들이 함부로 행하지
못하는 이와 같은 세상이 되었으니,
21 죽은 자를 구원해 줄 때 그가 생명의
은인이라 감사하는 것이 아니요,
22 너희들에게 행패를 부리며 너희들에
게 텃세를 하며 너희들에게 복수를 하
고자 하는 그와 같은 일이 생길까 두
려워 너희들이 감히 죽어 가는 자도
구원하지 못하는 이 세상이 되었으니,
이보다 더 사악하고 험악한 세상은 역
사 이래로 없었음이니라.
23 그러니 바로 너희들이 진정 나를 믿고
내가 존재한다는 내 실체를 믿는다 하
면 너희들은 나의 계명을 지키지 아니
하고 살 수 없으며,
24 그를 지킨 백성이라면 오늘과 같이 너
희들이 험악하고 추한 세상은 되지 아
니하였을 것이니,
25 너희들이 아무리 반발하며 나에게 거
부한다 하여도, 너희들이 아니라 하늘
을 향하여 소리 질러도, 너희들은 그
것이 잘못되었으며 너희들은 그와 같
은 삶을 살고 있음을 알아야 될 것이
니라.
26 나 여호와가 존재한다고 너희들이 정
녕 믿는다면, 이를 가슴 깊이 받아들
이며 깊이 새겨 너희들이 살아간다 하
면,
27 너희들이 나의 십계명을 나의 율법을

폐하듯이 그렇게 짓밟으며 그와 같이
쓸모없는 것처럼, 그리고 어느 집안에
누가 소리 질러 외치는 것처럼, 정신
분열자가 말하는 것처럼 그리 버려두
며,
28 이대로 지키고 살 수 없다 그리 말할
수 없는 것이니라.
29 나 여호와요, 창조주가 만든 것이라
너희들이 생각하면 감히 그 이름을 부
르기도 두려울 것이며,
30 너희들이 감히 이대로 살 수 없으며
지킬 수 없다는 그와 같은 무서운 말
을 너희들이 감히 할 수 있겠는가?
31 그와 같은 행위가 너희들이 나를 의
식하지 아니하며 나의 실체를 인식하
지 아니하며,
32 그저 너희들이 건성으로, 남이 가니까
나도 가며 그저 밑져도 본전이라는 식
으로 소리 질러 악을 쓰며,
33 너희들은 지은 죄를 며칠 동안 살다
너희들이 몇 시간 몇 분만 와서 말로
수다를 떨면 용서해 준다는 그것이기
때문에, 너희들이 그와 같이 건성의
믿음의 길을 가며,
34 밑져도 본전이라는 그와 같은 생각으
로 믿음의 길을 가는 자가 지금 모든
너희 성전에 들어와 있는 자들이니,
35 그와 같은 속에 과연 어떠한 참진리를
깨달으며, 그와 같은 자들을 가르치며
그와 같은 생각으로 가르치는 종교 지
도자가 참진리를 과연 어찌 알겠는가?
36 너희들은 구약 시대에 그 모든 역사
를 지키며 신약의 시대에 모두를 지키
고 행함에 있어서 너희들이 조금이라
도 손색이 있는 그와 같은 삶을 살아
서는 아니 되는 것이니라.
37 특히 내가 나의 아들을 통하여 신약의
시대에 성경에 기록하여 세상에 내보
냈으니, 이를 너희들이 그대로 받아
깨우쳐 왔다면 오늘과 같이 이와 같은
형국은 되지 않았을 것이니라.
38 너희들이 임의대로 너희들의 입에 맞
도록 그를 뜯고 고쳤으며,
39 그리해 놓고 너희들은 한 자요, 한 획
도 고쳐서는 안 된다며 너희들이 고
친 그 부분을 위장하는 것이 너희들이
며, 그대로 사는 것만이 구원의 길이
라 너희들이 그리 강요하고 있음이니,
40 그를 보고 가는 나의 피조물 만백성이
과연 무엇을 얻겠는가?
41 그 뜻을 모르며 거기에 있는 진리를
모르는 너희들이 지금 가르치고 있음
이니, 가르치는 선생 자체가 정답을
모르며 오답을 가지고 흔들고 있음이
니, 그 제자들이 과연 어찌 정답을 찾
겠는가?
42 너희들이 정녕 그와 같은 백성이 아니
요, 나를 의식하고 사는 백성이라면,
내가 나의 아들을 통하여 내린 신약의
성경 한 구절 한 구절을 너희들이 엄
히 지키고 사는 그와 같은 삶을 살아
야 될 것이며,
43 구약 시대에 내가 내린 십계명이 또
한 너희들의 영혼의 구원의 양식이니
그를 지켜야 될 것이며,
44 내가 나의 아들을 통하여 160권의 장
정의 법전이라 하여 심판의 기준이요,
마지막 시대에 너희들을 구원하고자
내리는 나의 이 새로운 성경을 정독하
고 깨우쳐 이대로 행하고자 사는 그와

같은 삶을 위해 몸부림치는 고통의
삶을 살지 않는다면 너희들은 변화될
수 없음이니라.
45 너희들이 너무나 썩어져 있고 잘못되
었고 잘못 가고 있기에, 너희들이 바
로잡기 위한 고통은 이루 말할 수 없
으니,
46 이 세상 어떠한 것도 너희들의 그 썩
어져 있는 마음을 바로잡고 그 참진
리를 연구하는 그와 같은 길을 선택하
는 고통보다 더 힘들고 어려운 것은
없다 내가 너희들에게 그리 말하였으
니,
47 그 고통과 시련의 길을 딛고 일어서는
자가 나를 볼 수 있으며, 나에게 영원
히 선택의 그 길을 올 수 있는 백성임
이니 그리 알라.
48 너희들이 말로써 수다 떨며 말로써 떠
드는 그와 같은 믿음이 아니요,
49 너희들이 말로써 나의 아들 예수를 부
르며 구세주요, 참진리의 예수요, 사
랑의 예수요, 구원의 예수라 그와 같
이 말로 하면 너희들은 나의 성령이
너희 가슴에 충만하여 너희들이 하늘
에 들림을 받아 올라간다는 그와 같
은 어리석은 믿음에서 깨어나,
50 너희들이 행함을 소중히 하는 그와 같
은 삶으로 바꾸라.
51 그렇지 않은 자 영원히 나에게 올 수
도 없으며 나를 볼 수 없음을 너희들
은 알라.
52 내가 이를 나의 아들을 통하여 강조하
고 또 강조하며 또 너희들에게 전함이
니, 너희들이 귀가 따갑도록 내가 이
리 전하는 이 뜻이 얼마나 소중한 것
인가를 알라.
53 이리 전하고도 이를 보고 깨우치지 못
하는 너희들은 머지않아 나에게 와 그
심판대에 설 것이며, 그때 너희들이
어찌 가는가를 볼 때,
54 너희들이 아무리 울고불고 통곡해도
오늘에 너희들이 죄를 짓고 악을 행하
면서, 악을 행하는 그 속에서 악의 즐
거움을 얻은 것은,
55 너희들이 그 대가를 받는 그 고통에
대해 감히 상상할 수도 없으며 무엇과
도 견줄 수도 없는 것이니,
56 너희들이 악을 행하는 속에서 악의 즐
거움을 얻는 그와 같은 삶을 버려야
될 것이며,
57 오로지 참진리를 위해 나의 법전을 읽
어 내가 명한 그대로 하나하나 고치며
행하는 삶을 살라.
58 그것만이 너희들이 나에게 오를 수 있
으며 진정한 구원의 길임을 알라.
59 내가 너희들에게 내리는 이 법전이요,
새로운 성경이 사탄이요, 사악한 자의
마지막 장난이라 한다면,
60 내가 구약을 인정하지 말라 하였을 것
이며, 내가 신약을 인정하지 말라 하
였을 것이며, 나의 아들 예수를 부르
라 하지 않았을 것이며, 나 여호와를
감히 찾지 못할 것이니라.
61 이 모두는 구약의 시대 역사하며 그
구약의 시대에 잘못 가고 잘못 깨달
은 것을 여기서 바로 가르치며, 나의
아들의 생명을 바쳐 너희들을 바로잡
고자 했던 그 신약 시대의 잘못된 것
을 이 법전을 통하여 깨우쳐 바로 세
우는 그 역사요,

62 너희들이 구원의 길을 오게 하고자 지금 이 어렵고 힘든 길을 가고 있는 나 여호와의 마음을 너희들이 정녕 이해하고 안다 하면, 너희들은 정녕 나의 법전을 들어 정녕 정독하는 그와 같은 기회를 가지라.

63 이를 정독하지 아니하는 자, 구원을 받을 수 없으며 구원의 심판대에 설 수 없다는 이 무서운 뜻이 나 여호와의 진실한 명령임을 너희들이 알아서 행하도록 그리하라.

5,124 번째 하나님 말씀

2003년 2월 21일 15시 17분

1 사랑하는 나의 아들아!
2 "네, 아버님! 말씀하옵소서."
3 내가 존재하는 하늘나라를 내가 뭐라
가르쳐 주었는가?
4 어떠한 아름다운 성격을 가지며 어떠
한 아름다운 마음을 가지며 자연의 아
름다움을 그려 낼 수 있는 그와 같은
유능한 화가도, 그가 아무리 능력이
있으며 아무리 상상력을 다 동원해도
그가 하늘의 흉내를 낼 수 없으며,
5 하늘의 뜻을 그릴 수 있는 그와 같은
자가 세상에 없다 내가 말하였느니라.
6 하늘나라에 오르고자 하는 것은 인간
으로서의 생각이요, 너희들의 상상으
로써는 감히 근접할 수도 없는 것이
하늘나라에 존재함이요, 나에게 오르
는 길임을 알아야 할 것이니라.
7 내가 그리하여 누구도 어떠한 상상력
을 갖는다 해도, 너희들이 그리든 찍
어 내든 흉내도 낼 수 없는 것이 곧 내
가 존재하는 하늘나라라 너희들에게
일찍이 전해 주었으며 깨우쳐 주었음
이니라.
8 그리하여 그 길에 오르는 자, 그곳에
올 수 있는 자, 너희들이 얼마나 아름
답고 깨끗하게 살아야만 되는 것인가
를 내가 또 일깨워 주었음이니라.
9 너희들이 아무리 그곳에 온다 하여도,
죄 짓고 온 자 너희들 스스로 그곳에
서 숨이 막혀 견딜 수 없어 지옥 불로
기어 가도록 되어 있는 것이 그 하늘
나라라 내가 그리 말했음이니라.
10 그러니 인간의 모든 지혜요, 상상력을
다 동원해도 생각할 수도 없으며 그릴
수도 없으며 찍어 낼 수도 없는 것이
하늘나라라 내가 그리 말하였으니, 너
희들이 그와 같은 나의 하늘나라에 오
고자 한다면 너희들 자신이 변화되며
아름다운 마음으로 살아가야 할 것이
며,
11 너희들이 얼마나 너희 스스로 선을
행하는 그 싸움에서 악을 저버리고 선
을 선택하는 그 길을 가야 하겠는가?
12 그 고통의 길을 지키고 가지 아니하면
오를 수 없음이 너희들이니라.
13 그리하여 내가 너희들에게 몇 가지 지
키라 하는 것을 내가 다시 한 번 나의
아들을 통하여 나의 법전에 기록하여
전함이니, 너희들은 이를 명심하여 지
키도록 하라.
14 너희들이 선을 행함이 첫 번째요,
15 너희들이 계명대로 지키고 행함이 두
번째요,
16 나의 법전을 정독하여 행하는 그와
같은 삶을 사는 것,

17 그리고 너희들이 그 축복 속에 그 깨
달음의 길을 오는 그 길은 험난하고
좁은 길이며 가시밭길이니,
18 너희들이 고통과 시련의 그 길을 인내
하고 참는 자만이 하늘의 뜻을 알 수
있으며, 나 여호와를 볼 수 있으며, 내
가 이루는 나라에 올 수 있다는 것을
잊어서는 아니 될 것이니라.
19 이제는 지금 세상에서 살아가며 나의
법전을 접하며 나의 아들과 더불어 한
시대를 살아가는 너희들이 얼마나 축
복된 백성이며 영광된 것인가를 너희
들이 스스로 알라.
20 나의 아들은 나 여호와가 존재함을 알
지도 못했으며, 나를 찾을 줄도 몰랐
으며, 나 여호와가 너희들을 심판하는
그것도 아무것도 몰랐던 자였느니라.
21 아무것도 모르는 그였으며,
22 기도할 줄도 모르며, 그가 기도할 때
무엇을 어찌하는 것인지도 모르며,
23 그리고 믿음의 길이 무엇인가를 아무
것도 모르는 나의 아들이 이제 십계명
을 암송하며 그를 따라 살아가고자 하
는 그 모습으로 변함이니,
24 조금만 그가 더 견디고 이 어려운 고
비의 선을 넘을 때, 너희들 제자들이
바라고 기대하던 그 놀라운 결과요,
기적의 역사가 시작될 것이니,
25 그때 모든 것은 다 너희들 것이며,
26 오늘의 고통을 견디면 죽기 전에 육
의 세상에서 모두를 너희들이 보게 될
것이니라.
27 그리고 나의 법전이 진정한 참진리요,
나 여호와의 성령이라는 것을 너희들
이 자신 있게 말할 수 있을 때가 머지
않았음이니, 오늘의 고통에 너희들이
좌절하지 말며 용기 잃지 말라.
28 미래의 영광은 모두가 다 너희들 것임
을 잊지 말라.

5,125 번째 하나님 말씀

2003년 2월 22일 0시 08분

1 사랑하는 나의 아들아!
2 "네, 아버님! 말씀하옵소서."
3 네가 이 깊은 밤, 나에게 경배의 기도
를 드리며 나의 성령을 받아 법전을
만들어 만백성을 구하고자 하는 길이
어렵고 힘들다 그리 말하나,
4 나의 아들 예수가 세상에 나가 만백성
에게 참진리를 깨우쳐 주며 영원히 목
마르지 않은 생수를 그들에게 전하고
자 했으나,
5 그들이 저희들의 아집이요, 고집 때문
에 저희들이 가지고 있는 그 기득권을
지키기 위하여 나의 아들을 죽음으로
그리 몰아갔느니라.
6 네가 이 깊은 밤, 나에게 경배하며 나
의 법전을 만드는 이것이, 네가 하는
그 역사가,
7 예수가 만백성을 깨우치고자 하여 전
하지 못하니 그 죽음으로써 모두에게
전하게 했던 그 죽음을 선택하는 것보
다도 네가 더 힘들고 어렵거든, 네가
나의 법전을 서서히 만들어도 되며 천
천히 그리 가도 될 것이니라.
8 그러나 만백성을 구하고자 하는 예수
나 지금 네가 나의 성령을 받아 만백
성을 구하고자 나의 법전을 기록하여
전하는 것이나,

9 만백성에게 참진리를 깨우쳐 주며 그
들에게 목마르지 않는 그 생수를 부
어 주고자 하는 것은 예수나 너나 똑
같은 그와 같은 마음의 자세며 똑같이
역사를 하고 있음이니,
10 정녕 네가 생명을 던져야 하는 예수보
다도 더 고통스럽고 힘든 길이라 생각
하거든 네가 서서히 가라.
11 네가 육의 삶 속에, 생활 속에 젖어 가
며 네가 서서히 시간 나는 대로 나에
게 기도하고 경배하여 그리 법전을 만
들어도 괜찮을 것이니라.
12 그러나 그보다 힘들지 아니하며 그보
다 고통스럽지 않다면,
13 네가 오늘보다 더 강한 마음으로 더
열과 성의를 다하여 나로부터 내리는
나의 성령을 받아 만백성을 구하는 그
역사를 이루어야 할 것이니,
14 너는 이와 같은 이치를 깨우쳐 너 스
스로 결정하여 행하여 가도록 그리하
라.
15 내가 오늘 너에게 뭐라 가르쳤는가?
16 너희들이 사랑이라는 것은 너희 자식
과 남의 자식 둘 중의 하나를 선택해
야 하는 그 죽음의 기로에서 하나를
버리고 하나를 선택할 때,
17 네가 생각도 없이 무의식적으로 네
자식을 둘러업음이 아니요,
18 남의 자식을 둘러업고 나오는 그와 같
은 행동으로써 살아가는 것이 사랑이
요, 너희들의 마음이 변한 것이라 하
였음이니,
19 너희들은 그 불바다 속에서 두 자식
중의 하나를 선택해야 할 때, 네 자식
을 버리고 남의 자식을 업고 올 수 있
는 그와 같은 마음이 사랑이라 하였거
늘, 너희들은 과연 그리할 수 있는가?
20 그 불 속에서 하나를 구원할 때, 어머
니를 부르짖는 그 자식을 놔두고 남의
자식을 업고 뛰쳐나오는 그것이 사랑
이라 하였음이니,
21 너희들이 내가 지키라는 그 십계명이
그보다 더 어렵고 힘들던가?
22 모든 종교 지도자 너희들은 깨우쳐야
할 것이며, 너희들이 마음이 있으며
양심이 있으며 생각이 있다면 나 여호
와의 가슴 아픔을 알아야 할 것이니라.
23 불 속에서 타 죽으면서 어머니를 부르
는 그 자식을 놔두고, 남의 자식을 등
에 업고 나올 수 있는 그와 같은 마음
이 정녕 사랑이요, 그것이 베풂이라
내가 그리 말하였음이니,
24 너희들이 죽음의 불구덩이에서 제 자
식을 놔두고 남의 자식을 둘러업고 나
오는 그 부모의 마음보다 십계명을 지
키기가 더 어렵고 아프단 말이더냐?
25 너희들이 지키기가 그보다 더 어렵고
힘들지 않은 십계명이라면, 그럼에도
그를 지킬 수 없다 하면,
26 너희들 종교 지도자는 인간도 아니며
짐승만도 못한 자들이니라.
27 너희들이 나의 사랑하는 백성을 하늘
에 인도하며, 하늘에 오르는 길이요,
그 생명을 구한다 하는 자들이,
28 그 생명의 원천이요, 생명수인 나의
십계명을 지킬 수 없다 말하며,
29 인간이기 때문에 그를 지킬 수 없고,
30 인간이기 때문에 너희들은 죄를 짓고
십계명을 못 지키는 것을 너희들이 그
저 성전에 와서 일주일에 한 번이요,

열흘에 한 번이요, 한 달에 한 번 눈물
을 흘리고 기도를 하면 다 용서를 받
으니, 너희들은 지키지 아니해도 된다
그리 가르치는 자,
31 과연 그가 나의 성경을 읽고 깨우친
백성이요, 진정한 사랑을 실천하는 백
성인가?
32 너희들이 다 쓰러지는 그 불구덩이에
서 제 자식을 버리고 남의 자식을 둘
러업고 나오는 그 어미요, 부모의 마
음보다 너희들이 십계명 지키는 것이
더 아프고 힘들거든, 십계명을 감히
지킬 수가 없으며 인간이라 지키며 살
수 없다 그리 말하라.
33 그보다 못하거든 너희들이 네 자식을
버리고 오는 것은 할 수 있으며, 십계
명은 지킬 수 없는가를 견주어 보라.
34 네 자식을 버리고 나오지 못한다면 십
계명을 못 지킨다는 소리를 너희들이
해서는 아니 될 것이니라.
35 그보다도 더 너희들이 고통스럽고 더
가슴 아픈 일은 없을 것이니,
36 이제 모든 종교 지도자 너희들은 들을
것이며 그를 따르는 만백성 너희들은
들으라.
37 종교 지도자가 인간이라 십계명을 지
킬 수 없으며 율법대로 살 수 없으며
나의 새로운 성경이요, 법전으로 살
수 없다 그리하거든,
38 너희들이 그것을 못 지키는 것이 살려
달라 애원하는 자식을 놔두고 남의 자
식을 둘러업고 나오는 그 어미의 마
음보다도 더 아픈가 견주어 그것을
너희들이 스스로 알아서 선택하도록
하라.
39 너희들이 만일 자식을 버리는 것보다
도 십계명을 지키는 것이 더 아프다면
지키지 아니하여도 되나,
40 그 가슴보다 너희들이 아프지 않다면
십계명을 지킬 수 없다는 것은 너희들
의 변명이요, 사악한 자들이 육의 편
안함을 얻기 위해 그와 같이 말함이니,
41 이게 나 여호와의 뜻이요, 하늘의 뜻
이며 너희들이 지키고 가야 할 길임을
알아야 할 것이니라.
42 내가 부자는 하늘에 오르는 것이 힘들
다 하였음이니,
43 그들은 부귀영화에 남들의 어려움을
모르며, 고통을 모르며, 깨달음이 없
기에 올 수 없다 내가 그리 말하듯이,
44 너희들이 마음에 여유가 있으며 너희
들이 편하고자 하는 삶이요, 육의 향
락에 젖어 힘들고 어려운 길을 가지
않으려 하는 너희들과 똑같은 자요,
그들과 똑같은 자가 바로 나의 계명대
로 지키고 살 수 없다 말하는 자이니,
45 너희들이 이제 깨우쳐 너희 스스로 알
아서 행하도록 하라.
46 내가 나의 법전에 기록하여 이리 전하
거늘, 그러고도 십계명을 인간이라 지
킬 수 없다 하면,
47 너희들이 남의 자식을 선택하고 네 자
식을 버리는 그와 같은 사랑도 실천하
지 못하는 자며, 사랑의 근본이 무엇
인가도 모르는 지도자이니,
48 너희들이 지도자가 될 자격이 없음을
이제 확실히 알았을 것이니,
49 여기에 더 이상 이유를 달지 말며 변
명을 달지 말며,
50 너희들이 잔머리로써 그 답을 오판하

여 만백성에게 잘못 깨우치는 그와 같
은 우를 범하지 말라.
51 너희 스스로 지옥으로 가면 될 것이
지, 나의 사랑하는 백성까지 지옥으로
인도하는 그와 같은 사악한 짓을 하지
말라.

5,126 번째 하나님 말씀

2003년 2월 22일 0시 12분

1 사랑하는 나의 아들아!
2 "네, 아버님! 말씀하옵소서."
3 나로부터 생명을 받아 나갔으며 나로
부터 은혜와 축복을 받아 세상에 태어
난 백성 너희들이 세상에 살아가면서
꼭 지켜야 할 몇 가지가 있음을 알아
야 할 것이니라.
4 너희들이 나로부터 은혜를 받아 살아
감이니, 너희들이 제일 첫 번째 지킬
것은 만백성을 사랑함이니라.
5 네 이웃을 네 몸과 같이 사랑하며, 네
모두를 다 바쳐도 그 사랑과는 바꿀
수 없는 그와 같은 아름다운 마음으로
이웃을 사랑하는 그 마음을 갖고 살아
가는 것이 너희들이요,
6 그것이 얼마나 중요한 것인가를 너희
들은 깨달아야 할 것이니라.
7 두 번째는 너희들이 육의 세상을 살다
죽어 나에게 와 반드시 심판을 받는다
는 것을 잊어서는 안 될 것이며,
8 반드시 심판이 있다는 그 무서움을 마
음속에 깊이 간직하고 사는 그와 같은
백성으로 살아야 할 것이니라.
9 세 번째는 너희들이 심판을 받는다면
지옥과 천국이라는 그 갈림길에 있으
니, 너희들이 육의 세상에서 어찌 살
았느냐에 따라서 지옥과 천국이라는
선택의 길을 가게 되어 있음이니,
10 지상에서 천국의 육의 삶을 산 자는
천국으로 나에게 올 것이며,
11 지상에서 지옥의 삶을 산 자, 육의 향
락을 위하여 사악하게 산 자는 지옥으
로 갈 것이니,
12 너희들은 그와 같은 뜻을 가슴에 깊이
새기며, 이를 항상 머리에서 지워서는
아니 될 것이니라.
13 그리하여 마지막 나에게 와 심판을 받
아 두 곳 중에 한 곳을 선택하여 반드
시 간다는 것을 잊지 말라.
14 그 두 곳은 누구도 그를 피해 갈 수도
없으며, 그를 거치지 않는 나의 백성
은 없음을 알아야 할 것이니라.
15 이와 같이 내가 너희들에게 가르친 이
세 가지를 너희들이 가슴에 안고 생각
하고 살아간다 해도 너희들이 지상의
삶에서 지옥에서 사는 그와 같은 삶은
너희들 스스로 벗어날 수 있는 깨우침
이 있을 것이니,
16 이를 가슴에 깊이 새겨 두고 살도록
그리하라.
17 육에서 영적으로 이루어지는 그 삶이
바로 무엇인 줄 알겠는가?
18 너희들은 육에서 영적으로 이루어지
는 그 삶의 의미를 알아야 할 것이니
라.
19 너희들은 지금 육의 삶이 죽는 그것으
로 끝나는 것이라 생각하나, 육의 삶
이 영적으로 연결된 삶이라는 것을 잊
어서는 아니 될 것이니라.
20 이제 너희들은 이와 같은 뜻에서 벗어

나서도 아니 되며, 이와 같은 것을 저
버리고 살아도 아니 됨을 알아야 할
것이니라.
21 이는 다 연계된 삶이라는 것을 잊어서
는 아니 되며, 육의 삶이라는 것이 영
적인 삶의 구원을 받기 위한 과정을
거치는 것이라는 것,
22 그리고 영으로서 너희들이 구원을 받
고 새 생명으로 태어나는 그와 같은
축복을 받기 위한 길이라는 것을 잊지
말라.
23 너희들은 나로부터 다시 태어나는 생
명이요, 새 생명으로 태어나는 그와
같은 영광을 받는 그 과정을 거치는
자들이,
24 내가 너희들에게 명한 것, 너희들에게
행하라는 것을 행하지 아니하고 지키
지 아니한다면, 그 영광된 길을 볼 수
도 없으며 구원의 길조차도 볼 수 없
는 자들임을 알아야 할 것이니라.
25 이제 너희들이 이 뜻을 깊이 깨우쳐
나 여호와가 너희들을 이끌고자 하며
깨우치고자 하는 그 뜻을 알아야 할
것이니, 이를 명심하여 행하도록 그리
하라.

5,127 번째 하나님 말씀

2003년 2월 22일 0시 19분

1 사랑하는 나의 아들아!
2 **"네, 아버님! 말씀하옵소서."**
3 너는 선지자로서 네가 살아가는 길이
어떠한 길이라 내가 말하였는가?
4 너를 따르는 너의 제자들과 나의 법전
을 읽고 깨우친 자요, 나의 선지자요,
나의 아들이라 하는 너는 살아가는 그
길이 사막에서 마지막 한 모금의 물을
놓고 누가 마시느냐에 따라 죽고 사는
그와 같은 형국에서,
5 사막에서 한 모금 남은 그 마지막 물
을 네가 마시지 않고 다른 사람에게
줄 수 있는 그와 같은 길을 가는 것이
며, 그와 같은 마음을 가지고 살아가
는 것이 나의 아들 네가 살아가는 길
이며, 너를 따르는 만백성이요, 그 제
자들이 살아가는 길이라 내가 그리하
였음이니라.
6 그와 같은 마음을 가지고 가는 자, 전
사로서 영원히 나에게 오를 것이며,
많은 백성의 생명을 구하여 하늘에 와
나로부터 큰 상을 받음을 잊어서는 아
니 될 것이니라.
7 너희들은 알아야 할 것이니라.
8 너희들은 나의 명령이요, 나의 법전을
지금 세상에 전하여 만백성을 구하는
그 역사에 동참하는 선택된 백성으로
서 얼마나 위대한 백성인가를 다시 한
번 마음속에 깊이 새겨야 할 것이니라.
9 그리하여 너희들이 있기에 나의 아들
이 지금 법전을 160권 중에서 60권이
넘는 내용을 받아 기록하며 지금 가고
있음이니,
10 너희들은 나의 아들로부터 수많은 강
론을 들었으며 내가 직접 내리는 나의
뜻을 직접 들었느니라.
11 그리고 내가 너희들에게 명하여 160
권을 세상에 하얀 눈이 내리듯이 전하
여 온 세상을 다 덮으라 했던 그 법전
이 지금 60권이 넘어가고 있음이니,
12 열여섯 권의 법전을 가지고 공부했으

며, 나의 아들을 통하여 내리는 모든 강론을 들은 너희들은 과연 지금 얼마나 변화되어 있으며, 너희들의 모습은 과연 어디에 가 있는가?
13 너희들 자신을 한번 돌아다보는 그와 같은 시간을 갖도록 하라.
14 과연 너희들은 얼마나 변화되었으며, 과연 사막에서 그 죽음의 순간에 물 한 모금을 네가 마시지 않고 남에게 줄 수 있는 그와 같은 사랑의 마음이요, 그 용기요, 그것을 실천할 수 있는 의지와 뜻이 과연 어디까지 와 있으며,
15 너희들이 정녕 실천할 수 있는 그와 같은 백성이라 말할 수 있는가?
16 너희들은 여기서 알아야 할 것이니라.
17 너희가 그 뜻을 알지 못하고 살아간다면, 정녕 구원을 받을 수가 없으며, 나에게 오르는 백성이 될 수 없음을 알아야 할 것이니라.
18 천국에 가는 자리가 하나가 남았을 때, 내가 뭐라 말하였느냐?
19 마지막 그 하나라도 양보하는 사람이 되어야 할 것이며,
20 너의 제자들이 정녕 그와 같은 마음으로 살아갈 때, 나에게 올 수 있는 백성이요, 나로부터 선택된 나의 아들딸이요, 만백성을 구원할 수 있는 자격이 있는 것이라 내가 일깨워 주었음이니라.
21 이제 너의 제자들 또한 얼마나 그와 같이 변화되었으며, 그와 같은 자격을 가지고 있으며, 그를 실천하고 살아가고 있는가 또 한 번 가슴에 손을 얹고 너희들 스스로 자신을 돌아다봐야 할 것이니라.
22 편안한 생활 속에서 변화되는 것은 누군들 못 하겠는가?
23 여건이 갖춰져 있으며 환경이 갖추어진 그와 같은 속에서 재물을 쌓아 놓고 남에게 나누어 주며 베푸는 그와 같은 것은 지금 나의 아들을 따르는 너희들은 할 수 있는 그 경지에 올라와 있음이니라.
24 그러나 지금 많은 백성은 재물이 있어도 나누어 주지 못하며 남을 위해 쓰지 못하는 것이 그들이니,
25 우선 재물이 있을 때 남을 위해서 던져 주며 나누어 주고 베풀 수 있는 수준까지라도 너희들이 나의 피조물 만백성을 이끌어 오는 데 최선을 다해야 할 것이며, 그리 변하는 삶을 살아야 할 것이니라.
26 그리하여 너희들이 점점 변하는 그 삶 속에서 만백성이 너희들을 보고 하늘에 오르는 길을 알 것이며,
27 너희들이 변하는 그 모습을 보는 그들만이 진정한 마음으로 너희들을 따르고 변화될 것이니라.
28 그리하여 너희는 계속 나를 따라 나를 향하여 정진하는 그와 같은 마음으로 살아가야 할 것이니라.
29 그러니 너희들에게 변할 수 있는 모든 여건이 갖추어져 있으며 모든 준비가 되어 있는 그 상태에서는 누군들 아름답게 남에게 베풀며 살지 못하겠는가?
30 너희들은 정녕 그와 같은 데서 하는 것이 아니니라.
31 너희들은 지금 너희가 가지고 있는 것을 남에게 베풀 수 있으며 나누어 줄 수 있는 그와 같은 마음의 경지에

서 한 계단 더 딛고 올라서야 하며 한
계단 또 올라와야 함이니라.
32 지금의 진정한 믿음을 간다 말하는 백
성은 너희들처럼 남에게 나누어 줄 수
도 없으며 베풀지도 못하는 자들이 말
로만 사랑이라 그리함이니,
33 그들을 너희 수준에 끌어올려 놓고
너희들은 다음 단계로 또한 넘어야 함
을 잊지 말아야 할 것이니라.
34 다음 단계의 그 사랑은 무엇이던가?
35 너희들이 어렵고 힘든 고통 속에서도
베풀며 나누며 사랑하는 마음이 똑같
아야 함을 잊지 말아야 할 것이니라.
36 모든 환경이 갖추어져 쌓여 있는 것
을 가지고 남에게 나누어 주는 것은
지금 할 수 있음이니라.
37 그리고 만백성 중에도 그와 같이 할
수 있는 자도 있을 것이니라.
38 그리하여 종교 집단에서 사랑을 모르
고 가는 자를 그 수준까지 끌어올리는
데 너희들이 지금 최선을 다할 것이며,
39 그와 같은 역사를 이루는 단계에서 너
희들은 더 높이 나에게 올라와야 하는
것을 잊지 말라.
40 어떠한 고통과 시련 속에서도 너희들
이 준비된 것을 나누어 줄 수 있는 그
와 같은 마음으로써 견디는 삶을 살아
야 할 것이며,
41 오늘 너희들이 힘들고 어렵다 하여 믿
음이 흔들려서도 아니 되며,
42 어렵고 힘든 그 속에서 믿음을 굳건히
하며,
43 굳건한 그 믿음 속에서 어려운 환경에
서도 남을 도우며 이웃을 도우며, 그
고통을 영광으로 생각하는 그와 같은
삶의 자세로 살아가는 너희들이 되어
야 할 것이니 이를 잊지 말고 그리 변
하도록 하라.

5,128 번째 하나님 말씀

2003년 2월 22일 0시 25분

1 사랑하는 나의 아들아!
2 "네, 아버님! 말씀하옵소서."
3 내가 나의 법전에 기록하여 너희들에
게 전하기를, 너의 제자들과 나의 법
전을 읽고 깨우친 백성 너희들은 정녕
운명이라는 것이 너희들 앞에는 없다
내가 그리 말하였음이니라.
4 이 세상에 살아가는 모든 동식물이요,
생명이 있는 자들은 운명이 있으며 끝
남이 있음이니라.
5 그리고 그 운명의 테두리를 그들이 벗
어나지 못하고 살아 나에게 와 심판을
받는 것이니라.
6 그러나 내가 너희들에게는 운명이 없
으며,
7 그 운명을 좌우할 수 있는 것이 바로
나의 법전을 읽고 깨우친 나의 백성이
요, 나의 아들을 따르는 제자 너희들
이라 내가 그리 말하였음이니,
8 내가 너희들에게 명한 운명이 없다는
그 삶이라는 것이 얼마나 소중하고 귀
한 것인가?
9 너희들 스스로 생명을 연장할 수 있으
며 단축할 수 있는 그와 같은 권한과
능력을 내가 주었음이니,
10 너희들이 눈으로 보지 않는 그 능력은
내가 내린 능력이라 생각하지 아니하
는가?

11 너희들은 만질 수도 없으며 눈으로 볼
수도 없으며 쥘 수도 없는, 그것도 너
희들 자신은 운명이 없다는 것도 생명
을 연장하며 단축할 수 있는 그와 같
은 위대한 기적과 역사를 이루는 것이
너희들이며, 내가 그를 너희들에게 주
었으니,
12 그보다 더 큰 영광과 은혜가 과연 어
디에 있는가?
13 이 세상의 모든 백성은 그를 조정할
수 없으며 그와 같은 역사를 이룰 수
없음이니라.
14 그들은 정해진 그 테두리에서 운명이
라는 것을 벗어날 수도 없으며 단축할
수도 없으며 연장할 수도 없는 것이니
라.
15 그러나 나로부터 선택된 나의 아들딸
이요, 너희들은 그와 같은 운명이 너
희 자신에게는 없다 내가 그리 말하였
으니, 그는 바로 내가 무엇을 의미했
던가?
16 목숨을 연장하고 죽고 살고 단축하는
그 모두를 내가 너희들에게 권한을 주
었음이니, 그보다 더 큰 영광이 없거
늘,
17 너희들은 이를 모르고 살며, 이를 기
적이요, 영광이라 그리 말하지 아니하
느니라.
18 내가 나의 아들 예수의 시대도 그 제
자들에게 그와 같은 은혜와 영광을 내
리지 아니하였음이니,
19 오늘 나의 법전을 가지고 공부하는 너
희들에게 내가 운명이 없다 깨우쳐 준
것은,
20 나의 아들 예수는 말로써 모든 것을
깨우치며 말로써 전하여야 했음이니,
그 제자들에게는 많은 백성이 가해를
하지 아니했음이니라.
21 예수는 말로써 전하고 말로 가르쳤으
며 말로써 전하기에 예수를 그리 가혹
하게 십자가에 못 박혀 죽게 했으나,
그 제자들은 고통스럽게 하지 아니하
였음이니라.
22 이는 증거가 남지 아니하기 때문이니
라.
23 그러나 지금 나의 아들을 따르는 제자
너희들은 내가 법전이요, 책으로써 근
거함을 내려보내니, 너희들은 이를 가
지고 움직이며 이를 가지고 만백성을
구원하고자 함이니,
24 너희들은 증거가 있으며 나의 아들을
따르는 제자라는 표시가 거기 있음이
니,
25 그리하여 그들이 너희들을 핍박할 수
있는 것이 예수를 따랐던 그 제자들과
오늘 나의 아들을 따르는 너희들과의
차이점이요, 다른 점이 여기 있음이니,
26 너희들이 그만큼 소중하며 중책을 가
지고 있으며, 그만큼 어려운 길을 가
는 것이 너희들이니라.
27 그리하여 내가 너희들에게 운명이 없
다 그리 명해 주었음이니, 이는 곧 무
엇을 말하는가?
28 너희들이 변화되는 삶이요, 나의 법전
을 가지고 만백성에게 전하며 아름답
게 사는 그와 같은 삶을 살 때,
29 너희들이 나 여호와의 뜻에 따라 살며
내가 새로운 역사를 이루고자 하는 그
곳에 내가 명하는 것을 거역하지 아니
하고 순종하고 살 때,

30 너희들은 많은 역사를 이루고 나에게
와야 하기 때문에, 내가 너희들에게
그 운명을 너희들 손으로 연장하든 단
축하든, 너희들 생활에서 단축하든 연
장하든 그와 같은 권한을 내가 주었음
이니,
31 이보다 더 큰 축복과 영광이 없는 것
이거늘, 너희들은 그것도 알지 못하고
살아가느니라.
32 내가 너희들에게 운명이 없다 한 그
말 자체를 너희들은 그리 받아들이나,
33 이는 곧 너희들에게 모든 권한을 나
여호와가 주었음이니,
34 너희들의 운명을 연장하고 단축하는
권한까지 주었으니, 너희들에게 무엇
을 내리지 아니하겠는가?
35 나 여호와가 너희들을 그리 사랑하며,
너희들이 그와 같이 나에게 소중한 아
들딸임을 잊지 말라.
36 이제 내가 다시 너희들에게 이 이치를
깨우쳐 주었으니, 너희들은 오늘의 삶
을 나에게 감사하며, 나의 은혜에 보
답하는 그와 같은 마음으로 살라.
37 너희들이 고통스럽고 힘들다 하여 그
를 불평불만하며 너희들의 마음이 흔
들리면,
38 너희들이 그와 같은 운명을 단축하는
삶을 사는 것임을 잊어서는 아니 될
것이니라.
39 사랑하는 나의 아들아!
40 "네, 아버님! 말씀하옵소서."
41 모든 나의 백성이 지금 나의 뜻에 순
종하며 내가 전하고자 하는 그 뜻을
받아들여 그들이 변하는 것이 아니니
라.
42 모든 지상에 있는 종교 집단이요, 그
리고 나의 뜻이요, 나의 아들 이름을
부르며 구원을 받았다 가르치는 종교
지도자들, 그 신도들에게 너는 전하라.
43 그들은 지금 청개구리와 같은 삶을 살
아가고 있음이니라.
44 너희들은 그들에게 전하라.
45 나의 뜻을 거역하고 사는 그들이 바로
무엇이더냐?
46 청개구리와 같은 삶을 사는 자이니,
그들에게 청개구리와 같은 삶을 이제
청산하며, 바로 사는 삶을 보도록 그
리하라 전하라.

5,129 번째 하나님 말씀

2003년 2월 22일 0시 29분

1 사랑하는 나의 아들아!
2 "네, 아버님! 말씀하옵소서."
3 너희들이 마지막 천국에 오는 그 자리
하나를 양보할 수 있는 삶이란 과연
어떠한 삶이던가?
4 너희들 자신을 던져 남을 구할 수 있
는 그와 같은 믿음의 훈련을 육이 존
재하는 이 세상에서 너희들이 강하게
받아 나가지 아니한다면 그와 같은 행
위를 할 수 없음을 알아야 할 것이니
라.
5 그러니 너희들이 나에게 와 내가 명하
는 모든 것을 실천하고 이룰 수 있는
것도 육의 세상에서 너희 자신이 훈련
에 돌입하여, 바르고 곧은 그 훈련만
이 너희들이 승자가 될 수 있음을 알
아야 할 것이니라.
6 너희들이 하늘에 오르고 못 오르고,

그리 갈구하는 구원을 받고 구원을 받
지 못하는 것 또한 그와 같이 말로써
이루어지는 것이 아니요,
7 지금 육의 세상에서 육이 존재하는 이
세속에서 너희들이 훈련을 어찌 받아
가며 어떠한 강한 훈련을 인내하고 견
디느냐에 따라서 모든 것을 역사한다
는 것을 잊어서는 아니 됨을 알아야
할 것이니라.
8 그와 같은 고도의 훈련과 힘든 훈련을
이기고 인내하는 자만이 유사시에 남
을 위해 생명을 던질 수 있으며, 마지
막 하나 남은 천국에 오는 자리를 양
보할 수 있는 그와 같은 마음이 스스
로 생김이니,
9 그것이 바로 나를 사랑함이며, 나를
따르는 나의 백성이요, 나로부터 선택
된 백성이 가야 할 길임을 내가 너희
들에게 전한 그 뜻을 알라.
10 내가 나의 아들을 통하여 너희들에게
말하였느니라.
11 나로부터 선택된 백성 너희들이 가는
길이 얼마나 힘들고 어려운 것인가를,
12 위로는 부모에게 효도하는 자식이 되
어야 할 것이며, 아래로는 만백성을
구하는 그와 같은 길을 가는 것이 나
로부터 선택된 백성이니,
13 너희들이 아래위 그 모두를 역사하는
것이 얼마나 힘든 것인가를 나 여호와
는 익히 알고 있음이니라.
14 그러니 가는 길이 힘들고 어려울 때면
주저하지 말고 나 여호와를 찾으며,
묵상과 기도로써 나를 찾으라 함이니
라.
15 그리하면 내가 너희들에게 길을 열어
줄 것이며 용기와 힘을 줄 것이니,
16 주저하지 말고 나에게 진실한 마음으
로 기도하라.
17 너희들이 진실한 믿음으로써 진실한
마음으로 기도를 드릴 때,
18 내가 너희들에게 모든 응답을 내림을
너희들은 잊지 말라.

5,130 번째 하나님 말씀

2003년 2월 22일 0시 35분

1 사랑하는 나의 아들아!
2 "네, 아버님! 말씀하옵소서."
3 내가 성경에 기록하여 너희들을 깨우
치고자 했던 그 한 구절을 여기에 기
록하여 다시 전함이니,
4 '내가 진실로 진실로 너희에게 이르노
니 인자의 살을 먹지 아니하고 인자의
피를 마시지 아니하면 너희 속에 생명
이 없느니라.' 그리 전하였으며,
5 '내 살을 먹고 내 피를 마시는 자는 영
생을 가졌고, 마지막 날에 내가 그를
다시 살림이니, 내 살은 참된 양식이
요, 내 피는 참된 음료로다.
6 내 살을 먹고 내 피를 마시는 자는 내
안에 거하고 나도 그 안에 거하니, 살
아 계신 아버지께서 나를 보내시매,
내가 아버지로 인하여 사는 것같이 나
를 먹는 그 사람도 나로 인하여 살리
라.
7 이것은 하늘로서 내려온 떡이니 조상
들이 먹고도 죽은 그것과 같지 아니하
며 이 떡을 먹는 자는 영원히 살리라.'
그리 기록하였음이니라.
8 이 구절 하나를 놓고도 이해관계가 엇

갈리는 것이 나의 백성이니라.
9 어찌 생각하느냐에 따라서 이것은 성령의 뜻이요, 나의 말씀이요, 가르침이라 알아들을 수 있으나,
10 그렇지 아니하는 자는 오해의 소지요, 오해를 낳게 되는 것이 너희들이 천태만상으로 가진 생각이니라.
11 그대로 듣는 사람은 예수가 살과 피를 먹으라 하여 술렁댔으며, 그리하여 나의 아들 예수가 살과 피를 먹으라 하는 그와 같은 이야기를 육의 피와 살을 먹는 것으로 그리 생각하여 술렁댔으며, 나의 아들 예수가 강론하는 그 자리를 떠나가는 그와 같은 자들이 있었음이니,
12 이는 바로 너희들이 생각하는 것이 그와 같이 천태만상이니라.
13 나 여호와의 가르침이요, 말씀이라 생각하는 자는 바로 이해하고 깨달은 자요,
14 그렇지 못한 자는 나의 뜻과는 다르게 전혀 생각할 수도 없는 무시무시한 그와 같은 생각으로 받아들이니,
15 나의 아들 예수의 피를 먹고 살을 먹는 것만이 구원을 받는다 그리 단순히 가르치느니라.
16 그러니 성경이 바로 이와 같이 생각하기에 따라서 무서운 오해요, 참진리를 깨닫는 그와 같은 그 가르침이 여기 있으니,
17 이를 바로 해석하고 깨우쳐야 함을 너희들은 잊어서는 아니 될 것이니라.
18 너희가 생각하고 해석하기에 따라서 너무도 가까운 관계가 되는 것이 바로 성경이니라.
19 어찌 생각하느냐에 따라 성경의 한 구절을 가지고 나와 멀고 가까워지는, 그와 같이 관계가 개선되며 이루어지는 것이니,
20 너희들은 바로 읽고 깨우쳐 그와 같은 뜻을 알아야 할 것이니라.
21 너희들에게는 나로부터 받아서 나간 나의 성령이 있음이니, 이를 그대로 기르고 육성하고 배우고 깨우쳤으면 지금처럼 험악한 세상은 되지 아니하였을 것이니라.
22 그러나 나의 뜻을 전한 성경을 가지고 너희들이 욕심 때문에 저버리고 찢어버리고 짓밟고 살며, 그 참뜻을 깨우쳐 하늘에 오르는 그 역사를 이루고자 하지 아니하며,
23 말로써만 모두를 다 이룬다 하면서 너희들이 행동을 하지 아니하고 그리 가르쳤음이니,
24 이는 곧 너희들이 잘못 가르침이니라.
25 너희들이 살아가면서 육의 세속에서 영혼을 기르는 것은 어찌 행하고 살았느냐 그것이 바로 육의 집임을 너희들은 알아야 할 것이니라.
26 너희들의 행함이 영혼을 지켜 주는 그 집이니라.
27 그 집이 건전하고 바르게 섰을 때, 그 영이 건전하고 바르게 서 너희들이 나에게 오를 수 있으며 구원을 받을 수 있음이니라.
28 상처 입은 영혼이요, 병든 영혼이요, 사악하게 물든 그 영혼은 나에게 올 수 없음을 너희들은 알아야 할 것이니라.
29 이제 내가 새로운 성경인 나의 법전을

세상에 내려보내 너희들을 구원하고
자 하니,
30 너희들이 지금 구약과 신약을 가지고
진정한 그 뜻을 알지 못하며, 말로만
성경은 하늘에 오르는 길이요, 생명이
라 하면서 짓밟고 짓이기고 살아온
그와 같이 우매한 자들의 가르침 속에
서 앞으로는 더 이상 영혼을 팔지 말
라.
31 이제 내가 너희들에게 간곡히 가르침
이니, 오로지 너희들이 하늘에 오르는
길은 말로써 역사하는 것이 아니요,
너희들이 행동하는 것으로써 모든 것
이 다 이루어짐이니,
32 너희들이 성서를 왜곡되게 이해하여,
성서에 기록되어 있다 하여 행함을 소
중히 이야기하지 아니하며, 너희들이
지은 성전에 와 울고불고하는 것이 구
원을 받는다 그리 말로써 나를 찾으면
성령이 임하여 구원을 받는다는 그와
같은 가르침을 이제 바로 볼 때가 되
었음을 알라.
33 너희들은 그와 같은 것으로써는 구원
을 받을 수 없음이니라.
34 육의 행함으로써만 구원을 받는다는
것을 마음 깊이 새겨, 너희들이 바르
고 곧은 육의 삶으로써 너희 영혼을
구하는 그 기초를 다져 가도록 그리하
라.

5,131 번째 하나님 말씀

2003년 2월 22일 0시 40분

1 사랑하는 나의 아들아!
2 "네, 아버님! 말씀하옵소서."
3 너를 따르는 제자들이요, 만백성에게
이제 잠에서 깨어나라 그리 전하라.
4 그리고 지금 구원의 길이라 하여 가
는 백성, 그리고 저희들만이 구원을
받는다 착각하고 살아가는 백성에게
이제는 꿈에서 깨어나라 그리 가르치
고 전해, 그들의 영혼을 구원해 주도
록 그리하라.
5 너희들의 육은 영혼의 집이요, 영혼을
지켜 주는 자리라 내가 그리 말하였음
이니라.
6 그리하여 육은 영혼을 차지하며 영혼
을 위하여 그 자리를 지키다 죽어 한
줌의 흙으로 돌아가는 것이 너희들의
삶이라 그리 전하였거늘,
7 어찌하여 너희들은 그 영혼을 지켜 주
는 집을 분단장하며 그 집을 가꾸기에
만 급급하고, 그 영혼을 보호하고 키
우는 데는 그리 인색하며 그 길을 모
르는가?
8 어찌하여 너희들은 눈앞에 보이는 것
을 위해 모두를 다 바치면서, 너희들
의 미래에 이루어지는 그 역사를 위해
서는 너희들이 투자하는 그와 같은 자
세가 아니 되었으며 그를 보지 못함이
니,
9 너희들의 말에 '손톱 밑에 찔린 그 가
시의 아픔은 아나, 심장이 썩어 가는
것은 모른다.'는 어리석은 자를 표현
한 뜻이 있음이니,
10 너희들이 이 의미를 다시 한 번 새겨
보도록 그리하라.
11 너희들의 육이 존재할 때 영을 어떻
게 성장시켰느냐에 따라서 너희들이
어떠한 새로운 생명으로서 태어나느

냐, 태어나지 못하느냐, 그리고 새 생
명으로서 나에게 올라올 수 있는 삶의
영광을 얻느냐 못 얻느냐 그 결정은
다 너희들 스스로 자신에게 달렸으며,
너희들의 삶에 달렸다는 것을 다시
한 번 내가 너희들에게 깨우쳐 주니,
12 깊이 이를 깨달아, 살아가는 데 모든
것을 거기에 맞춰 나에게 오르는 길을
올 수 있도록 그리해야 할 것이니라.
13 육이 영원히 존재한다는 그 착각 속에
서 지금 믿음의 길을 가고 있느니라.
14 백 년도 안 되는 육이 죽지 않고 영원
히 존재하는 것으로 지금 착각 속에
살아가고 있으니, 그 꿈속에서 깨어나
야 할 것이니라.
15 그리하여 육이 죽음을 이제 거부하지
아니하며, 그를 인정하며 그를 인식하
고 살아가는 깨달음을 얻어야 할 것이
니라.
16 정녕 너희들은 얼마 남지 않은 그 육
의 삶이, 시도 때도 없이 내가 불렀을
때 온다는 그 죽음을 인정하며 살라.
17 그리고 영원히 새로운 생명으로서 너
희들의 육은 죽어 가나 너희들의 영혼
은 다시 태어남을 인정해야 할 것이니
라.
18 다시 태어나는 그 영이 어떠한 형태로
써 태어나고 못 태어나는 것은 너희들
에게 달렸음을 알아야 할 것이니라.
19 너희들의 육은 죽으나 다음의 삶이 연
장되며, 끝나는 것이 아니라 새로운
삶이 계속 연장되어 살아감이니,
20 그는 심판을 받아 너희들이 어찌 태어
나느냐 하는 그와 같은 중요함이 거기
있다는 것을 너희들은 알아야 할 것이
니라.
21 너희들은 지금 육의 세상에서 살아 그
대로 한 줌의 흙으로 돌아가나,
22 너희들의 영혼의 세계는 다음의 세대
가 있으니, 그 영혼을 구원하는 그와
같은 삶을 살아야 함을 잊어서는 아니
될 것이니라.
23 이제는 모든 것을 다음의 삶을 위하여
물러남이 아니요,
24 바른길이요, 아름다운 생활을 살아갈
수 있도록 그리 시작하는 것이 너희들
의 삶이니라.
25 지금이라도 잘못 산 자, 그리고 참진
리요, 나 여호와의 뜻이 무엇인가 모
르고 사는 너희들은 이제 시작해야 함
을 알아야 할 것이니라.
26 너희들의 생명이 지옥이냐 천국이냐
하는 새로 나온 생명의 그 기로를 정
하는 것은 나 여호와도 아니요, 너희
들의 부모·형제도 아니요, 가까운 이
웃이 하는 것이 아니라
27 스스로 자신이 결정하며 자신의 몫이
라는 것을 잊지 말라.
28 육의 삶이 얼마나 소중한가를 너희들
에게 다시 한 번 부르짖으니, 이를 깊
이 가슴에 새기도록 하라.

5,132 번째 하나님 말씀

2003년 2월 22일 0시 46분

1 사랑하는 나의 아들아!
2 "네, 아버님! 말씀하옵소서."
3 너희들이 나로부터 생명을 받아서 나
가니, 그 모두는 나 여호와의 것이요,
창조주 나의 것이라 그리 말했으며,

4 너희들의 모두를 내가 주관하게 되어
있다 그리 말하였음이니라.
5 너희들이 움직이며 살아가는 그 모두
가, 너희들의 전 생명이 다 나의 소유
요, 나의 것이라 내가 너희들에게 그
리 깨우쳐 주었으며,
6 그리하여 너희들이 나의 것을 관리하
고 소중하게 다루는 것이 너희들의 임
무라 하였으나, 너희들이 이를 잊어버
리고 살아가느니라.
7 그리고 너희들의 것으로써 너희들이
관리하고 임의대로 하는 것처럼 그리
생각하고 사나,
8 너희들은 여기서 한번 스스로 자신을
돌아다보도록 그리하라.
9 너희들이 그를 믿지 않으려 하며 인정
하지 않으려 하며 너희들의 것으로 착
각하고 그리 살아가느니라.
10 그러나 과연 육체의 영혼이 너희들 것
이라면, 어찌하여 너희들이 마음대로
그를 다루고 너희들 마음대로 가꾸고
행할 수 없단 말이던가?
11 너희들 마음대로 할 수 없는 것이 아
니던가?
12 너희들이 정녕 너희들 마음대로 할 수
없는 것이 너희들의 육체요, 너희들의
생명이니라.
13 너희가 죽음으로부터 태어남도, 너희
들이 죽고 다시 태어난 그 모두요, 구
원의 길에 오르는 그 모두도 다 너희
들이 임의대로 할 수 있는 것이 하나
라도 있던가?
14 태어남도 죽어 감도, 나에게 오르고
못 오르는 것도 너희들이 너희 자신을
갖고 뜻대로 할 수 있다면 이것이 다
너희들의 것이요, 너희 임의대로 할
수 있는 것이라 그리 생각하고 살아가
도 내가 탓하지 아니할 것이니라.
15 그러나 너희들이 생명을 받아 세상에
태어나는 것이요, 나에게 오르는 것이
요, 그리고 또한 너희들이 어찌 사느
냐는 그와 같은 모든 것이며 죽고 사
는 그 모든 것까지도 너희들이 하나도
관리할 수 없으며 너희 스스로 임할
수 있는 것이 하나도 없지 아니하던가?
16 그렇다면 이것은 너희들의 것이 아니
요,
17 나 여호와의 것이요, 나의 것을 가지
고 너희들이 관리하고 산다는 것을 입
증하는 것이며,
18 여기서 더 이상 왈가왈부하는 그와
같은 말을 해서도 아니 되며 거부해서
도 아니 됨을 알 것이니라.
19 그러면 너희들이 구원의 길에 오르는
길이요, 죽고 사는 그 모든 육신이요,
정신을 너희 임의대로 할 수 없다면,
과연 어떠한 것이던가?
20 너희들은 바로 이를 튼튼하고 깨끗하
게 잘 관리하고 사용하다 나에게 반납
하는 그와 같은 형국으로써 너희들의
마음 자세를 가지고 살아야 할 것이니
라.
21 이 세상 이치가 다 너희들의 생명이
요, 육에 관한 것이 아니니라.
22 모두가 다 너희들에 의하여 이루어지
는 것이 아니요, 나의 뜻에 의해 모두
가 다 주관되고 역사함을 알아야 할
것이니라.
23 너희들의 생명이요, 육의 그 모든 것
이 너희들이 하나도 할 수 있는 것이

없으며 너희들의 임의대로 연장하고
줄이는 그와 같은 것을 할 수 없는 것
이라면,
24 나 여호와의 것이요, 내가 주관하는
것이라는 것을 너희들이 알아야 할 것
이며,
25 그러니 너희들은 관리하는 자로서 이
세상에 살다 감을 잊어서는 아니 될
것이며,
26 그와 같이 겸손하고 겸허한 마음으로
너희들 자신이 살아가도록 그리하라.
27 그리하는 자, 마음의 변화가 있으며
깨달음이 있으며 새로이 역사하는 것
을 알 수 있으며,
28 내가 새로운 시대를 열고자 하는 그
뜻을 알 수 있으며,
29 내가 사랑하는 것을 알게 될 것이며,
30 내가 너희들을 사랑하는 그 깊이를 알
때, 너희들은 나의 은혜에 감사하는
마음으로써 한 점의 부끄러움이 없는
그와 같은 인생의 삶을 살아갈 수 있
는 것이니,
31 이와 같은 이치를 깨우쳐 행하도록 그
리하라.

5,133 번째 하나님 말씀

2003년 2월 22일 0시 54분

1 사랑하는 나의 아들아!
2 "네, 아버님! 말씀하옵소서."
3 너희들이 나로부터 생명을 받아 나가
이 육의 세상의 세속에서 똑같이 살아
감이니라.
4 그리하여 너희들이 가정을 이루며 역
사하며 너희들이 명예와 부를 위하여
살아가는 그와 같은 삶을 누구나 다
똑같이 경주하며 경쟁하는 자와 같이
살아감이니라.
5 그러나 그와 같이 삶을 산 자, 심판을
받을 때 너희들이 과연 어찌 살았느냐
에 따라서 승자로 남으며 또한 패자로
남는 그와 같은 너희들의 삶이 있음이
니라.
6 과연 너희들은 승자로 남는 것을 원하
는가, 패자로 남는 것을 원하는가?
7 너희들 자신에게 그 모두는 달렸음이
니라.
8 누구나 다 똑같이 나로부터 생명을 받
아 나가, 내가 세상의 동식물을 관리
하며 취하고 살 수 있도록 그 모두를
다 주었으니,
9 60점이라는 내가 만들어 준 세상의
그 울타리 안에서 너희들이 어떠한 삶
을 살았느냐에 그것이 달렸음이니라.
10 똑같은 여건에서 살아가면서 승자의
삶을 사느냐, 패자의 삶을 사느냐 하
는 것은 육이 행하는 삶에 달린 것이
니라.
11 인간사 세상에서 살아가는 것은, 세상
에서 승자는 반드시 상이 따르며 승자
에게는 영광이 있느니라.
12 그러나 패자에게는 상은 없으나 패자
에게는 벌도 없음이니라.
13 그리고 그 대가를 치르는 것이 없음이
니라.
14 그러나 너희들은 여기서 알아야 할 것
이니라.
15 너희들이 영혼으로서 나에게 와 심판
을 받는 그 영혼의 세상은 승자와 패
자가 구분되어 있음이니라.

16 승자는 나로부터 새로운 생명을 얻어
천국에 와 사는 것이며, 패자는 영원
히 지옥 불의 세계에 내려가서 지금까
지 육에서 향락을 즐기려고 죄를 짓
고 산 그 모든 대가를 치러야 함이 남
아 있음을 알아야 할 것이니라.
17 이것이 인간사 세상에서 이루어지는
패자와 승자와의 엄연한 차이이니, 이
무서움을 너희들은 알아야 할 것이니
라.
18 내가 너희들에게 수없이 깨우쳐 전했
느니라.
19 너희들이 나 여호와에게 오르는 길은
천사의 삶을 사는 것만이 다시 태어나
는 것이며 나에게 오는 길이라 하였
음이니라.
20 그리하여 육이라는 것을 잘 관리하고
다스려야 그 건전한 육 속에서 너희들
의 영혼이 존재한다 내가 그리 말하였
음이니라.
21 그러니 너희들은 이와 같은 뜻을 깊이
알아야 할 것이니라.
22 너희들은 육은 무익하며 무익하다 그
리 생각하고 사느니라.
23 아무런 도움이 안 되며 아무런 가치
가 없다는 그와 같은 생각을 하며, 그
리하여 얼마나 무서운 죄를 짓고 있는
가?
24 너희들의 믿음은 너희 손으로 지은 성
전에 가 나 여호와를 찾으며 종교 지
도자가 강론할 때, 그저 '옳소, 맞습니
다, 할렐루야!' 찬송하며 손뼉 치고 구
원을 받는다 그리 생각하며,
25 행함에 대해서는 모두가 다 무익한 것
이며 얻어지는 것이 없으며 구원과는
관계없다 그리 말함이니,
26 그것이 바로 너희들이 지옥 불로 가는
원인임을 알라.
27 육이 무익하다 생각하는 자가 얼마나
어리석은 자인가?
28 육이 가장 소중함을 알라.
29 육의 삶에 따라서 오르고 못 오르는
그와 같은 심판대가 되어 있음이니,
이를 너희들이 깊이 깨우쳐 줘야 할
것이니라.
30 육은 무익하다는 자, 나의 법전을 읽
어 너희들이 깨우친다 하면 그것이 얼
마나 소중한 것인가를 알 것이니라.
31 육이 존재함이 있어 너희들이 새로운
영으로서 새 생명이 태어난다는 것을
절대 잊지 말라.

5,134 번째 하나님 말씀

2003년 2월 22일 01시 01분

1 사랑하는 나의 아들아!
2 "네, 아버님! 말씀하옵소서."
3 너희들은 내가 구약 시대에 내렸던 그
율법을 연구하고 깨우쳐 보며, 내가
불로 쓴 그 십계명을 보고 깨우쳐 그
를 지키는 것이 구원의 길이요,
4 그리하여 그는 나 여호와가 내렸으니
이는 절대적으로 인간으로서 지키고
행하여야 한다는 그와 같은 가르침으
로 가르쳤다면 오늘날과 같은 사악한
형국은 이루어지지 아니할 것이라 내
가 말하였느니라.
5 너희들은 그 구원의 길이라는 것을 어
찌 오고 있는가?
6 그저 '구주 예수여, 영광의 예수여, 구

원하는 예수여, 들림을 하는 예수여!'
그저 '예수, 예수'를 부르고 찬양을 하
면 구원을 받는다 그리하여 나의 아들
예수의 이름만을 부르짖으며 너희들
이 지금 가고 있지 않은가?
7 예수의 이름으로 기도하고 그것을 부
르짖는 그 믿음의 길을 가는 것만이
정녕 너희들이 구원의 길이라 생각하
고 지금 가고 있음이니라.
8 그러나 너희들은 여기서 깨우쳐야 할
것이니라.
9 나의 아들은 그 성경에 기록하여 너희
들에게 반드시 전하였음이니라.
10 나의 아들 예수가 그 이름을 부르며
나의 아들 예수를 찾는 그것으로써 절
대로 구원을 받을 수 없다 그리 말하
였음이니라.
11 너희들이 구원을 받을 수 있고 나에게
오르는 것은 나 여호와의 뜻에 따라
행하며 내가 내린 율법이요, 그 계명
이요, 나의 법전을 지키는 길만이 너
희들이 오를 수 있다는 것을 알고 있
어야 할 것이니라.
12 나의 아버지 창조주께서 오르게 하지
아니하면 절대로 누구든지 예수 앞에
올 수 없으며 예수를 볼 수 없다 내가
성경에 그리 기록하여 전하였거늘, 이
대목을 너희들은 수없이 읽고 깨우치
면서도 어찌하여 그와 같은 짓을 하고
있는가?
13 이를 어찌 다스릴 것이며, 너희들이
어떤 인간이며 종교 지도자들이 얼마
나 사악한 자들이며 얼마나 무서운 자
들인가 여기에 잘 나타나고 있음을 알
아야 할 것이니라.
14 너희들이 나의 피조물 만백성을 모아
놓고 그리 가르치느니라.
15 성경은 한 획도 고쳐서는 안 되며 한
글자도 고쳐서는 안 된다 그리 말함이
니라.
16 그리하여 너희들은 재물과 그 모두를
그 성경을 비롯하여 그를 빙자하여 거
둬들임이니,
17 성경에 기록되어 나의 아들 예수가 너
희들에게 전하였음이니라.
18 너희들이 예수에게 오르며 하늘에 오
르고자 한다면, 창조주 내가 오르게
하여 주지 아니하면 누구든지 예수 앞
으로 오를 수 없으며 하늘에 올 수 없
는 것이라 그리하였음이니,
19 오로지 창조주 나 여호와의 뜻에 사는
자만이 나의 뜻에 의해 구원을 받는다
하였거늘,
20 어찌하여 '구세주 예수여, 영광의 예
수여!' 그리고 '들림의 역사를 이루는
예수여, 재림하는 예수여!' 그리 너희
들이 악을 쓰고 부르짖고 그와 같은
믿음이라는 것을 가고 있는가?
21 그것이 지금 잘못 가고 있음을 너희는
알아야 할 것이니라.
22 예수 앞에 갈 수 없다 그리 전하였음
이니라.
23 나 여호와가 오르게 하지 아니하는
자, 내 뜻에 따라 내가 승낙하지 않는
자는 절대로 오를 수 없다 성경에 그
리 기록되어 있건만,' 너희들은 성경
의 한 획도 고쳐서도 안 되며 한 글자
를 붙여서도 안 되며 더 넣어도 안 되
며 빼도 안 되며, 이건 절대적인 나 여
호와의 뜻이기 때문에 목숨을 바쳐 지

킨다 말하면서,
24 어찌하여 이와 같은 대목은 그리 지키
지 아니하고 그리 허황된 믿음으로써
너희들이 나의 아들을 욕되게 그리하
는가?
25 나의 아들이 너희들을 위하여 죽은 고
통도 그 아픔이 가시지 않은 그에게
어찌하여 너희들은 '구세주'요, 그리
고 '영광의 예수'라 하여 신격화하면
서 부르짖는가?
26 예수를 그와 같이 올려놓고 그와 같이
신격화하지 아니한다면 종교 지도자
들이 백성 너희들의 형제 위에 서서
그들을 통제하고 다스릴 수 없으며 권
위적인 행위를 할 수 없기 때문에,
27 너희들이 이 모든 내용을 비켜 가면서
기록하여 그리 가르침이니, 얼마나 너
희들이 무서운 자들인가?
28 도둑질하며 도둑질 아니 하는 자에게
뒤집어씌우는 것보다 더 무서운 것이
며,
29 거짓말하고 거짓말하지 아니한 자에
게 거짓말했다 뒤집어씌우는 그와 같
은 사악한 자보다도 더 무섭고 사악한
자들이니,
30 사탄의 자식이요, 사탄의 백성이요,
사탄의 앞잡이요, 사탄의 인도자로서
나의 피조물 만백성을 사탄에게 인도
하여 지옥으로 이끌어 가는 집단임을
너희들은 알라.
31 그리하여 그 집단이요, 그 종교 지도
자요, 너희 손으로 지은 성전이 나와
관계없다 하였으니 그 문을 닫을 것이
며,
32 거미줄을 치는 그 역사가 소용돌이칠
때, 너희들 자신이 감내할 수 없으며
너희 제자들로부터 핍박받는 날이 있
을 것이니,
33 그와 같은 고통의 역사를 겪지 아니하
려거든 지금이라도 너희들이 나의 성
경을 바로 읽으라.
34 너희들이 나의 법전을 읽고 깨우치는
것이 사탄이요, 이단이요, 마지막 시
대에 전하는 거짓 선지자가 하는 것이
라 한다면,
35 내가 내린 성경이라도 바로 읽고 깨우
쳐 그 전해진 구절을 그대로 해석해서
따르라.
36 너희들 임의대로 살을 붙이고 뼈를 붙
여 너희에게 유리한 대로 만들어 사탄
의 앞잡이로서 계속 존재한다면, 너희
들은 오늘의 그 짧은 삶의 세월에 의
하여 영원히 사는 지옥 불에서 얼마만
큼 고통의 시련을 겪게 되는가?
37 그는 너희들에게 밑지는 장사며 상상
도 할 수 없는 손해 가는 장사이며 삶
이라는 것을 잊지 말라.

5,135 번째 하나님 말씀

2003년 2월 22일 01시 11분

1 사랑하는 나의 아들아!
2 "네, 아버님! 말씀하옵소서."
3 2천 년 전 나의 아들이 존재하던 그
당시에 믿음의 길을 가는 자들이 너무
나도 사악하고 행함이 너무나 볼 수
없어 나의 아들은 그들을 바로잡고자
하였음이니라.
4 그 믿음을 간다는 백성, 나를 향하여
온다는 백성, 그들이 가는 그 행위가

너무나도 사악하고 악하여 그들을 바
로잡고자 했던 것이 나의 아들 예수가
이루고자 했던 뜻이었음이니라.
5 그들의 악한 행위를 더 이상 볼 수 없
어 그를 바로 가르치고자 하여 나의
뜻을 가지고 나의 아들은 그들에게 가
르치고자 그리하였으나,
6 그들이 가지고 있는 기득권이요, 그들
의 조직이요, 그들의 물질적인 그 힘
이요, 그 방대함에 밀려 나의 아들 예
수는 그를 전하지 못하며 그 죽음의
길을 벗어나지 못하고 그와 같이 그들
에게 그리 넘어졌음이니라.
7 그 시대보다도 지금의 믿음의 길을 가
고 있는 백성이 얼마나 더 사악해졌으
며 더 굳어져 있으며 얼마나 그들이
응집되었는가를 너희들은 모를 것이
니라.
8 마음 씀씀이는 지금의 백성이 더 메말
랐으며 황폐해져 있으니,
9 사랑이라는 것을 찾아볼 수 없으며 나
눔이라는 걸 찾아볼 수 없으며, 2천
년 전의 그 백성보다도 더 사악해졌으
니, 그것이 지금의 집단이니라.
10 저희들만의 아성을 이루고 있으며, 저
희들 속에 그 누구도 받아들이지 아니
하며, 저희들 것 외에는 인정하지 아
니하는 그들이 지금 나의 아들 예수를
그와 같이 말살했을 때보다 얼마나 무
섭게 변하여졌는지 너희들은 알아야
할 것이니라.
11 그리하여 나의 아들 예수를 따르던 그
제자들이 또한 그 당시라도 그들은 큰
책임이 없었으며, 예수 혼자 그 모든
책임을 지며 갈 수 있는 그와 같은 역
경이요, 환경이 되어 있다 하였음이니
라.
12 그러나 지금의 믿음의 길을 가는 백성
이 그때 백성보다도 더 잔인하며 더
사악한 지금의 형국에서, 너를 따르는
제자들은 바로 내가 책으로 만들어 모
든 것을 근거함이니,
13 그를 가지고 뛰는 백성은 예수의 제자
들보다 그 책임이 무거우며, 그들이
겪어야 할 고통이요, 직접적으로 그들
이 넘고 넘어야 할 그와 같은 고비가
수없이 있다 내가 그리 말하였음이니,
너희들은 그 뜻을 깊이 깨우쳐야 할
것이니라.
14 너희들은 나의 아들과 더불어 같은 고
행이요, 같은 어려운 길을 같이 넘어
가야 하며, 한 운명으로써 가야 함이
니,
15 그리하여 하나가 되는 그와 같은 굳은
마음이 아니면 그 환란의 고비를 넘길
수 없다 내가 말하는 뜻이 여기에 있
음을 알아야 할 것이니라.
16 내가 예수의 시대보다도 너의 제자들
이 책으로 전하며 산 증거인 나의 말
씀으로 전하며 몸으로 직접 뛰게 됨이
니,
17 너희들도 나의 아들과 같이 책임을 지
며 그 한계의 무게가 실려 있다 하는
것은, 너희들이 얼마나 고통스럽고 힘
든 길을 가야 하는가를 알려 줌이니,
18 이 뜻을 깊이 깨우쳐 너희들 것으로
만들도록 그리하며,
19 너희들이 이기는 백성으로서 너희 자
신이 강한 훈련으로써 단련해야 함을
잊지 말라.

20 너희들은 어떠한 대환란의 고통이 역
사한다 해도 그 길을 나의 아들과 같
이 가야 하는 것이 너희들의 운명이니
라.
21 예수의 시대처럼 예수가 혼자 모두를
짊어지며 그 제자들은 책임이 없는 그
와 같은 것이 아니요,
22 뿔뿔이 헤어져 도망가며 나의 아들 예
수를 파는 그와 같은 자를 내가 나의
아들 옆에 두고자 하지 아니함이니라.
23 이제 하나가 되어 한 몸이 되어 분신
처럼 움직일 수 있는 자, 그들만이 나
의 아들 옆에 존재하도록 하는 것이
나의 뜻이니라.
24 그리하여 나의 아들이 죽음을 선택할
때 같이 죽어 갈 수 있도록 그리하여
만백성이 두고두고 너희들의 오늘의
믿음이 얼마나 위대한 것인가를 깨달
을 수 있도록 그리할 것이니라.
25 너희들은 여기서 깊이 깨우쳐야 할 것
이니라.
26 나의 아들의 열두 제자들을 내가 하나
도 구원하지 아니하였으며 그들을 내
가 엄히 다스린 그 뜻이 있음이니라.
27 너희들이 살면 과연 육의 삶에 얼마
나 살던가?
28 저희들이 따랐던 스승이요, 모든 역사
를 이루고 기적을 이루었던 나의 아들
이요, 그리고 죽은 자를 살렸으며 병
든 자를 고쳐 주는 그 모든 역사를 이
루고 그가 십자가에 못 박혀 죽어 갈
때,
29 그 제자들이 스스로 그 십자가를 짊어
지고 그 옆에서 같이 죽음을 자청하여
죽었다면, 2천 년이 흐른 지금의 백성
은 이와 같이 가지 아니하였을 것이니
라.
30 진정한 믿음이 무엇이며, 나의 아들
예수가 진정한 나의 아들이기 때문에
그 제자들이 죽음의 길을 같이 갔으며
십자가를 지고 같이 죽었다 하는 것을
기록하여 지금에 전하였다면, 그 백성
의 후손인 너희들은 오늘날과 같은 그
와 같은 믿음의 길을 가지 아니하였을
것이니라.
31 진정 나의 아들이라는 것을 알았을 것
이며, 두려움을 알았을 것이며, 무서
움을 알았을 것이며,
32 내가 가르치는 것이 진정한 나의 아들
이요, 내가 역사하여 이루는 것을 보
고 얼마나 깨우쳤기에 그 제자들이 같
이 십자가를 짊어지고 죽음의 길을
선택했는가 하는 그것 하나로써 모든
백성이 오늘과 같은 험악한 시대는 이
루어지지 아니하였을 것을,
33 그와 같은 제자가 한 명도 없었음이니,
34 이제 나의 아들을 따르는 제자 너희들
은 그와 같이 죽음의 길을 선택할 수
있는, 하나가 되는 백성을 내가 남게
했으며, 내 아들 옆에 있게 하고자 하
는 것이 나의 뜻임을 알라.

5,136 번째 하나님 말씀

2003년 2월 22일 01시 19분

1 사랑하는 나의 아들아!
2 "네, 아버님! 말씀하옵소서."
3 나의 법전이 160권이 기록되어 세상
에 나감이니, 이는 세상이 뒤집힐 것
이며, 모든 백성이 이를 보고 갑론을

박할 것이며,
4 저희들이 살아남기 위해 어떠한 환란
과 핍박으로든 나의 아들이요, 나의
법전을 존재하지 못하게 할 것이니라.
5 그러나 160권의 법전이 세상에 나갔
으니, 그 누구도 이를 접어 둘 수 없으
며 짓밟아 태워서 없앨 수도 없는 것
이니라.
6 그러하니 너희들은 깨우치라.
7 오늘 너희들이 하나가 되는 길은, 너
희들이 나의 법전을 정독하여 읽고 또
읽어 나의 법전이 나의 성령임을 알
수 있는 그와 같은 깨달음을 스스로
얻어야 할 것이니라.
8 너희들이 정독하여 읽는다면 나의 법
전이 진정한 나의 성령의 뜻인지 아
닌지를 깨달을 것이니,
9 너희들 마음속에 그와 같은 굳건한 믿
음이 설 수 있도록 너희들이 나의 법
전을 정독하여 그 뜻을 깨우치라.
10 나 여호와가 직접 내리는 나의 성령이
요, 나의 모두를 태워 내려보내는 나
의 말씀이요, 나의 가르침이라는 것이
믿어질 때, 너희들이 하나가 될 수 있
는 것이니,
11 너희들은 나의 법전을 정독해서 이것
이 정녕 나 여호와의 뜻인가 아닌가
하는 것을 굳건히 마음속에 자리를 잡
도록 하라.
12 그와 같은 마음을 잡은 그 역사 속에
너희들이 나의 아들과 더불어 갈 수
있으며,
13 너희들이 나의 아들이 죽어 갈 때 같
이 너희 십자가를 짊어지고 나의 아들
의 손을 잡고 갈 수 있는 그 위대한 힘
의 역사를 이룰 수 있음을 알아야 할
것이니라.
14 예수가 복음을 전함에 있어서 '너희들
이 나 여호와의 뜻을 행하고자 하면
예수가 전하는 복음이 곧 나 여호와로
부터 내려온 말인지 아닌지를 알 수
있다.' 그리 전하여 너희들에게 깨우
쳐 주었음이니라.
15 내가 예수를 통하여 내린 그 성경을
너희들이 직접 읽고 깨우친다면 그 복
음을 정성을 다하여 진실한 마음으로
믿을 때, 이것이 나로부터 내려간 것
인지 아닌지를 알 수 있으며,
16 예수가 임의대로 말한 것이며 예수의
뜻대로 전한 것인가, 나 여호와가 내
린 것만을 행한 것인가 너희들이 다
알 수 있다 성경에 기록되어 있음이니
라.
17 너희들이 진실한 믿음으로써 성경을
읽었을 때, 이는 정녕 누구의 뜻이라
는 것을 알 수 있듯이,
18 지금 나의 법전을 정독하고 정독하여
깊이 깨우치고자 할 때, 너희들이 그
뜻을 알 수 있음을 알아야 할 것이니
라.
19 정독하지 아니하는 자, 나의 뜻으로써
이 법전이 세상에 나왔다는 것을 깨달
을 수가 없음을 알아야 할 것이니라.
20 사랑하는 나의 아들아!
21 모든 종교 집단이요, 지금 믿음의 길
의 가고 있는 그 백성들에게 나의 법
전을 전하여야 함을 알라.
22 나의 법전을 읽고 깨우친 백성, 나로
부터 선택된 백성과 나로부터 선택되
지 아니한 백성의 그 차이는 하늘과

땅보다도 더 멀리 있음을 너희들은 알아야 할 것이니라.
23 나로부터 선택된 나의 아들을 따르는 제자 너희들은 오늘과 내일의 삶이 다르며 또 그다음 날이 다름이니,
24 너희들이 나의 법전을 읽으면 읽을수록, 정독하면 정독할수록 너희들의 깨우침이 그와 같이 변화됨이니라.
25 그것이 바로 나로부터 선택된 백성이니라.
26 그러나 나로부터 선택되지 아니한 백성은 저희들이 스스로 만들어 말하며 스스로 만들어 기도하며 스스로 만들어 나에게 무엇을 달라, 축복을 달라, 그리고 구원을 받았다 그리 말하는 자들이니,
27 그들은 나 여호와의 진리요, 나의 참 뜻을 가르치는 것이 아니요, 만백성에게 전하여 하늘에 오르는 길을 가는 것이 아니라,
28 저희 자신의 영광만을 위하여, 그 영광을 구하여 자신을 보호하고 지키며 저 자신의 미래의 영광까지도 준비하기 위한 그와 같은 삶을 살아가는 자들이니,
29 그들이 마음 약한 나의 백성의 불안한 마음을 악용하여 나의 피조물 만백성을 저 자신의 영광만을 위하여 이끌어 가는 것이니,
30 그것이 참진리의 길을 가는 자와 참진리를 가르치지 않는 종교 지도자와의 그 차이임을 너희들은 알아야 할 것이니라.
31 너희들은 여기서 깨우치라.
32 나의 아들이 가고자 하는 길이며, 나의 아들이 강론하며 나의 법전을 읽고 깨우치는 너희들이 과연 어떠한 길을 가던가?
33 너희들은 참진리의 길을 가는 백성이기 때문에, 너희들의 삶 속에는 불의가 없으며 부끄러움이 없으며 도덕적으로 사회 질서를 파괴하는 행위가 없음을 알라.
34 참진리를 깨우치지 않는 백성이 하는 행위는 모두가 불의한 것이며, 만백성을 공포에 집어넣으며 불안에 집어넣는 그와 같은 행위를 하는 것이니,
35 모든 것은 다 제 스스로 만들어 자기 영광을 위하여 가는 것이 잘못된 종교 지도자임을 너희들은 알아야 할 것이니라.
36 지금의 종교 집단과 지금의 종교 지도자들이 과연 무엇을 위하여 가는가?
37 그들은 자기 자신의 영광을 위하여 모두를 다 바치는 자들이니라.
38 그리하여 사랑이 없으며 변화가 없는 것이니라.
39 하루를 다닌 자와 1년을 다닌 자와 30년, 50년, 평생을 다닌 자와 하나도 차이가 없음이니라.
40 오래 다닐수록 저희들은 말로써 다 베풀며, 말로써 사랑하며, 권위 있는 자가 되고자 하며, 높은 자리에 있고자 하며, 대우받는 자가 되고자 하며, 만백성을 종과 같이 부리고자 하는 자로 그리 변하는 것이니라.
41 그러나 참진리의 길을 가는 나의 아들을 따르는 백성 너희들은 가면 갈수록 낮은 자요, 만백성을 받드는 만백성의 종으로서 그와 같이 너희들도 모르는

사이에 그리 변화됨이니,
42 그것이 나에게 선택된 백성과의 차이
점이니라.
43 이제 법전을 공부하는 나의 백성 너희
들이 얼마나 무섭게 변하는 것인지
너희들은 모를 것이니라.
44 그와 같이 무서우리만큼 변해 가는
것이 나의 법전을 가지고 공부하는 백
성이니,
45 그것이 나의 뜻이요, 나의 참진리라는
것을 너희들은 알아야 할 것이니라.

5,137 번째 하나님 말씀

2003년 2월 22일 08시 35분

1 사랑하는 나의 아들아!
2 "네, 아버님! 말씀하옵소서."
3 네가 나의 법전을 60권이 넘는 그 장
서를 세상에 준비해내었음이니,
4 지금에 와서 너의 그 깨달음이 과연
어디에 있는가?
5 지금 모든 종교 집단이 울며불며 달라
소리 지르면 모든 것이 이루어지니 어
린아이가 젖을 달라 울듯이 부르짖으
면 나 여호와가 준다 그리 가르치는
자들의 그 가르침을 과연 네가 지금
어찌 생각하는가?
6 "네, 아버님!
7 그는 아무것도 모르는 백성이 지금 저
희들의 욕심에 의하여 몸부림치는 그
와 같은 형국이며,
8 그와 같이 가르치는 종교 지도자의
그 뜻을 듣고 배우는 백성이 처량하고
불쌍하기 한이 없사옵나이다.
9 아버님께서 저희 백성에게 재물이요,
권위요, 권력이요, 힘을 주는 것이 아
버님의 뜻이 아니요, 아버님이 역사하
고자 하시는 것이 아니며,
10 다만 저희들이 하늘에 오르는 길을 알
며 하늘에 오르는 길이요, 뜻이 무엇
인가를 깨달아 반석 위에 일어서는 것
이 육의 세상에 사는 가장 소중한 일
이옵나이다.
11 아버님께서 존재하며 하늘에 오르는
길이 무엇이며 다시 태어나는 구원의
길이 무엇인가를 저희들에게 깨우쳐
주고자 하시며, 그와 같은 큰 상을 내
려 주시는 것으로써 저희가 그보다
더 큰 은혜요, 영광이 없사옵나이다.
12 이곳에서 재물이요, 명예요, 그를 얻
고자 하며 그를 위해서 기도하고 산다
하면, 그는 아버님과 관계도 없는 일
이며, 아무런 관계도 없는 자식이 부
르짖는 그와 같은 형국임을 저는 깨닫
고 있사옵나이다.
13 정녕 아버지께서 저희들에게 내리고
자 하시는 것은 다시 태어난 생명이
요, 다시 태어난 깨달음을 얻기 위함
이요,
14 그를 가르치고 그를 저희들에게 일깨
워 주시는 것이 가장 큰 선물이기에
저희들이 바로 서기를 바라는 것이요,
15 재물과 부귀와 영화를 내려 주시는 것
이 아님을 저는 알고 있사오며, 이제
그 의미를 깨달았사옵나이다.
16 그러기에 행함은 뒷전으로 하며 그저
울고불고하면 줄 수 있고 내려 준다는
그것이 어린아이에게 가르치는 얼마
나 낮은 수법으로써 그 백성을 유린하
는 것인가를,

17 그러니 아버님께서 말씀하신, 지금 종
교 집단에서 구원을 받는다 말하는 백
성이 저희들의 생각을 잃어버렸으며
판단력을 잃어버렸으며 이성을 다 잃
어버렸으며,
18 저 자신이 어떠한 행위요, 어떠한 일
을 하고 있는지까지도 생각하지도 못
하고, 그저 맹종하고 맹신하는 그 믿
음의 길을 가는 자들이라는 것을,
19 이제야 그 의미를 알겠사옵나이다.
20 아버님께서는 저희들에게 금화와 은
화요, 재물을 내리고 그를 상으로 주
심이 아니요,
21 저희들의 깨달음의 깊이를 위하여 달
려갈 수 있는 것, 그리고 영원히 영혼
이 구원받는 길을 갈 수 있는 것을 저
희들에게 일깨워 주시며,
22 그 큰 선물을 주시고자 하며 그를 받
도록 하게 하고자 함이지,
23 육으로써 부귀와 영화를 내리는 것이
아니며,
24 그는 다 부질없으며 아무런 가치도
없기에 그를 주고 안 주는 아버님이
아니심을, 이제야 저는 어렴풋이 그
뜻을 깨달았사옵나이다.
25 그러니 울고불고하면 재물이요, 저희
들이 얻고자 하는 것을 다 준다 그리
가르치는 종교 지도자들이 창조주 하
나님의 마음과 뜻이 어디 있는 것인지
도 모르며 무엇을 역사하는 것인가를
전혀 모르는 종교 지도자라 아버님께
서 하신 그 말씀을 이제야 그 의미를
깨달았사옵나이다.
26 아버님을 향하여 기도하고 믿는 그 마
음이 넓고 큰 뜻에 있으며 큰 의미가
있는 그와 같은 삶이요, 그와 같은 기
도요, 믿음의 길을 가야 하는 것을,
27 저희들이 가시에 손톱 밑을 찔린 그
아픔만을 알듯이,
28 물질적이요, 육의 축복이요, 영광만을
바라는 그와 같은 길을 간다는 것은
얼마나 어리석고, 아버님의 뜻을 모르
며, 아버님의 상과 은혜가 어떤 것이
큰 것인가를 모르고 사는 저희들의 우
매함이라는 것을 알았사옵나이다.
29 아버님께서 저희들에게 주고자 하시
는 것은 재물이요, 권력이요, 부귀영
화가 아니며, 그것은 아버님과 아무런
관계도 없사오며,
30 다만 저희들이 깨우침을 얻으며, 하늘
에 오르는 길이 무엇이며, 인간이 살
아가는 것이 무엇이며, 하나님께 생명
을 받아 나간 백성이 사는 도리가 무
엇인가 그것을 깨우쳐 주며 그것을 가
르치고자 하시며,
31 그를 깨닫는 백성을 사랑하신다는 것
을, 이제야 아버님의 뜻이 거기 있다
는 것을 확실히 제가 알고 있사오며,
32 그를 저의 제자들과 만백성에게 기록
하여 전하도록 그리하겠사옵나이다."

5,138 번째 하나님 말씀

2003년 2월 22일 08시 41분

1 사랑하는 나의 아들아!
2 "네, 아버님! 말씀하옵소서."
3 내가 지금 나의 아들을 통하여 너희들
에게 읽고 깨우치라는 그 법전을 기록
함에 십계명을 암송하며 십계명을 수
없이 기록하여 너희들을 깨우쳐 주며,

십계명을 지키라, 지키라 강요하는 그
뜻을 너희들은 모를 것이니라.
4 그러나 모든 것은 이 십계명부터 시작
되며, 이 십계명을 지키고 너희들이
따랐더라면, 예수의 시대요, 예수가
그와 같은 고통스러운 죽음의 형국을
가지 아니하였음을 너희들은 알아야
할 것이니라.
5 나의 아들 예수는 성경에 기록하여 너
희들에게 전하였음을 알라.
6 나 여호와가 모세를 통하여 율법을 내
렸으며 그를 통하여 내 율법의 시대를
열어 가고자 하며 그를 깨우치고자 하
였으나,
7 너희들은 내가 모세에게 직접 내린 십
계명이요, 그 율법을 지키지 아니하고
그 율법을 지키는 백성이 하나도 없었
기에,
8 나의 아들 예수가 세상에 나가 너희들
을 바로 깨우치며 그 율법을 지키고
살라 그리 강조하고 가르치는 그를 너
희들은 죽게 하였음이니라.
9 예수가 또한 그리 말하였느니라.
10 '너희들이 여호와 하나님께서 내리신
그 율법을 지키지 아니하고 행하지 아
니하며 그를 행하는 백성이 하나도 없
어, 오늘 나 예수가 이렇게 죽어 가게
되었다'는 것을 그는 성서에 기록하여
너희들에게 남겼음이니, 그 뜻을 너희
들은 지금 알고 있는가?
11 지금의 나의 아들이 십계명이요, 모세
의 율법을 강조하며 그를 지키는 것만
이 구원을 받는다 함은 바로 무엇이던
가?
12 2천 년 전 나의 아들 예수가 세상에
나와 너희들에게 죽음을 맞이하면서
까지 그가 지키라 강조하며, 그를 지
키는 것만이 구원의 길이요,
13 그를 지키는 백성이 세상에 한 명도
없기에 예수가 그와 같이 고통 속에
죽어 가는 현실에 이르렀다 그리 말하
였음이니,
14 너희들은 지금 나의 아들이 강조하는
그 뜻을 알아야 할 것이니라.
15 너희들은 내가 율법을 지키고 십계명
을 지키라 하는 것은 구약 시대요, 그
구약 시대에 의해 신약 시대가 이루
어지며, 신약 시대에 의하여 나의 법
전이 지금 마지막 시대에 이루어지는
그와 같은 것을 계승해 감을 알아야
할 것이니라.
16 그리하여 2천 년 전에 나의 아들이 모
세에게 내린 그 율법이요, 그 계명을
지키는 것을 부르짖으며 강조하다 그
가 그리 갔듯이,
17 2천 년의 세월이 흐른 지금 내가 다시
그를 너희들에게 지키라 명함이니,
18 이는 오로지 한 길임을 너희들은 알아
야 할 것이니라.
19 오로지 2천 년 전의 백성도 모세에게
내린 율법이요, 그 십계명을 지키고
살아야 하며,
20 지금 2천 년 후의 후손 너희들도 그를
지키고 사는 것이 하늘에 오르는 길이
요, 진리이기에 그는 변함이 없음이니
라.
21 그러나 너희들은 이를 지키지 아니하
며 지키고 살 수 없다 그리 말하여,
22 내가 지켜야 하는 일이요, 지키고 사
는 그 모두를 간단히 기록하여 너희들

에게 깨우쳐 줌이니,
23 새로운 성경이요, 나의 법전을 읽고도
이를 지키지 아니하면 너희들은 정녕
그 모두를 거부하는 것이며 나의 아들
딸이 아니라 하였음이니,
24 이제 그와 같은 자들은 울고불고 나의
이름을 부르지 말며 나의 아들의 이
름을 부르지 말며,
25 구세주요, 예수요, 구원의 예수라 부
르지 말며, 그의 보혈로써 구원받았다
는 그와 같은 소리도 하지 말라.
26 그와 같이 부르는 자, 너희들의 그 회
당의 문을 닫을 것이며, 그 벌을 죽기
전에 너희들이 이미 육에서 다 느낄
때가 있을 것이니 그리 알라.

부 록

【하나님께서 가르쳐 주신 운동】

천재지변이 일어날 때, 동물이나 미물들은 미리 알고 대피하지만, 인간은 알지 못하고 큰 화를 당합니다. 하나님께서 인간에게 가장 높은 지혜를 주시고 완벽하게 창조해 주셨기에 동물들보다 더 잘 알 수 있지만, 욕심으로 마음이 혼탁해져서 한 치 앞을 보지 못하는 것입니다.

마찬가지로, 인간은 누구나 스스로 필요한 운동을 해서 건강을 지킬 수 있도록 하나님께서 만들어 주셨습니다. 우리의 머리에서 우리 몸에 필요한 동작을 해 달라고 끊임없이 신호를 보내지만, 인간이 혼탁하게 살아서 그 신호를 알아채지 못합니다. 그러니 자연스럽게 자기 몸이 원하는 그 신호를 따라서 운동하는 것이 하나님께서 가르쳐 주신 운동 방법입니다. 바로, 우리의 영이 육을 이끄는 운동입니다.

▶ 하나님 운동법

1. 눈을 감고, 발을 어깨너비로 벌리고 바르게 선다.
2. 몸에 힘을 풀고, 허리를 숙이면서 손과 머리를 아래로 내린다.
3. 허리를 펴고 싶을 때, 천천히 펴면서 하고 싶은 동작을 하면 운동이 시작된다. (사람마다 다르다.)
4. 멈추지 말고, 어떤 동작이든지 자기 몸의 느낌대로 계속 이어서 한다.

▶ 참고 사항

① 눈을 감은 상태로 아무 생각 하지 않고, 자기 몸의 느낌대로 움직입니다.

② 마음을 비우고, 욕심을 버리고, 지난날의 잘못을 반성하면서 몇 차례 시도하다 보면, 자기도 모르게 하고 싶은 동작이 끊임없이 생깁니다.

③ 운동 장소는 방 안이든 운동장이든 관계없으며, 걷거나 달리고 싶을 때는 눈을 떠도 됩니다.

④ 매일 40분 이상, 주 4회 이상, 3개월 이상 하면 음식 조절에 들어갑니다.
- 음식으로 생긴 병은 음식으로 치료하게 되며, 어떤 음식을 먹어야 하는지 스스로 알게 됩니다.
(자기 몸에 필요한 음식만 먹고 싶어집니다.)

⑤ 사랑하는 사람과 함께 운동하면 서로 치료해 주기도 합니다.

⑥ 운동을 하다가 몸의 어느 한 부분을 계속 손으로 자극한다면 그쪽에 이상이 있는 것이니, 의사에게 상담을 받고 적절한 치료를 받으면 됩니다.

⑦ 다이어트 및 기타 건강관리에 효과적입니다.

⑧ 꾸준히 운동하여 영이 맑아지면, 자신의 과거와 미래를 스스로 보게 됩니다.

누구나 스스로 하실 수 있습니다.

간 행 사

《새로운 성경》은:

· 새로운 성경은, 하나님께서 선량하고 선한 자를 선택하여 십계명을 암송하도록 하시고, 십계명을 암송한 다음에 음성으로써 들려주시는 말씀을 듣고 그대로 카세트테이프에 녹음해서 받아쓴 책입니다.

· 90분짜리 녹음테이프 700여 개에 달하는 말씀으로, 1999년 8월부터 2004년 7월까지 총 160권(권당 288쪽)을 완성하였으며, 그 이후에도 현재까지 계속 말씀을 내려 주고 계십니다.

· 새로운 성경은 "하늘을 두루마리 삼고 바닷물을 먹물 삼아 쓰고 써도 다 못 쓴다"는, 끝없이 방대한 하나님의 말씀이 두루마리로 직접 내려오는 것입니다. 이러한 새로운 성경은 구약과 신약을 폐하려는 것이 아니라 "인봉된 성서의 비유의 뜻"을 상세히 설명하여 완성하고자 하나님께서 직접 내려 주신 말씀입니다.

《새로운 성경》의 구성:

· 제 목: 2013년, 160권 모음집을 발간하면서, 본 도서의 제목을 "하나님! 말씀하옵소서"에서 《새로운 성경》 으로 명해 주셨습니다.

· 단행본: 각 권당 288쪽(신국판) 책이 160권까지 시리즈로 출판됩니다.
(모음집은 단행본을 16권씩 묶어서, 총 10부로 구성됩니다.)

《새로운 성경》의 성경적 근거:

· 신약 성경 [요한복음] 16장 13절에 "진리의 성령이 오시면 그가 너희를 모든 진리 가운데로 인도하시리니 그가 자의로 말하지 않고, 오직 듣는 것만을 말하며" 하신 말씀처럼 하나님의 음성을 들은 것만 기록하였으며,

· "장래 일을 너희에게 알리시리라" 하신 말씀과 같이 개인, 나라, 인류의 "장래"일을 하나님께서 알려 주시는 것만 기록하여 책으로 만들었습니다.

《새로운 성경》의 기록 방법:

· 1999년 8월부터 하나님께서 저에게 들려주시는 음성을 기록하였습니다. 처음에는 제가 들은 말씀을 불러 주면 저의 아내가 기록하여, 2000년 1월 29일에 1권 초판이 세상에 나왔습니다. 2000년 4월부터는 주시는 말씀을 받아 녹음기에 기록하여 시리즈로 출간하기 시작하였습니다.

· 녹음을 시작하면서 하나님의 말씀을 받는 데 가속도가 붙었고, 2001년 5월 3일에 1부(1~16권까지)를 인쇄하여 출판하였으며, 2004년 7월까지 총160권 분량의 말씀을 받아 기록하였습니다.

하나님께서 저에게 주신 것은:

· 첫째, 만백성을 상대로 내려 주시는 "기도", 둘째, 수시로 내려 주시는 "묵상", 셋째, 개인의 과거, 현재, 미래를 알려 주시는 "개인 기도", 넷째, 개인의 건강을 위해서 내려 주시는 "음식 처방", 다섯째, 하나님께서 가르쳐 주신 "운동"등이 있습니다. 이 중에 첫 번째, "기도"를 책으로 편찬하였습니다. 사람의 생사, 개인의 미래에 관한 천기는 수록하지 말라 하셨습니다.

강론 안내:

· 하나님께서는 지금도 매일 저에게 새로운 하늘의 비밀의 말씀을 내려 주고 계십니다. 수시로 내려 주시는 말씀을 정리해서 제자를 육성하라는 말씀에 따라 매주 강론을 하고 있습니다. 누구나 무료로 들으실 수 있습니다. (book160.com)

《새로운 성경》을 읽는 분들에게 드리는 선물:

· 개인 기도: 개인의 과거, 현재, 미래에 관하여 말씀을 내려 주십니다.

· 음식 처방: 사람은 음식을 먹고살다가 건강을 잃으니, 음식과 운동으로 건강을 되찾는 방법을 알려 드립니다. 단, 하나님이 계심을 믿고, 십계명을 지키겠다고 진실로 서약하는 분들께 알려드립니다.

《새로운 성경》의 은혜와 기적:

· 새로운 성경 전160권은 16권씩 묶어서 총 10부의 모음집으로 구성됩니다. 모음집 한 부를 읽고 깨우치는 자에게 하나님께서 다음과 같은 기적이 있다고 하셨습니다.

· "첫째, 그가 죽어 하늘에 갔을 때 그의 죄를 묻지 아니하며, 구원을 받는 위대한 은혜가 있으며, 둘째, 그의 소원과 소망이 이루어지고, 셋째, 죽은 자(부모, 형제, 자식, 사랑하고 은혜 입은 분)의 이름으로 구입한 책을 읽고 누군가 한 사람이 깨우칠 때, 그 죽은 자가 지옥에서 천국으로 구원을 받게 되며, 넷째, 유산, 중절 수술 등으로 태어나지 못한 아이를 위하여 구입한 책을 보고 한 명이 깨우쳤을 때, 그 아이가 사람으로 다시 한 번 태어나는 은혜를 받는다."

· "새로운 성경"을 3회 이상 정성을 다해 정독하는 자, 성서의 비밀을 알게 되고, 세상의 이치를 알게 되며, 세상을 지배하고 통제할 수 있는 지혜를 다 얻게 된다고 하셨습니다. 이 책은 만백성이 정독하고 이웃에게 전하여, 평생 가슴에 묻은 슬픔과 고통의 짐을 벗고 미래를 위한 힘찬 삶을 살아가도록 하는 책입니다.

끝으로

· 하나님께서는 흰 눈이 세상을 덮듯이 새로운 성경을 온 세상에 전하라고 하셨습니다. 《새로운 성경》을 각국어로 번역해서 온 인류에게 구원의 길을 깨우쳐 주고, 그 수익으로 가난하고 어려운 백성을 구제하여, 만백성의 영과 육을 함께 구원하는 선지자의 임무를 수행하라고 저에게 명하셨습니다.

· 하늘에서 내려 주신 말씀의 보화를 만백성에게 나누어 주는 것이 선지자의 임무라고 하셨습니다. 새로운 성경을 통해서 얻는 재물을 사용할 곳도 하나님께서 일일이 명해 주십니다. 모든 재물은 저의 자의로 쓸 수 없고, 하나님께서 명하시는 대로만 쓰여집니다.

· 어떤 명분으로든 십일조나 각종 헌금을 거두어들이지 말라 하셨으며, 국내뿐 아니라 각국에 성전과 단독 서점을 운영하며, 한국의 많은 젊은이들을 전 세계에 지도자로 내보내라고 하셨습니다.

· 우리는 세계적으로 새로운 성경을 보급하며 어려운 이들을 돕는 역사를 해 나갈 것입니다. 지금까지 비록 몇 명 안 되는 제자들과 함께 이러한 일을 역사했지만, 앞으로도 계속 하나님께서 기뻐하시는 일들을 해 나갈 것입니다. 부족한 저희에게 여러분들의 지혜와 성원을 보내 주시기를 바랍니다. 많은 분들의 참여와 도움을 간절히 기다립니다. 감사합니다.

한국어로 내려온 《새로운 성경》 단행본을 출간하며
2016년 4월 10일

발행인 **김 용 철**

한국어로 내려온

새로운 **성 경** · 5부 · 제69권

지은이　하나님 말씀
대역자　김용철

초판인쇄　1쇄 2017년　4월　31일

펴낸 곳　도서출판 하얀마음
등록번호　제 10-2107호 (2001년 2월 14일)
주소　서울시 노원구 덕릉로86길5, 2층
전화번호　02) 313-1114
팩스　02) 393-5554
전자우편　book160@hanmail.net
편집위원　조나영 김미향 이석교
제작지원　김창현 김지영

도서상담　1600-7527
ISBN　978-89-5875-169-4 (04230)
978-89-5875-100-7 (세 트)

값　10,000원
잘못된 책은 구입하신 곳에서 바꾸어 드립니다.

※이 책은 10부로 제작되며, 각 부 16권씩 총160권으로 구성됩니다.※

1부	2부	3부	4부	**5부**	6부	7부	8부	9부	10부
1권	17권	33권	49권	65권	81권	97권	113권	129권	145권
2권	18권	34권	50권	66권	82권	98권	114권	130권	146권
3권	19권	35권	51권	67권	83권	99권	115권	131권	147권
4권	20권	36권	52권	68권	84권	100권	116권	132권	148권
5권	21권	37권	53권	69권	85권	101권	117권	133권	149권
6권	22권	38권	54권	70권	86권	102권	118권	134권	150권
7권	23권	39권	55권	71권	87권	103권	119권	135권	151권
8권	24권	40권	56권	72권	88권	104권	120권	136권	152권
9권	25권	41권	57권	73권	89권	105권	121권	137권	153권
10권	26권	42권	58권	74권	90권	106권	122권	138권	154권
11권	27권	43권	59권	75권	91권	107권	123권	139권	155권
12권	28권	44권	60권	76권	92권	108권	124권	140권	156권
13권	29권	45권	61권	77권	93권	109권	125권	141권	157권
14권	30권	46권	62권	78권	94권	110권	126권	142권	158권
15권	31권	47권	63권	79권	95권	111권	127권	143권	159권
16권	32권	48권	64권	80권	96권	112권	128권	144권	160권